本书得到国家自然科学基金青年项目（7200221

中国企业数字化转型

特征事实、动因与效果

方明月／著

科学出版社

北　京

内 容 简 介

从工业经济时代进入数字经济时代，所有企业面临的最大挑战是如何进行数字化转型。本书比较全面地研究了中国企业数字化转型的状况、动因和影响。基于2002~2020年中国A股上市公司的大样本计量分析和深入的案例研究，本书得到如下重要结论：第一，中国企业数字化转型程度总体上不断提高，并且服务业的企业数字化转型程度高于制造业，制造业高于农业；第二，企业董事长和首席执行官的个人特征会影响企业数字化转型程度；第三，企业数字化转型显著改善了企业的市场绩效，促进了企业内部的共同富裕，减少了企业的经济政策不确定性感知，并且改善了企业的环境、社会和治理绩效。

本书对企业管理者、数字经济研究者和数字经济政策的制定者具有参考价值。

图书在版编目（CIP）数据

中国企业数字化转型：特征事实、动因与效果 / 方明月著. —北京：科学出版社，2023.9

ISBN 978-7-03-076426-3

Ⅰ．①中… Ⅱ．①方… Ⅲ．①企业管理-数字化-研究-中国 Ⅳ．①F272.7

中国国家版本馆 CIP 数据核字（2023）第 177510 号

责任编辑：徐　倩 / 责任校对：贾娜娜
责任印制：张　伟 / 封面设计：有道设计

科学出版社 出版
北京东黄城根北街 16 号
邮政编码：100717
http://www.sciencep.com

北京市金木堂数码科技有限公司印刷
科学出版社发行　各地新华书店经销
＊

2023 年 9 月第 一 版　开本：720×1000　1/16
2024 年 1 月第二次印刷　印张：13 1/2
字数：272 000

定价：136.00 元
（如有印装质量问题，我社负责调换）

作 者 简 介

　　方明月，女，安徽枞阳人，中国人民大学经济学博士。现为中国农业大学经济管理学院金融系副教授、博士生导师，担任国家自然科学基金项目通讯评审专家、教育部学位中心论文评审专家，兼任中国人民大学企业与组织研究中心研究员。主要研究方向为公司金融、绿色金融、数字经济，在 *Economic Modelling*、《管理世界》、《世界经济》、《金融研究》、《数量经济技术经济研究》、《财贸经济》和《经济学动态》等国内外重要学术刊物上发表了几十篇论文，主持了国家自然科学基金项目、国家社会科学基金项目、北京市社会科学基金项目和北京市自然科学基金项目等多项国家级和省部级项目，并参与了多项政府委托课题。曾获中国信息经济学会青年创新奖，入选北京市优秀人才培养计划，并担任 *Economic Modelling*、*Applied Economics*、*British Accounting Review*、*Emerging Markets Finance and Trade*、*China Agricultural Economic Review*，以及《世界经济》《金融研究》《数量经济技术经济研究》《财贸经济》《经济学动态》《经济科学》《经济理论与经济管理》等国内外知名学术期刊的匿名审稿专家。

目　　录

第1章 当今世界的两大特征: 不确定性和数字化

1.1 不确定性是唯一的确定性

1.1.1 全球不确定性趋势

时代大潮如滚滚洪流,变幻万端。有人说,这个时代唯一的确定性就是不确定性。不确定性就是人类无法预知未来,从而被各种突发事件扰乱预期,进而无法做出最优决策。战争、恐怖主义、流行病、自然灾害、地缘冲突等,都可能导致无法预料的后果,从而产生和加剧各种不确定性。例如,2020 年开始肆虐全球的新冠疫情,2022 年 2 月开始爆发的俄乌冲突,给全世界的多家企业、多个家庭和个人造成了巨大的不确定性和严重的损失。除了上述极端事件,一些经济政策的不确定性也会给决策者造成困惑和损失。例如,自 2022 年 3 月到 2023 年 5 月 3 日,美国联邦储备系统(简称美联储)已经连续十次加息,累计加息幅度达 500 个基点。美元的强势地位使得每一次加息都会导致全球资本市场发生明显的波动,甚至导致股价大跌。即便如此,美联储主席杰罗姆·鲍威尔(Jerome Powell)在 2023 年 5 月仍然声明,尚未就是否停止加息做出明确决定,这就给市场带来了不确定性。

美国芝加哥学派的创始人、已故经济学家弗兰克·奈特(Frank Knight,1885~1972 年)在他的经典著作《风险、不确定性和利润》中指出,不确定性是一种无法度量概率的风险,它不同于有明确概率分布的风险。他认为,企业家的天职就是在不确定性条件下冒险或创新,才能获得超额利润(Knight, 1921)。另一位经济学巨擘凯恩斯(Keynes, 1936)认为,不确定性是现代经济社会的根本属性之一,这种不确定性主要源于个体掌握的信息有限,以及对信息的处理能力有限。经济学家的研究表明,各种不确定性会扰乱决策者的预期,降低企业的雇佣，减少企业的投资、家庭的消费和劳动的供给，以及降低股票的收益率（Bloom et al.，2007；方明月等，2023）。总体上，不确定性无论是对宏观经济还是对微观个体，都是一种负面冲击。

由于难以准确测度不确定性，经济学家对不确定性的关注直到最近十年才取得了突破性进展。2016年，美国西北大学的斯科特·贝克（Scott Baker）、斯坦福大学的尼克·布鲁姆（Nick Bloom）和芝加哥大学的史蒂文·戴维斯（Steven Davis）三位经济学家创立了EPU（economic policy uncertainty，经济政策不确定性）指数，来度量经济政策不确定性（Baker et al.，2016）。他们的做法是，选取主流报纸上关于政府机构、经济政策和不确定性的三类关键词，计算这些关键词出现的频率。频率越高，说明经济政策不确定性越强。虽然他们没有直接度量战争、自然灾害等重大不确定性事件，但是考虑到经济政策会反映任何重大不确定性事件的影响，因此我们依然可以借助经济政策不确定性指数来判断各种不确定性的趋势。图1.1显示了1997年1月1日到2023年2月28日，全球范围内的经济政策不确定性指数。从图1.1可以看出两个特征：第一，从趋势上看，全球的经济政策不确定性总体上是增加的。特别是在2011年之后，经济政策不确定性指数从之前的低于100增加到200以上，并且一度突破400。这反映出近年来世界形势波诡云谲、变化莫测。第二，从变化幅度上看，经济政策不确定性指数波动较大，说明不同时期的不确定性程度差异较大，并非呈现线性趋势。这给应对不确定性带来了可乘之机，也是奈特意义上的企业家精神的用武之地。

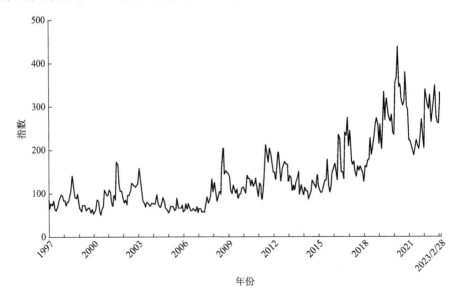

图1.1　全球经济政策不确定性指数

资料来源：EPU网站，http://www.policyuncertainty.com

Baker 等（2016）还绘制了其他主要经济大国的经济政策不确定性指数。他们的研究表明，无论是美国、英国、日本这三个发达国家，还是中国和印度这两个新兴大国，都体现了高度的不确定性，并且波动幅度较大。不同的是，美国、英国和中国的不确定性指数总体是上升的，而日本和印度的不确定性指数则没有出现上升势头。

正因为全球充满了各种不确定性，所以有人认为当今世界处于一个乌卡（VUCA）时代，即具有高度易变的、不确定的、复杂的和模糊的四个特征。在乌卡时代，不管是企业还是个人，以及其他机构，在做出决策时不能再完全按照常态的思维、方法和技术去决策，否则就可能刻舟求剑、缘木求鱼。

专栏 1.1：什么是 VUCA？

VUCA（乌卡）即高度易变的（volatile）、不确定的（uncertain）、复杂的（complex）和模糊的（ambiguous）四个英文单词的首字母缩写，是 1987 年 Warren Bennis 和 Burt Nanus 基于自身的领导力理论（leadership theory）创造的，用来表示一般情况下所呈现的波动性、不确定性、复杂性和模糊性情形。美国陆军战争学院曾引用"VUCA"来描述美苏冷战结束后呈现的更加动荡、不确定、复杂和模糊的多边世界。从 2002 年开始，VUCA 一词开始被频繁使用，随后成为战略领导力课题中被广泛使用和讨论的新兴理念，在商业中被用来广泛描述混乱和快速变化的商业环境。

"V"代表了易变性，即环境中存在的挑战是不稳定的和难以预料的，持续时间也可能是未知的。但是，这并不代表它是难以理解的，关于它的知识通常是可用的。例如，在一场自然灾害过后，供应商的不足会导致产品价格出现波动。

"U"代表了不确定性，其特征是，即使我们缺乏对某个不确定性事件的一些相关信息，但是该事件的基本产生原因和影响是相对已知的。变化是可能的，但不是既定的。例如，竞争对手推出产品将搅乱业务市场的未来。

"C"代表了复杂性，它表示在现实情况中有许多相互关联的部分和变量，其中有些信息是可用的或可以预测的，但其性质和数量可能难以处理。例如，当人们从事跨国业务时，每个国家都会有自己的监管环境、关税和文化价值观。

"A"代表了模糊性，表示事件的因果关系完全不清楚，没有先例可循，人们面对的是"未知中的未知"。例如，人们决定进入一个不成熟的市场或新兴市场，或是推出一款不在其核心能力范围之内的新产品。

1.1.2　企业最担心的就是不确定性

对于企业来说，实现利润最大化的最大挑战之一就是不确定性，特别是经济政策带来的不确定性。例如，中国最大的民营钢铁企业江苏沙钢集团有限公司创始人沈文荣认为，企业面临的最大风险和不确定性是"政策上不太明确，这是最大的制约"（张力升和胡志刚，2010）。不仅中国民营企业担心不确定性，外资企业同样担心不确定性。例如，在中国美国商会发布的《2019 年中国商务环境调查报告》（2019 China Business Climate Survey Report）中，有一个问题是让会员企业回答什么是经营过程中的最大挑战。调查结果显示，2016~2019 年，连续四年企业都把"法律法规解释执行不一致/不明确"作为最大的挑战。

为什么企业特别担心不确定性？因为企业实现利润最大化的前提是，企业能够计算投资的预期成本和预期收益。如果现实世界处于常态，企业家可以根据历史经验或者大样本数据，比较准确地计算预期成本和预期收益。但如果现实世界存在较大的不确定性，包括经济政策不确定性，那么基于历史经验的判断就可能脱离现实，或者无法接近真相。此时，企业就无法准确计算预期成本和预期收益，从而无法实现预期利润最大化。

1.2　人类迈入数字经济时代

1.2.1　数字化应对不确定性

对于当今人类而言，身处一个高度不确定性的时代也许是不幸的，但是身处一个数字化时代却是幸运的。因为，数字化为人类应对不确定性提供了一种目前来看显然有效的方案。对于企业来说，数字化意味着，通过一整套"数据+算法"的工具，企业以数据的自动流动化解复杂系统的不确定性，优化资源配置效率，从而在一个变化的世界中构建企业的新型竞争优势（安筱鹏，2021）。也就是说，虽然不确定性带来了各种噪声，扰乱了预期，但是企业可以通过数字化转型，利用大数据的大样本优势和人工智能（artificial intelligence，AI）的算法优势，帮助企业家拨云见日，重新发现规律，重建理性预期。本书第 7 章将对此进行详细论证。

中国的武侠文化中有一句名言："天下武功，唯快不破。"意思是，只要速度足够快，没有什么功夫破不了。企业数字化转型的本质，就是以更快的响应速度，在纷繁复杂的世界里找出规律，切中肯綮。否则，依靠普通人的智商和脑力，肯定无法应对高度易变的、复杂的数据流和信息流，那只会拨云见雾，而不是拨云见日。

其实，利用数字化应对不确定性的想法并不新奇。早在 1996 年，麻省理工学院教授、著名未来学家尼古拉斯·尼葛洛庞帝（Nicholas Negroponte）就在其著作中提出了"数字化生存"的超前理念（尼葛洛庞帝，1997）。他宣称："计算不再只和计算有关，它决定我们的生存。"在他看来，工业时代是原子时代，它带来的是机器化大生产的观念，以及在任何一个特定的时间和地点以统一的标准化方式重复生产的经济形态。在计算机普及的后信息时代，比特（bit）[1]作为"信息的DNA[2]"，正迅速取代原子成为人类社会的基本要素。而且，比特和原子不同，它没有重量，易于复制，可以极快的速度传播。尼葛洛庞帝特别提到数字化对传播信息和处理信息的好处："最明显的就是数据压缩和纠正错误的功能，如果是在非常昂贵或杂音充斥的信道上传递信息，这两个功能就显得更加重要了。"这与前面提到的以数字化应对不确定性是基本对应的。而且，比特世界将改变原子世界，并且重塑人类的生活。

1.2.2　ChatGPT 引爆全球

我们不得不承认，未来学家尼葛洛庞帝的观念是非常超前的。但是，进入 2023年之后，伴随着人工智能产品 ChatGPT 在全世界的风靡一时，恐怕无人怀疑尼葛洛庞帝当初的预见了。ChatGPT 是一种使用人工智能技术的自然语言处理工具，俗称聊天机器人。它不仅能够与人聊天，回答各种疑问，更重要的是还能执行撰写邮件、文案、翻译和编写代码等常规任务。ChatGPT 不仅在中国全网引发了关注，而且带动了中国 A 股市场众多概念股的股价上涨。不过，人们讨论最多、最担心的问题是，ChatGPT 会不会取代我的工作？

根据 ChatGPT 的开发者 OpenAI 公司的一份研究报告（Eloundou et al.，2023），美国 80% 的工作岗位属于至少有 10% 的工作能被人工智能取代的行业，20% 的工作岗位属于有一半工作能被人工智能取代的行业。最容易被取代的 10 种工作是翻译员、调查员、作家、公共关系专家、报税员、数学家、区块链工程师、编辑、会计师和审计师。最不容易被取代的 10 种工作是运动员、汽车修理工、泥瓦匠、厨师、打桩机操作员、石匠、轮胎修理工、洗碗工、木匠。看起来，除了少数重

---

① 比特是一个计算机术语，表示一种二进制数字中的位，也是最小的信息量的度量单位。例如，0 或 1 都是一个比特。

② DNA：deoxyribonucleic acid，脱氧核糖核酸。

体力工作，大部分工作都可以被人工智能取代。如果大部分工作都能被人工智能取代，那么人类在未来也许不必为不确定性担忧了：不确定性依然存在，但是就让它去困扰人工智能吧。也许人类最需要担心的不是自己的工作能否被人工智能替代，而是剩下的时间如何打发！

专栏 1.2：什么是 ChatGPT？

ChatGPT（chat generative pre-trained transformer，聊天生成式预训练转换器）是由 OpenAI 公司开发并于 2022 年 11 月发布的一款聊天机器人程序。它建立在 OpenAI 的 GPT-3.5 和 GPT-4 两个大语言模型（large language model，LLM）基础之上，并在微调后同时使用监督学习和强化学习技术。ChatGPT 刚一推出，短短 5 天之内注册用户就超过 100 万人。截至 2023 年 1 月底，月活用户突破 1 亿人，成为史上增长最快的消费者应用。随着 ChatGPT 的发布，OpenAI 公司的估值为 290 亿美元。ChatGPT 的出现加剧了该领域的竞争，加速了 Google 的聊天机器人 Bard 和 Meta 的 LLaMA 的发布。

虽然聊天机器人的核心功能是模仿人类对话者，但 ChatGPT 用途广泛。它可以编写和调试计算机程序，模仿名人首席执行官（chief executive officer，CEO）的风格撰写商业宣传，创作音乐、电视剧、童话故事和学生论文，回答测试问题（根据测试，有时 ChatGPT 的回答水平可以高于同级别的普通人类考生），写诗和歌词，翻译和总结文本，模拟 Linux 系统。在一个例子中，虽然 InstructGPT 接受提示"告诉我克里斯托弗·哥伦布 2015 年什么时候来到美国"的前提是真实的，但 ChatGPT 承认这个问题的反事实性质，并使用有关哥伦布航行的信息和关于现代世界的事实，包括对哥伦布行为的现代看法，将其答案作为一种假设，即如果哥伦布在 2015 年来到美国，可能会发生什么。

虽然 ChatGPT 给人类生活带来了许多帮助，但部分学者也表示了对 ChatGPT 未来可能造成影响的担忧。例如，希尔顿和本吉奥等计算机科学家就表达了对 ChatGPT 和 GPT-4 的担忧，包括未来的人工智能系统可能会超越人类智能，追求错误的目标，并给人类带来生存风险。

1.2.3 全球数字经济发展态势

ChatGPT 的出现并非横空出世，人类社会的经济形态经历了一个漫长的演进过程。可以从经济形态的角度将人类社会划分为农业经济时代、工业经济时代和数字经济时代三个阶段。在农业经济时代，大部分人从事农业和畜牧业的工作并以此维持生活。到了 18 世纪 60 年代，纺纱机的发明和蒸汽机的改良引发了工业革命，人类开始用动力取代人力或畜力，并且进入了工业经济时代。工业革命最突出的成就是极大地提高了生产力，使人类创造的物质财富以指数级增长。基于经济史学家麦迪森（2003）的估计，在公元 2000 年之前的绝大部分时间里，全球经济总量几乎没有明显的增长，只是在 18 世纪工业革命之后，全球经济总量才开始急剧增长，形成了一个 J 形增长趋势。这从一个角度说明，科学技术才是真正的第一生产力。

进入 21 世纪之后，伴随信息技术（information technology，IT）和数字技术的快速发展，一种新的经济形态——数字经济出现了。人类开始从工业经济时代迈入数字经济时代。狭义的数字经济主要是指与信息和通信技术（information and communication technology，ICT）有关的经济，而广义的数字经济包括所有利用数字化数据信息的经济活动（蔡跃洲和牛新星，2021）。一般来说，数字经济包括数字产业化和产业数字化两个方面。数字产业化即信息和通信产业，产业数字化指传统产业借助数字技术实现转型升级，带来更多数量和更高效率。在数字经济时代，人类完全有可能以更快的速度，创造出比工业经济时代更加丰富的物质产品。

根据中国信息通信研究院发布的《全球数字经济白皮书（2021）》，测算的 47 个国家 2020 年数字经济增加值规模达到 32.6 万亿美元，同比名义增长 3.0%，占国内生产总值（gross domestic product，GDP）比重为 43.7%。根据中国信息通信研究院发布的《全球数字经济白皮书（2022）》，我们绘制了图 1.2，展示了全球数字经济规模排名前十的国家。从图 1.2 可以看出，美国的数字经济规模位居全球第一，高达 153 181 亿美元；中国仅次于美国，数字经济规模为 70 576 亿美元。有意思的是，在全球数字经济规模前十的国家中，并非都是发达国家。这说明，数字经济作为一种新的赛道，发展中国家完全可能和发达国家站在同一起跑线上。从区域或国别来看，毫无疑问，美国、中国和欧洲在全球数字经济中已经处于"三足鼎立"的格局。结合过去几年的数据判断，未来这一格局也将保持较长时期的稳定。

从数字经济占国内生产总值的比例上看，根据中国信息通信研究院发布的《全球数字经济白皮书（2022）》，无论是发达国家还是发展中国家，数字经济占国内生产总值的比例均超过一半。而且，经济发展水平越高的国家，其数字经济占国内生产总值的比例也越高。2021 年，发达国家数字经济占国内生产总值的比例平均为 55.7%，发展中国家为 29.8%；美国数字经济占国内生产总值的比例为 65.7%，中国数字经济占国内生产总值的比例为 39.8%。这说明，数字经济已经深度融入传统经济，并且伴随传统经济同向增长。当一个国家有一半的经济增加值来自数

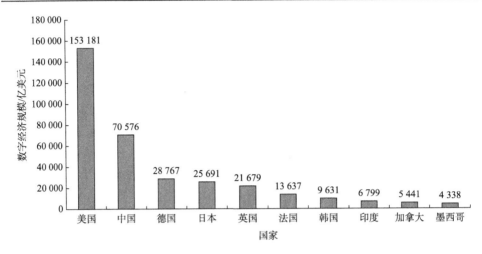

图 1.2　主要国家的数字经济规模

字经济时，我们就很难说数字经济是一种特殊的经济形态，它实际上就是经济的新常态。

1.2.4　中国数字经济后来居上

在数字经济全球规模排行榜上，虽然中国仍旧处于工业化和城市化的转型过程之中，但是中国数字经济的规模位居全球第二，这就体现了中国在数字经济领域的后发优势。的确，中国在数字经济领域实现了弯道超车。2017 年，"高速铁路、扫码支付、共享单车和网络购物"甚至被称为中国的"新四大发明"。2018年，阿里巴巴、腾讯、蚂蚁金服、百度、京东、滴滴、小米、美团、今日头条 9 家中国数字企业进入全球科技公司市值前 20 位之列，一度成为中国数字经济的高光时刻。

中国数字巨头企业的发展得益于政府对数字经济的高度重视。早在"十三五"期间，中央就制定了《国家创新驱动发展战略纲要》和《"十三五"国家信息化规划》，将数字经济及相关领域作为战略产业之一。2018 年，中央又印发《数字经济发展战略纲要》，明确将数字经济作为国家整体发展战略之一，这在当今世界各国中罕见。2021 年，国务院发布《"十四五"数字经济发展规划》，明确了"十四五"时期推动数字经济健康发展的指导思想、基本原则、发展目标、重点任务和保障措施。除了中央政策，地方政府也纷纷出台了各种鼓励数字经济发展的政策。例如，2021 年底，四川省人民政府印发了《四川省"十四五"数字经济发展规划》。该规划明确，到 2025 年，四川省数字经济总量超 3 万亿元、占国内生产总值的比重达到 43%，建成具有全国影响力的数字经济科技创新中心和数字化转型赋能引领区，高水平建成国家数字经济创新发展试验区，初步建成全国数字经济发展新高地。2022 年，江西省制定了《江西省"十四五"数字经济发展规划》，并且明确将做优做强数字经济列为"一号发展工程"。

全方位的数字经济激励政策，催生了中国数字经济的迅猛发展。我们根据中国信息通信研究院发布的《中国数字经济发展报告（2022 年）》，描绘了 2016~2021 年中国数字经济规模（图 1.3）。从图 1.3 可以看出，中国数字经济规模在 2016~2021 年稳步增长，从 2016 年的 22.6 万亿元增加到 2021 年的 45.5 万亿元，增长了 101%，年均增长率为 15%。相比之下，中国的国内生产总值从 2016 年的 74.64 万亿元增加到 2021 年的 114.92 万亿元，年均增长率为 9%[①]。显然，中国数字经济的增长率大约是总体经济增长率的两倍。这意味着，如果继续保持这样的增速，数字经济将逐渐成为总体经济的主体部分。到那一天，"数字经济"这个概念也许就消失了，因为所有的经济活动都跟数字有关。

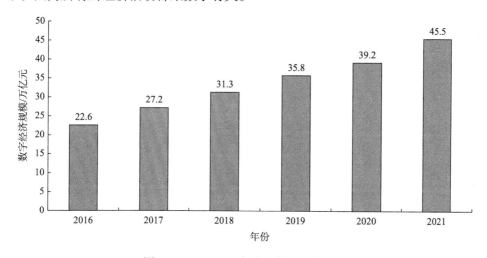

图 1.3 2016~2021 年中国数字经济规模

尽管中国数字经济规模增长很快，但仍有较大增长空间。从总量上看，2021 年中国的国内生产总值为 17.82 万亿美元，美国的国内生产总值为 23.32 万亿美元，中国的国内生产总值是美国的国内生产总值的 76.4%；但同期中国数字经济规模只占美国数字经济规模的 46%[①]。可见，中国数字经济的相对规模并不高，与中国的世界第二大经济体仍然不完全相称。虽然中国数字经济规模增长很快，但未来增长空间依然很大。

---

① 数据来自中经数据网站。

1.3　数字化转型是企业的必由之路

1.3.1　为什么企业必须进行数字化转型?

前面的分析揭示了当今世界的两大特征，即不确定性和数字化。这两大特征决定了当今企业面临的主要挑战是数字化转型。数字化转型是指企业利用人工智能、区块链、云计算、大数据等数字技术，改造企业的生产经营系统、管理模式和核心业务流程，形成破坏性创新和变革的过程（Siebel，2019）。在现实中，数字化转型的方式有多种，包括在线办公、数字供应链、数字产品服务、数字平台和数字设施。人们普遍认识到，企业数字化转型不是可选题，而是必选题。不管是传统制造业企业，还是互联网企业，都需要利用数字技术来降本增效，提高市场竞争力。数字化转型，绝不是少数企业的专利，而是所有企业面临的一场大考。为什么企业必须进行数字化转型？这有以下四个方面的原因。

1. 数字化转型是应对不确定性的重要法宝

如前所述，当今世界普遍面临各种不确定性，尤其是经济政策不确定性。导致不确定性的主要原因包括决策主体拥有的信息有限，以及处理信息的能力有限。企业通过数字化转型，一方面可以利用大数据和物联网技术，整合企业内部、企业和供应商之间的数据，从而帮助企业获得更多信息；另一方面，可以利用人工智能和云计算帮助企业在短期内处理海量数据，提高信息处理能力。2020年初，新冠疫情给全球市场带来了巨大而普遍的不确定性，导致很多企业亏损、重整甚至破产。中国人民大学中小企业发展研究中心（2020）针对518家中小企业的调查表明，企业的数字化转型能够有效应对疫情导致的不确定性。具体来说，首先，数字化转型程度越高的企业，预期绩效越好。其中，高水平数字化转型企业能够将亏损控制在30%左右，而低水平数字化转型企业可能亏损50%左右。其次，数字化转型程度越高的企业，现金流状况越好。其中，高水平数字化转型企业估计有60%的概率维持半年以上的现金流，而低水平数字化转型企业只有不到一半概率维持半年以上的现金流。

2. 数字经济逐渐成为总体经济的重要部分

前面对全球及中国数字经济规模的分析表明，数字经济越来越成为经济活动中不可或缺的一部分，将来甚至是大部分。毫无疑问，数字化是未来经济形态的大趋势。企业作为市场主体，是经济活动的"细胞"，当然不可能脱离数字经济，否则就成为市场经济大洋中的孤岛。传统企业要融入数字经济，要利用数字经济，就必须进行数字化转型。在数字化转型的方向上，企业有两个选择：一是提高产业数字化水平，如利用机器人替代繁重的体力劳动，从劳动密集型企业转变为资本或技术密集型企业；二是提高数字产业化水平，如传统出版社从完全依赖纸质书到逐步提高电子书和多媒体电子产品的比例。如果企业数字化转型不成功、不充分、不彻底，就很难与其他企业合作，很难融入市场分工体系。例如，一家汽车制造厂作为龙头企业已经实行了数字化转型，它会要求供应商安装与它兼容的物流采购系统，以便更好地节约物流成本和仓储成本，并且减少采购招标过程中的腐败问题。如果供应商的数字化转型程度跟不上，就可能被迫退出供应链网络。

3. 数据成为新的生产要素，从而改变企业的生产函数

我们知道，创新是经济增长的原动力之一。按照著名经济学家熊彼特的经典观点，创新就是要"建立一种新的生产函数"，这包括五种形式，即采用一种新的产品、采用一种新的生产方法、控制原材料或半制成品的一种新的供应来源、开辟一个新的市场、实现一种新的组织形式（Schumpeter, 1942）。从工业经济时代进入数字经济时代，从生产函数上讲，最大的变化是增加了一种新的生产要素——数据。2020 年发布的《中共中央 国务院关于构建更加完善的要素市场化配置体制机制的意见》，明确将数据作为和土地、劳动力、资本等传统生产要素平行的新生产要素。从微观经济学上讲，如果增加一种新的生产要素，那么生产函数就会发生重大变化，这就是熊彼特意义上的创新。而且，数据这种新生产要素和传统要素不同，一旦形成，它可以无成本复制，使用的边际成本为零，从而在相当程度上解决了困扰传统经济学已久的"稀缺性"难题。可以预见，在激烈的市场竞争中，如果一家企业拥有数据这种可以无成本复制的生产要素，不仅可以创造出新的产品，而且可以极大地降低原有产品的生产成本，这相对于那些传统企业来说，无疑获得了明显的竞争优势。因此，在数字经济时代，"得数据者得天下"，从这个意义上讲，企业如果不进行数字化转型，就会面临巨大的风险，随时会被淘汰。

专栏 1.3：《中共中央 国务院关于构建更加完善的要素市场化配置体制机制的意见》的主要内容

2020 年 4 月，《中共中央 国务院关于构建更加完善的要素市场化配置体制机制的意见》发布。该意见将土地要素、劳动力要素、资本要素、技术要素、数

据要素的市场化配置体制机制并列提出，这意味着政府认可数据作为一种重要的生产要素。

该意见指出，推进政府数据开放共享。优化经济治理基础数据库，加快推动各地区各部门间数据共享交换，制定出台新一批数据共享责任清单。研究建立促进企业登记、交通运输、气象等公共数据开放和数据资源有效流动的制度规范。提升社会数据资源价值。培育数字经济新产业、新业态和新模式，支持构建农业、工业、交通、教育、安防、城市管理、公共资源交易等领域规范化数据开发利用的场景。发挥行业协会商会作用，推动人工智能、可穿戴设备、车联网、物联网等领域数据采集标准化。加强数据资源整合和安全保护。探索建立统一规范的数据管理制度，提高数据质量和规范性，丰富数据产品。研究根据数据性质完善产权性质。制定数据隐私保护制度和安全审查制度。推动完善适用于大数据环境下的数据分类分级安全保护制度，加强对政务数据、企业商业秘密和个人数据的保护。

4. 数字经济颠覆了传统经济规则

从工业经济到数字经济，改变的不只是产品或服务的对象，更重要的是一些经济规则发生改变。规则决定了企业的优化行为，因此，如果企业按照传统经济规则因循守旧，那么在数字经济时代很可能会一败涂地。在这个意义上，企业数字化转型不仅是应用数字技术，而且是融入新的游戏规则；不仅是硬件的提升，而且是思维理念的跃升。

（1）人机博弈。数字经济时代最大的变化是决策主体的变化。在传统的农业经济或工业经济时代，人们唯一要考虑的决策主体就是人类自己。人类经济活动的开展本质上是人与人之间的交易，以及人与人之间的博弈。然而，当人工智能技术发展到一定阶段时，越来越多的机器具有了人的能力和人的智商，此时人们不仅要与人类自己博弈，还要与机器博弈。人类有自己的弱点，如记忆能力有限、计算能力有限，因此才有了"有限理性"假说并产生了行为经济学。然而，机器人或人工智能基本上不存在"有限理性"的问题，主要是算法的完善问题。这意味着，跟机器博弈比跟人类自己博弈可能更具有挑战性，但人类必须逐步适应。Cao 等（2023）发现，如果一家上市公司知道自己发布的公司报告会被机器阅读，那么它就会倾向让报告更容易被机器处理，以及减少一些对算法不利的语调。这种"反馈效应"（feedback effect）表明人类开始在乎人工智能技术的反应。

（2）报酬递增。经典经济学假设总体上投入的报酬是递减的，否则资源稀缺性这个核心假设就不成立了，均衡也就不存在了。然而，在数字经济时代，成功是自我增强的，它遵循的是回报递增原理。回报递增原理与我们常说的规模经济有两点不同：第一，工业经济的规模效应对于价值的提升是逐步且线性的，而数字经济的价值是指数级增长的；第二，工业经济的规模效应是以单一组织为基础的，而数字经济是整个网络一起创造并共同分享的，即"网络外部性"（network externalities）。从数学上讲，网络价值的总和会随着网络用户数以平方的速度增长。凯利（2014）以传真机为例对此进行了形象的解释。1965 年，第一台现代传真机的研发耗费了数百万美元，却还是一文不值。第二台传真机的出现即刻就使第一台传真机身价上涨，传真机才有了市场。后来出现的每一台传真机就会为之前所有已经运作的传真机增值。当人们购买传真机时，购买的不只是一个 200 美元的盒子，而是包含世界上其他传真机的整个网络及它们之间的联络，整个价值远比传真机的价值大得多。在数字经济时代，报酬递增就等同于网络外部效应，它现在被描述为用户的效用随着某种产品或其兼容产品数目或用户数目的增加而增加的效应（王永进，2023）。网络外部效应还可以分为直接网络外部效应和间接网络外部效应。

（3）长尾效应（long tail effect）。十多年前，一部名为《长尾理论》的财经畅销书风靡大江南北。作者安德森（2012）在这本畅销书中指出传统的二八定律（也称帕累托定律）并不成立。例如，在音乐平台，很多小众歌曲被下载，而热门歌曲下载的次数并没有压倒性地超过小众歌曲的下载次数。用统计学术语来说，大部分商品销量的分布接近于正态分布，即尾部非常狭小。但是，在数字经济时代，很多商品的尾部越来越长，这就是长尾效应。出现长尾效应的原因有两个：一是对生产者来说，由于大量商品不需要存储在实体商店里，或者本身就是数字产品（如数字音乐），即便是小众商品也会被供给，而不是像实体商店那样主要卖畅销商品；二是对消费者来说，由于网络技术发达，搜索成本近似为零，消费者会关注到自己喜欢的小众商品，而不必在消费时"随大流"。

（4）平台经济。数字经济时代的搜索成本是一把双刃剑。一方面，因为搜索成本很低，所以各类商品琳琅满目；另一方面，太多的商品让消费者应接不暇，无所适从，必须借助平台的筛选、排序和评价。因此，数字经济时代的很多交易必须借助平台来实现，这导致了一种平台经济。传统经济下当然也有平台，如百货商店，但毕竟交易比例较低。数字经济时代的平台交易量占据了总体交易量相当高的比例。在日常生活中，典型的例子是消费者想购物时会打开"淘宝"搜索商品，饿了会打开"大众点评"叫外卖，出门会打开"滴滴"软件叫车，想看电影会打开"美团"团购优惠票。这些软件都属于某个平台。由于平台在数字经济中发挥着举足轻重的作用，一度成为市场监管部门的重点监管对象。

1.3.2 企业数字化转型：路在何方？

在数字经济时代，企业进行数字化转型已经是一项不可避免的远航，但最优航行路线扑朔迷离。在企业数字化转型领域，存在两个80%：一是80%的企业都在考虑数字化转型。例如，2020年春季，世界著名咨询公司波士顿咨询集团（Boston Consulting Group，BCG）的一份研究报告显示，超过80%的企业正在进行数字化转型（Chakraborty et al.，2020）。二是80%的企业数字化转型都是失败的。另一家世界著名的管理咨询公司麦肯锡，基于1 793名企业经理人的调查认为，超过80%的企业数字化转型是失败的[①]。

尽管数字化转型的必要性、紧迫性毋庸置疑，但是数字化转型的成功案例似乎不多，而失败案例比比皆是。通用电气（General Electric Company，GE）是世界著名跨国公司，一度被认为是"百年老店"。然而，始于2011年的数字化转型伴随着股价的长期低迷，连前CEO杰夫·伊梅尔特（Jeffrey Immelt）都承认这个转型无疾而终（伊梅尔特和华莱士，2022），最后通用电气数字公司被拆分到某一个板块。世界著名玩具公司乐高在2015年开始进行数字化转型，时任CEO约恩·维格·克努德斯托普（Jorgen Vig Knudstorp）把数字化转型作为乐高集团的四大重点战略之一。然而，作为数字化转型杰作的"乐高数字设计师"（LEGO Digital Designer）项目已停止投入资金，悄然退场。著名运动品牌公司耐克，在中国市场逐步建立起Nike App、Nike.Com、SNKRS App、Nike微信小程序、NTC微信小程序等一套自有数字生态系统，此外还在天猫平台布局了三家旗舰店。然而，耐克在中国的数字化进展并不顺利。2022年上半年，耐克宣布旗下的跑步应用Nike Running Club于2022年7月8日起停止中国地区服务。在跑步应用这个赛道上，耐克明显不敌小米运动、华为运动、Keep、糖豆、悦动圈等本土企业。还有一个失败案例是世界著名日化公司宝洁。宝洁早在2012年就在行业内率先发力进行数字化转型，而且是全面铺开，数百个产品齐头并进。然而，为了取得行业领先优势，宝洁付出了高昂代价，收效却不如预期，也导致了公司CEO离职。

数字化转型并非总是"美丽的陷阱"。众多企业凭借数字化转型，在数字经济时代勇立潮头。著名管理咨询公司埃森哲连续几年发布了关于中国企业数字化转型的研究报告。事实上，在系列报告中，传统制造业企业美的集团、宝钢股份、华晨宝马，服务业企业京东集团、永辉超市，都是数字化转型成功的正面案例。当然，套用文豪列夫·托尔斯泰在《安娜·卡列尼娜》开篇的一句话就是，数字

---

① McKinsey. Unlocking success in digital transformations[EB/OL]. https://www.mckinsey.com/capabilities/people-and-organizational-performance/our-insights/unlocking-success-in-digital-transformations#/，2018-10-29.

化转型成功的企业千篇一律，而失败的企业各有各的原因。对于中国企业来说，数字化转型是一次艰难的大考，以至于有的民营企业家感慨："不转型是等死，转型是找死。"每一次数字化转型的失败，都给企业家蒙上了一层阴影，因为失败往往覆水难收，而成功也许只是运气，因此对于当下的企业家来说，普遍存在"不愿转、不敢转、不会转"的畏难情绪。那么，究竟企业数字化转型路在何方？这是本书要解决的核心问题之一。

专栏1.4：通用电气数字化转型失败

　　通用电气的数字化变革之路始于2011年。2011年，通用电气时任CEO杰夫·伊梅尔特提出了数字化战略，并在美国硅谷成立了数字软件中心，即通用电气软件（GE Software）。2012年，通用电气软件提出了"工业互联网"（industrial Internet）这一概念，开启了工业企业数字化转型的征程。2013年，通用电气推出了工业互联网平台Predix，立志成为"行业平台公司"。但该平台在推出的前两年仅在通用电气内部使用。2015年开始，通用电气软件变更为通用电气数字（GE Digital），并通过收购外部公司、大量招聘外部技术人才、整合内部组织架构、革新公司制度和组织文化等方式继续保持高速扩张。但连年的战略倾斜和高额投入并没有给通用电气带来预期效果和预期收益。2017年，通用电气数字部门营收约为5亿美元，2020年增长至10亿美元，与当初制定的"2020年数字化收入达到150亿美元"的目标还存在着数量级上的差距。在6年多的数字化进程中，通用电气为了数字化转型投入了巨额的成本，却收效甚微。通用电气数字一直处于入不敷出的状态，数字化业务也并没有取得突出的进步。2017年6月，提出通用电气数字化转型的CEO伊梅尔特退休，新任CEO弗兰纳里（Flannery）实行"瘦身"计划，开始减缓通用电气的数字化扩张进程，并提出出售通用电气数字。2018年10月，卡尔普（Culp）接替弗兰纳里成为新任CEO，他改变通用电气数字化进程中原有的平台模式导向，将通用电气数字业务部的智能平台分部出售给艾默生（Emerson），使通用电气数字的业务更加聚焦于业务本身。2021年，通用电气宣布按照业务进行拆分上市，通用电气数字被合并至电力、新能源业务，并在日后共同组成新的公司GE Vernova。

　　外界通常认为通用电气的数字化转型是失败的。因为在整个数字化转型进程中，通用电气投入了巨大的精力和高额的成本，在公司战略上也给予了足够的倾斜，但从今天的结果来看，通用电气的数字化转型并没有达到当初预期的设想，巨额的投入并没有得到适配的回报。从红极一时到如今只能被归于能源公司，结果确实难以令人满意。

1.4　研究框架和主要观点

接下来介绍本书的研究框架和主要观点，读者也可借此快速了解本书的主要内容。本书的核心问题是，分析中国企业数字化转型的特征事实、驱动因素和影响。

第 1 章为本书的导论部分，介绍本书的两大研究背景，即不确定性和数字化。面对当今世界充满的种种不确定性，尤其是经济政策不确定性，以及人类从工业经济时代开始迈入数字经济时代，企业的应对之策是进行数字化转型。

为了科学地分析企业数字化转型的因素和影响，第 2 章提供关于企业数字化转型的文献综述。首先，该章介绍了企业数字化转型的内涵，归纳目前学术界测度企业数字化转型的三种主要方法，即客观数据法、外生事件冲击法及词典法。其次，该章从企业内部因素、企业间行为互动及外部环境视角，总结了企业数字化转型的驱动因素。最后，该章概述了企业数字化转型对企业生产率和经营绩效、公司治理和资本市场、组织结构和企业边界、就业和收入分配的影响。

第 3 章介绍中国企业数字化转型的状况，即基于大样本数据概括中国企业数字化转型的特征事实。首先，我们用词典法和客观数据法度量 2002~2020 年中国 A 股上市公司数字化转型的若干特征，包括年度特征、地区特征、行业特征、所有制特征。其次，我们借助 2016 年的中国企业创新创业调查数据，描述中小微企业（非上市公司）的数字化转型状况。总体上看，中国企业数字化转型程度不断上升；经济水平越高的地区，企业数字化转型程度越高；服务业的数字化转型程度高于制造业，制造业又高于农业；大型企业的数字化转型程度高于中小微企业。

第 4 章讨论企业数字化转型的驱动因素。尽管影响企业数字化转型的因素很多，但是该章基于企业高管特征的独特视角，分析"一把手"特征对企业数字化转型程度的影响。我们基于高阶理论（upper-echelons theory）、烙印理论（imprinting theory）和风险承担理论，提出若干理论假说。然后，使用 2008~2020 年中国 A 股上市公司的样本，采用计量经济学方法来验证理论假说。实证结果表明，董事长的学术经历、任期，以及 CEO 的学术经历、任期、信息技术背景均对企业数字化转型程度有显著的正向影响，CEO 的年龄对企业数字化转型程度为负向影响，高管性别的影响虽然也是负向的，但并不稳健。该章还进一步讨论了高管特征在不同所有制企业、不同行业和不同地区的异质性。

第 5~8 章分析企业数字化转型的后果或者影响。具体来说，第 5 章实证分析企业数字化转型对市场绩效的影响。主要结论是，企业数字化转型显著提高了企业市场价值（以托宾 Q 度量）。区分不同数字技术后发现，数字化转型提升企业市场价值的主要方式是互联网商业模式。渠道分析表明，数字化转型会通过提高存货周转率、资产周转率及降低财务费用、销售费用和管理费用，提升企业市场价值。

第 6 章实证分析企业数字化转型对企业内收入分配的影响。主要结论是，一方面，数字化转型总体上提高了企业的营业总收入，即实现了"做大蛋糕"；另一方面，提高了企业内的劳动收入份额，即实现了"分好蛋糕"。这表明，企业数字化转型不仅可以提高效率，还可以推进企业内共同富裕。数字化转型推进企业内共同富裕的主要机制是生产率效应（productivity effect）、就业创造效应、替代效应（displacement effect）与提高员工自主权。

第 7 章实证分析企业数字化转型对企业经济政策不确定性感知的影响。首先，从理论上论证企业数字化转型降低经济政策不确定性感知的逻辑；其次，利用中国制造业上市公司的数据和年报，采用文本分析法构造企业数字化转型指标和经济政策不确定性感知指标；最后，从减少企业面临的信息不对称和提高企业的信息处理能力两个渠道，验证企业数字化转型降低经济政策不确定性感知这一结论。第 7 章内容呼应了第 1 章中关于不确定性的研究背景。

第 8 章实证分析企业数字化转型对企业环境、社会和治理（environmental, social and governance，ESG）绩效的影响。通过将企业数字化转型指数与彭博数据库的 ESG 评分进行匹配，第 8 章的实证分析表明，企业数字化转型显著提高了 ESG 得分。异质性分析表明，没有政治关联的企业、处于高制度质量地区的企业，相对于对照组，数字化转型对 ESG 绩效的影响更加显著。数字化转型影响 ESG 绩效的两个主要渠道是，数字化转型有助于降低企业的代理成本，即通过提高治理水平提高治理（G）得分；数字化转型有助于增加媒体曝光度，即通过改善企业商誉提高社会（S）得分。

第 9 章是案例分析，旨在通过"解剖麻雀"的方法，深入分析企业数字化转型的影响因素和成效。该章选择了两个典型案例，第一个是通用电气的案例，第二个是内蒙古蒙牛乳业（集团）股份有限公司（简称蒙牛）的案例。两个案例中，一个失败了，一个成功了；一个是跨国公司，一个是本土企业。我们认为，不管数字化转型是成功还是失败，它们都会给同行带来有益启迪。

第 10 章是一个简单的总结，回顾了本书的主要观点，并据此提供推动企业数字化转型的政策建议。之后，该章展望了企业数字化领域值得关注的未来议题。

本书的结构如图 1.4 所示。

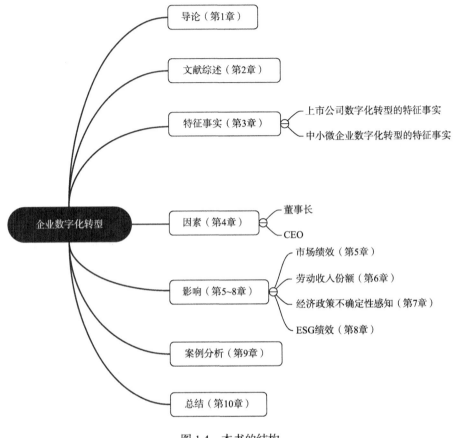

图 1.4　本书的结构

第2章 文 献 综 述

2.1 企业数字化转型的内涵与指标测度

2.1.1 如何理解企业数字化转型

1. 信息化、互联网化与数字化

20 世纪 80 年代，计算机的出现标志着信息化浪潮的到来。随之而来的各种桌面应用程序、电子邮件和用户界面操作系统，极大地提升了工作效率。在全球信息化浪潮的裹挟和倒逼下，20 世纪 90 年代，中国企业开始进行涵盖信息技术领域的信息化建设。信息化充分利用计算机等，开发利用信息资源，促进知识共享和信息交流，实现企业业务流程的线上化和标准化（Bresnahan et al.，2002）。

互联网化是一个具有我国特色的概念①，互联网化又称"互联网+"（谭志东等，2022）。互联网化的内涵有狭义和广义之分。狭义的互联网化主要涵盖企业的"互联网+"战略。杨德明和刘泳文（2018）认为，如果企业的某一个或多个重要业务环节实施互联网商业模式，或通过一定的方式与互联网融合，则该企业就进行了互联网化或实施了"互联网+"。广义的互联网化强调互联网与经济社会的融合，进而形成以互联网为基础设施和创新要素的经济社会新形态（李海舰等，2014）。互联网化的基本特征包括跨界融合、创新驱动、重塑结构、开放生态和连接一切（马化腾等，2015）。

数字化是信息技术发展的高级阶段，以数据分析、处理和应用为基础，强调运用人工智能、区块链、云计算和大数据等数字技术对业务和流程进行改进（Athey，2017）。全面的信息化建设是数字化的前提，数字化囊括了信息化和互联网化，侧重于对数据的深度应用和整合。三者的关系如图 2.1 所示。

---

① 2015 年 3 月，国务院政府工作报告中提出制定"互联网+"的行动计划。2017 年 10 月，党的十九大报告提出"推动互联网、大数据、人工智能和实体经济深度融合"。

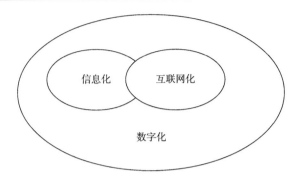

图 2.1　信息化、互联网化与数字化

2. 企业数字化转型

如果说数字化是企业流程、数据和信息向数字化平台的迁移，不涉及新的游戏规则或组织形式的深刻变革，那么数字化转型则是一个破茧化蝶的进化过程，涉及组织的重塑和经营模式的革新，需要对企业的核心业务流程做出革命性改变。Siebel（2019）认为，企业数字化转型是用人工智能、区块链等先进的数字技术，对企业的生产、管理和业务流程进行改造的过程。因此，企业数字化转型是数字技术在企业组织结构领域的全面应用，而数字化只是数字化转型的一个必要非充分条件。无独有偶，Vial（2019）指出，数字化转型是一个数字技术引发组织战略反应的创造性破坏过程，在这一过程中，组织在管理影响转型积极和消极结果的结构变化和障碍的同时，努力尝试改变价值创造路径。

2.1.2　企业数字化转型的指标测度之争

企业数字化转型是一项全面性、系统性的战略变革，既涉及数字技术的应用，也包含数字技术与企业组织管理和业务流程的深度融合。因此，如何准确地测度企业层面的数字化转型是一项极具挑战性的工作。近年来，中国在数字经济领域的后发优势，为中国学者的企业数字化转型研究提供了丰富的素材，大量的学术文献对企业数字化转型进行了测度，综合来看，主要使用了三种方法，即客观数据法、外生事件冲击法和词典法（金星晔等，2023）。

1. 客观数据法

客观数据法通过测度数字化项目相关的投入来反映企业的数字化转型行动。这包括基于调查数据度量企业内部机器人的使用（Acemoglu and Restrepo, 2020），基于问卷调查测度企业内特定的数字系统、数字软件、数字化普及率（刘淑春等，

2021），计算企业与数字技术相关的软件投资或硬件投资占总资产的比例（刘飞和田高良，2019；祁怀锦等，2020；夏常源等，2022），以及基于行业计算机软硬件投资额度量行业的信息技术密度（Chun et al.，2008）。

客观数据法虽然有助于深入探究企业数字化转型的细节，但是存在三个缺点：第一，客观数据法中的调查问卷法的局限在于样本量小、代表性差，且难以进行动态追踪。第二，测度范围狭窄，只适合度量某一类具体的数字技术的物质资本投入。例如，企业招聘了负责数字化转型的工程师，但是支付给工程师的工资成本无法体现为数字化软件或硬件投入。第三，测度比较粗糙。笼统地统计数字技术软件或硬件，无法区分不同类型数字技术的应用。

2. 外生事件冲击法

外生事件冲击法利用企业所在地区是否受到数字化转型政策的冲击来度量企业的数字化转型。通常的做法是，利用国务院发布的"宽带中国"政策（李万利等，2022）、工业和信息化部（简称工信部）批准的"两化"（信息化和工业化）融合贯标试点政策（李磊等，2021；谭志东等，2022）、国家信息消费示范城市（方明月等，2022）、国家级大数据综合试验区（Fang et al.，2023）等作为政策冲击。

政策冲击有助于解决企业数字化转型影响企业行为和绩效时存在的内生性问题，但存在两点不足：第一，外生事件冲击法假设试点地区所有企业都受到某项数字经济政策的同等程度冲击，这显然不符合事实。金环等（2021）发现，"宽带中国"政策对本地区的民营企业和成长型企业的全要素生产率（total factor productivity，TFP）和创新有较为明显的影响，但对衰退期企业和国有企业并没有显著影响。这说明，即使在试点地区，也并非所有企业都受到该项政策的影响。第二，试点地区企业很可能受到其他政策的影响。尽管可以借助平行趋势检验排除其他政策在样本期间的干扰，但无法排除同期实施的其他政策。另外，如果在短期内同时推行多种相关政策，并且存在政策时滞效应，那么很难区分不同政策的实际效应。

3. 词典法

词典法基于文本分析法构建的指标来反映管理层对企业数字化转型的认知。具体来说，通过构建数字技术关键词词库，计算上市公司年报文本中"管理层讨论与分析"部分关键词出现的频率或比例来构建企业数字化转型指标。一个上市公司年报中提及数字技术的次数或者比例越高，表示企业数字化转型程度越高。使用这一方法的文献较多，包括杨德明和刘泳文（2018）、吴非等（2021b）、袁淳等（2021）、赵宸宇等（2021）、张叶青等（2021）、Chen 和 Srinivasan（2023）。

虽然词典法是中国学者刻画企业数字化转型的主流方法，但这一方法并非完美。它存在两类问题：第一，目前的数字技术词典很难囊括所有的数字化转型，即存在"弃真"问题；第二，一些包含了数字技术的表述并非表明本企业进行了数字化转型，即存在"纳伪"问题（金星晔等，2023）。

2.2　企业数字化转型的动因研究

数字化浪潮扑面而来，众多企业进行了数字化转型实践，但企业为何要进行数字化转型？这方面的研究刚刚起步，并呈现出方兴未艾之势。早期的研究主要探讨企业进行信息化，如采用 ICT 的驱动因素。例如，DeStefano 等（2017）使用 2000~2012 年 19 个国家的 250 000 家企业样本，从微观层面研究了企业采用 ICT 的影响因素。研究发现，不同国家之间企业使用 ICT 的差异与企业特征和政策环境有关。大企业、知识密集型企业和总部企业更倾向采用 ICT。在政策环境方面，有利的劳动力市场和创业环境有助于激励企业采用有形 ICT（硬件技术），而对无形 ICT（软件技术）应用的影响并不显著。另外，宽松的信贷环境更容易吸引小企业增加个人电脑和服务器的投资。这表明单一的政策激励并不会带来各种类型的数字技术应用，需要考虑政策激励的异质性。之后的文献考察了企业采用数字技术或数字化的影响因素。例如，Andrews 等（2018）使用 2010~2016 年 25 个欧洲国家涵盖 25 个行业的数据，考察了企业能力和政策激励对数字技术应用（云计算和前端或后端办公系统应用）的影响。研究表明，在企业能力方面，较低的管理能力、缺乏技能工人及工人与工作任务的错误匹配是抑制数字技术采用的重要因素。在政策激励方面，影响市场进入、竞争、退出与要素再配置的政策因素也是驱动数字技术采用和扩散的重要原因。并且，企业能力和政策激励具有高度的互补性。

沿袭上述文献的演进思路，大量关于企业数字化转型的文献围绕企业内部因素、企业间行为互动和外部环境视角对数字化转型的动因进行了探讨。

2.2.1　企业内部因素

1. 首席数字官

过去十年，一个专门用于应对企业数字化转型挑战的新角色——首席数字官（chief digital officer，CDO）横空出世（Singh and Hess，2017）。CDO 属于公司高管，负责管理公司的数字化转型过程（Tumbas et al.，2017；Kunisch et al.，

2022）。与其他高管不同的是，CDO 的角色是跨职能的，负责协调跨部门的数字创新（Tumbas et al.，2018；Verhoef et al.，2021），而并非局限于严格的功能限制（Kunisch et al.，2022）。在个人技能方面，CDO 需要整合业务、技术知识与经验，具备跨学科背景和软技能，因为他们工作的核心部分涉及沟通与说服可能强烈抵制数字化创新的内部和外部利益相关者。CDO 在向所有利益相关者传递数字化转型信号方面发挥着关键作用（Metzler et al.，2021）。CDO 还需要圆润、有韧性的复杂的沟通技巧（Singh and Hess，2017）。不过，CDO 并非在全球广受欢迎。一些研究发现，CDO 在德国和法国特别受欢迎，而美国或荷兰却较少任命 CDO（Firk et al.，2019）。

专栏 2.1：CDO

　　CDO 是指利用现代在线技术的潜力将传统"虚拟"业务转变为数字业务（即数字化转型），并帮助公司、政府组织或城市来推动增长的个人。CDO 是一个相对较新的领导角色。该名称首次出现在 2010 年左右的公司组织结构图中。那时，智能手机和平板电脑已实现随时随地计算；电子商务巨头亚马逊和其他数字本土零售商正在为在线购物设定新的客户期望，并为视频点播等数字商品创造市场。这些公司认识到它们需要数字战略来连接精通技术的消费者，为员工提供支持并抵御数字中断。2012 年，咨询公司 Gartner 宣称 CDO 职位将"被证明是未来十年最激动人心的战略角色"，并预测到 2015 年，大约 25% 的公司将有人担任这一领导职务。虽然 CDO 头衔的早期增长出现衰退迹象，但随着人工智能和机器人技术等先进技术不断重新定义公司服务客户和获取商业价值的方式，与该职位相关的责任正在增加和演变。普华永道会计师事务所 2020 年的研究表明，2020 年，尽管增长速度变缓，但仍有 21% 的大型公共企业设立了 CDO 职位。

---

2. 管理层视野、董事长或 CEO 特征

　　Guo 等（2023）发现，管理层越短视，越不容易推动企业数字化转型。王新光（2022）认为，管理者短视行为对企业数字化转型具有显著的抑制作用。此外，一些文献发现，公司"一把手"（董事长或 CEO）特征对企业数字化转型有着显著的影响。张翠子等（2023）基于 2010~2020 年中国 A 股家族企业数据，发现 CEO 权力对家族企业数字化转型具有明显的正向效应。刘冀徽等（2022）发现具有研发背景的董事长能有效促进企业数字化转型。

3. 高管团队特征及其异质性

张昆贤和陈晓蓉（2021）结合高阶理论和烙印理论，考察了高管团队内部异质性对企业进行与数字化相关的技术收购的影响。研究表明，高管团队在年龄、性别构成上对数字化战略偏好存在差异。从高管的烙印特征来看，技能性烙印和制度性烙印对并购决策有显著影响，而经验性烙印则影响不明显。类似地，汤萱等（2022）发现，高管团队年龄异质性与企业数字化转型负相关，教育背景异质性、职业背景异质性和海外背景异质性与企业数字化转型正相关。阳镇等（2022）发现，曾在高校、科研机构或科研协会任职的高管比例越大，越有助于推动企业数字化转型。

4. 控制权、内部治理机制

韩忠雪和张玲（2022）使用中国民营上市公司的样本发现，创始控制人有利于上市公司积极推进数字化转型，而财务和产业投资控制人会抑制企业数字化转型。林川（2023）发现，多个大股东有利于促进企业数字化转型。

5. 高管社会网络

宋晶和陈劲（2022）发现，适度的企业家社会网络规模有利于促进企业数字化转型，社会网络达高性和联结强度对企业数字化建设具有积极影响。陈庆江和王彦萌（2022）从组织间关系网络的视角，探讨了高管联结[①]对企业数字化转型战略的影响。研究发现，企业数字化转型战略可以通过高管联结从早期采纳者向晚期接受者扩散。早期采纳者的绩效表现、联结双方的相似性和关系强度会对这一组织间扩散进程产生正向调节作用。

6. 内部成本压力

张夏恒（2020）发现，满足市场需求、提高生产率和降低成本是中小企业进行数字化转型的重要动因。夏常源等（2022）发现，企业的社保缴费通过替代重复性工作的劳动力，优化员工激励契约等渠道提升了管理数字化投入。

2.2.2　企业间行为互动：供应链扩散视角

陈庆江等（2021）从企业间行为互动的角度研究了企业数字化转型的同群效应。进一步地，李云鹤等（2022）基于供应链扩散视角，考察了客户企业数字化

---

① 高管同时在两家及以上企业任职形成的联结关系。

转型对上游企业数字化转型的影响。研究发现，客户企业数字化转型显著驱动了上游企业数字化转型。供应链企业间治理连接与企业学习是客户企业数字化转型向供应链上游企业扩散的重要机制。类似地，张志元和马永凡（2022）以异质性客户关系为切入点，考察了客户关系对企业数字化转型的影响。研究发现，依赖性客户关系抑制了企业数字化转型，而对等性客户关系则推动了企业数字化转型。

2.2.3 外部环境视角

大量的中文文献从地方经济增长目标、财税激励、外生政策冲击、金融发展水平、外部治理机制等角度探讨了企业数字化转型的外部驱动因素。

1. 地方经济增长目标、财税激励

杨贤宏等（2021）发现地方经济增长目标同企业数字化转型之间存在明显的错配特征，地方经济增长目标设定越高，企业数字化转型程度越低。

吴非等（2021a）考察了财政科技支出对企业数字化转型的影响。樊自甫等（2022）通过构建企业数字化转型的演化博弈模型，分析了在不同市场竞争强度下政府补贴力度变化对企业数字化转型策略选择的影响激励。陈和等（2023）以2014年、2015年两次固定资产加速折旧政策为准自然实验，发现固定资产加速折旧这一税收激励政策显著促进了企业数字化转型。类似地，曾皓（2022a）发现，税收激励促进了企业数字化转型，并且税收激励与财政补贴之间存在交互效应。

2. 外生政策冲击

赖晓冰和岳书敬（2022）考察了智慧城市试点对企业数字化转型的政策效应。具体来说，智慧城市试点显著促进了企业数字化转型。与非试点城市相比，开展智慧城市政策试点的辖区内企业数字化转型程度明显提升。毛宁等（2022）使用企业所在地周边区（县）高铁站的开通作为外生冲击，考察了交通基础设施对企业数字化转型的影响。研究发现，高铁邻近性通过提高企业家的数字技术接触度、缓解数字专业人才短缺、增加与数字技术平台的合作等渠道，促进了企业数字化转型。

3. 金融发展水平

李华民等（2022）发现，金融集聚显著促进了企业数字化转型。此外，学者发现，一个地区的金融科技发展水平越高，或利率市场化程度越高，企业数字化转型程度就越高（唐松等，2022a；唐松等，2022b）。

4. 外部治理机制

车德欣等（2022）研究发现，卖空机制能显著推动企业数字化转型。除资本市场的卖空机制外，还有一些学者考察了市场竞争机制的驱动效应。曾皓（2022b）将市场准入负面清单制度的实施作为一项政策冲击，考察了市场竞争机制对企业数字化转型的影响。研究表明，市场竞争机制显著促进了企业数字化转型。类似地，任晓怡等（2022）发现，自由贸易试验区的设立通过促进市场竞争和提高市场化程度显著推动了企业数字化转型。

2.3　企业数字化转型的影响研究

Goldfarb 和 Tucker（2019）认为数字技术能降低五个方面的成本，即搜寻成本、复制成本、交通成本、追寻成本和验证成本，并从国家、区域、企业和消费者四个层面综述了经济主体的数字化效应。就企业层面而言，有关数字化转型影响的研究主要有以下四类。

2.3.1　数字化转型对企业生产率和经营绩效的影响

一些学者认为数字技术使用或企业数字化转型显著提升了企业生产率和经营绩效（Syverson，2011；Bloom et al.，2014；Brynjolfsson and McAfee，2014；杨德明和刘泳文，2018；Gal et al.，2019；何帆和刘红霞，2019；黄群慧等，2019；刘飞，2020；赵宸宇，2021；张叶青等，2021）。另一些学者认为数字化能否提升企业效率，关键在于组织变革（Yoo et al.，2012）。在不同的组织架构和企业能力下，数字技术应用对企业绩效的影响呈现出高度的异质性（Aral and Weill，2007；Aral et al.，2012；何小钢等，2019）。DeStefano 等（2018）使用 1999~2005 年英国城市地区的企业样本，考察了 ICT 投资（计算机、商业管理系统软件、信息技术专家数量）对企业绩效的影响。研究发现，ICT 投资增加了营业收入，扩大了雇佣规模，但并未提高企业的 TFP。DeStefano 等（2020）进一步讨论了云计算对年轻企业和在位企业的规模和收入影响的异质性，得出类似的结论。刘淑春等（2021）使用 2015~2019 年中国第一个信息化与工业化深度融合国家示范区内的 1 950 家企业追踪调查数据，发现企业数字化投资和效率之间存在先下降后上升的非线性关系。唐浩丹等（2022）使用 2011~2019 年中国制造业上市公司数字并购数据，将数字并购作为企业数字化转型的正向冲击，研究发现数字并购显著提升了企业的市场势力和市场绩效。董松柯等（2023）发现，企业数字化转型不仅有助于直接提高创新绩效和生产率，还可以通过规范企业研发操纵行为来间接提高企业创新绩效和生产率。李万利等（2022）发现，企业数字化转型能显著提升实业投资水平，降低企业金融化，抑制"脱实向虚"。

一些文献讨论了企业数字化转型对环境绩效的影响。例如，张三峰和魏下海（2019）发现，数字技术使用降低了能源消耗强度。钟廷勇和马富祺（2022）发现，企业数字化转型通过发挥减排增效效应、供应链优化效应和绿色技术创新效应降低了企业的碳风险水平。刘慧和白聪（2022）发现，数字化转型有助于促进企业节能减排。然而，Fang 等（2023）发现，企业数字化转型虽然提高了 ESG 评分，但是主要通过提高社会（S）绩效和治理（G）绩效来实现，对环境（E）绩效却没有产生显著影响。这可能是因为，对于企业来说，环境问题是合规问题，但加大环境投入会导致经济效率损失。

还有一些文献讨论了企业数字化转型对创新（Branstetter et al.，2019；Wu et al.，2019；沈国兵和袁征宇，2020；李雪松等，2022；张欣和董竹，2023）、供应链金融创新（龚强等，2021）、服务化转型（赵宸宇，2021）、企业社会责任（赵宸宇，2022）、融资成本（陈中飞等，2022）、出口（易靖韬和王悦昊，2021）的影响。

2.3.2　数字化转型对公司治理和资本市场的影响

企业数字化转型推动着企业目标的改变和公司治理结构的创新，降低了公司代理成本（曾建光和王立彦，2015），促进了利益相关者的价值整合（戚聿东和肖旭，2020）。例如，张永珅等（2021）基于 2013~2018 年中国 A 股上市公司样本，发现数字化转型程度越高，企业财务报告审计收费就越低。翟华云和李倩茹（2022）认为，企业数字化转型提高了审计质量。耀友福和周兰（2023）发现，企业数字化转型强化了关键审计事项披露的充分性。

祁怀锦等（2020）认为，企业数字化转型通过降低信息不对称和管理者决策行为的非理性程度提高了公司治理水平。类似的证据表明，企业数字化转型能显著抑制大股东掏空行为（耀友福，2022），推动控制权相机配置，减少大股东机会主义行为，保障不同资本的收益权（马连福等，2022a）。一些学者发现，企业数字化转型显著提升了内部控制质量（张钦成和杨明增，2022），抑制了企业盈余管理和改善了会计信息可比性（聂兴凯等，2022），提升了公司风险承担水平（林菁和仲继银，2022）。徐子尧和张莉沙（2022）基于管理层自利视角的分析表明，数字化转型通过降低企业信息不对称和缓解管理层代理冲突抑制了企业费用黏性。

这一效应在股权分散和机构投资者持股比例低的企业尤为明显。吴武清和田雅婧（2022）得出了类似的结论。

关于企业数字化转型对资本市场的影响，吴非等（2021b）考察了企业数字化转型对股票流动性的影响及其作用渠道。研究发现，数字化转型通过改善信息不对称、强化市场正面预期等渠道提升了股票流动性。马慧和陈胜蓝（2022）发现，企业数字化转型显著降低了股价崩盘风险，其作用机制是数字化转型缓解了企业内部人的坏消息隐藏。异质性分析表明，数字化转型对股价崩盘风险的降低作用主要存在于信息环境不透明及治理水平较差的企业。马连福等（2022b）研究了企业数字化转型对不同投资者情绪的差异化影响。结果显示，企业数字化转型显著提振了散户投资者的乐观情绪，但对机构投资者情绪的影响不显著。此外，还有一些研究表明，企业数字化转型显著降低了债务违约风险（王守海等，2022），提升了业绩预告质量（冼依婷和何威风，2022）。

2.3.3　数字化转型对组织结构和企业边界的影响

数字技术作为一种组织管理手段（Goldfarb and Tucker，2019），可以有效提升监督效率（Brynjolfsson and McElheran，2016），降低组织代理成本和信息获取成本，从而挑战传统的组织结构和权力安排（Adner et al.，2019），进而可能导致组织结构和权力边界发生变化（戚聿东和肖旭，2020）。例如，Bloom 等（2014）将数字技术拆分为信息技术和通信技术（communication technology，CT）两个部分，认为信息技术降低了信息获取成本，允许代理人更加自主地处理问题，从而带来了分权；而通信技术降低了沟通成本，使总部的意愿得到传递，降低了下级的自主权，从而导致了集权。刘政等（2020）使用世界银行中国投资调查的企业级数据研究发现，企业数字化削弱了高管权力，增强了基层权力，诱使组织向下赋权。这表明数字化通过提升组织信息成本和削减组织代理成本，促进了企业分权改革。McElheran 和 Forman（2019）使用美国制造业的样本，研究了数字化对纵向一体化的影响。研究发现，在上下游供应链中采用信息技术相协调的企业更倾向纵向一体化。熊督闻和曾湘泉（2022）发现，数字化转型通过降低企业内部的组织协调成本促进了制造业企业的跨地区投资。王巍和姜智鑫（2023）发现，数字化转型通过压缩时空距离和流程再造两个渠道促进了企业异地合作创新。董直庆等（2023）发现人工智能技术会助推中小型企业规模均等化成长。

此外，还有一些文献研究了企业数字化转型对供应链上其他企业的影响。例如，杨金玉等（2022）研究了客户数字化转型对供应商企业创新决策的影响及其作用激励。研究发现，客户数字化转型具有溢出效应，显著提高了供应商创新水平。侯德帅等（2023）发现，数字化转型有助于企业降低客户资源的集中度，避免了对主要大客户资源的过度依赖。祁怀锦等（2022）发现，企业数字化转型显著增加了企业对客户的商业信用供给，呈现出资金溢出效应。

2.3.4 数字化转型对就业和收入分配的影响

在现有文献中，最有影响的是 Autor 等（2003）提供的一个分析框架。他们开创性地将工作任务区分为常规任务和非常规任务，并结合技术和劳动力在不同任务中的比较优势，提出任务偏向型技术变革（task-biased technological change）的解释框架。该框架为我们研究数字技术、数字化转型对企业内收入分配的影响提供了基准。在该框架下，数字技术（自动化）对执行常规任务的工人产生替代效应，而与执行非常规任务的工人形成互补效应，其结果是导致非常规任务的能力溢价上升，加剧收入不平等。沿着这一基于任务的模型（task-based model），大量文献讨论了数字技术（自动化）对劳动力市场就业和收入分配的影响（Acemoglu and Autor，2011；Acemoglu and Restrepo，2018）。Acemoglu 和 Restrepo（2019）拓展了任务模型，将生产视为一系列任务的组合，生产要素通过执行任务对产出做出贡献。数字技术（自动化）具有要素增强型（factor-augmenting）特征，任务之间的替代性，或者自动化技术对劳动和资本的相对替代性取决于劳动和资本之间的替代弹性。因此，从理论上讲，数字技术（自动化）并不一定更倾向替代劳动或者资本，从而数字技术对就业和劳动收入份额的影响方向不确定，这取决于负向的替代效应与正向的生产率效应与就业创造效应之间的权衡。

1. 替代效应

劳动力和数字技术在不同的工作任务中具有各自的比较优势。当数字技术相对于劳动力更具有比较优势时，劳动力就会被数字技术取代，即产生替代效应。替代效应必然会恶化就业，造成劳动收入份额下降。

2. 生产率效应

数字技术的应用有助于企业节约生产成本，导致相关商品或服务的价格下降，通过收入效应增加消费者的消费需求，导致企业进一步扩大生产规模，增加对非自动化岗位的劳动力需求。也就是说，数字技术（自动化）通过生产率效应增加了就业，提高了劳动收入份额。不过，Aghion 等（2017）讨论了数字技术（人工智能）可能带来的两方面的生产率效果，即在提高了数字化部门生产率的同时，也提升了资本结构，间接降低了非数字化部门生产率。在两种效应的叠加影响下，人工智能的生产率效应需要通过实证加以验证。

3. 就业创造效应

数字技术在取代部分劳动岗位的同时，也会创造出新的人力更具有比较优势的工作岗位。数字技术的广泛应用会创造出更多的新业态、新模式和新就业岗位，从而增加就业和提高劳动收入份额（Mokyr et al.，2015；Akerman et al.，2015）。

Acemoglu 和 Restrepo（2019）通过美国过去 30 年劳动力市场的证据发现，数字技术（工业机器人）的替代效应超过生产率效应和就业创造效应，居于主导地位。具体来说，每 1 000 名工人中增加一个机器人，将会导致雇佣比率降低 0.2 个百分点，工资下降 0.42 个百分点（Acemoglu and Restrepo，2020）。数字技术的生产率效应取决于工资和劳动力市场状况。在劳动力稀缺和工资高的情况下，数字技术产生较强的生产率效应，进而提高劳动力需求；反之则反之。数字技术在德国、日本和韩国等人口老龄化加速国家产生了更高的生产率效应则佐证了这一观点（Acemoglu and Restrepo，2018）。

根据就业创造效应，数字技术所替代的只是一部分劳动，数字技术也可以作为改进劳动生产效率的辅助性工具，提高对一些特定劳动的需求。因此，数字技术对劳动力需求的影响可能是结构性变化，并不必然降低总体的劳动力需求（Agrawal et al.，2018；Korinek and Stiglitz，2019；Brynjolfsson et al.，2019；Acemoglu and Restrepo，2020）。此外，来自欧美等发达国家的经验证据大多表明，信息技术和计算机技术的进步导致美国的劳动力收入份额下降，损害了就业（Karabarbounis and Neiman，2014）。Akerman 等（2015）、Hjort 和 Pouslen（2019）分别以挪威和非洲为例，发现宽带和互联网等信息技术的发展有助于改善当地的劳动力就业。Graetz 和 Michaels（2018）基于跨国样本指出机器人应用对劳动力市场整体上没有显著影响。Arntz 等（2016）使用经济合作与发展组织（Organization for Economic Co-operation and Development，OECD）国家的 21 个跨国样本，基于任务倾向的视角，发现数字化对总体就业和员工职业变换并无显著影响，但是低技能工人可能会承担自动化过程带来的调整成本。

现有文献基本上将信息技术、数字技术、自动化和人工智能混为一谈。但 Brynjolfsson 和 Mitchell（2017）指出，以计算机为载体的信息技术和以工业机器人为代表的人工智能技术具有显著差异，前者更注重软件理论或基础设施方面的突破，后者更强调"自动化"在大规模工业生产中的具体应用。随着人工智能技术的深入发展，数字化或自动化集中体现在工业机器人的大规模应用上。随着业界和学界对这一差异的认知不断加深，越来越多的国内研究开始聚焦于工业机器人对劳动力市场的影响（Cheng et al.，2019；郭凯明，2019；孔高文等，2020；王永钦和董雯，2020；王泽宇，2020；王林辉等，2020；李磊等，2021；余玲铮等，2021）。基本的结论是，机器人的大规模应用对企业的劳动力需求产生了一定的替代效应，呈现出地区、行业和企业异质性，并且扩大了劳动收入份额。

　　上述文献主要从生产任务的类型、不同任务中劳动和资本的替代关系的角度，讨论了数字技术或自动化技术对收入分配的影响。Guellec（2021）则独辟蹊径，基于软件代码和数据的新产品及流程的数字创新导致"赢家通吃"市场结构的角度，讨论了数字创新对收入分配的影响。他们认为，"赢家通吃"市场结构的特点是市场力量和风险高于有形产品经济。新的市场结构的形成原因是数字化的非竞争性，它允许规模经济并降低创新成本。后者刺激了更高的创造性破坏，带来更高的风险，从而使市场份额不稳定。不稳定为投资者带来了风险溢价，市场租金主要由投资者和高层管理人员累积，而普通工人的累积较少，因此加剧了收入不平等。

　　个别文献基于中国数据，讨论了企业信息技术的使用对劳动收入份额的正向提升作用（申广军和刘超，2018）。少数文献考察了中国企业的数字化转型对劳动力就业（赵宸宇，2023）、员工薪酬总额和企业之间员工薪酬差距（徐朝辉和王满四，2022），企业内收入分配（方明月等，2022），以及劳动收入份额（肖土盛等，2022）的影响。

专栏 2.2：全球机器人数量

　　机器人按照服务类型可分为工业机器人和服务机器人，服务机器人又可以分为专业服务机器人和个人/家用服务机器人。工业机器人主要用于工业自动化，服务机器人主要用于执行除工业自动化以外的其余任务。但随着应用场景的不断复杂化，工业机器人和服务机器人的边界逐渐模糊。

　　根据全球机器人协会发布的年度报告，2021 年全球安装工业机器人总数达到 51.7 万个，较 2020 年增长 12.3 万个，增幅达到 31%。2021 年工业机器人存量达到 347.7 万个（图 2.2）。这些工业机器人主要分布在电气/电子、汽车、金属和机械、塑料及化工产品、食品生产等领域。从地域来看，亚洲仍然是最大的工业机器人市场，2021 年亚洲区域新安装机器人 38.1 万个，占新安装总数的 74%。从国家（地区）来看，中国领跑世界上其他国家（地区），成为世界上最大的工业机器人消费市场，2021 年中国新安装机器人 26.82 万个，占到全球新安装工业机器人总数的 52%；紧随其后的是日本，占到全球新安装工业机器人总数的 9.1%（图 2.3）。

　　服务机器人主要应用在服务行业、医疗、运输物流、家庭清洁、维修和检查及农业领域。在服务机器人领域，机器人数量不断增多，2021 年全球新安装专业服务机器人 12.1 万个，个人/家用服务机器人 1 900 万个，可见在服务机器人领域，数量上以个人/家用服务机器人为主。

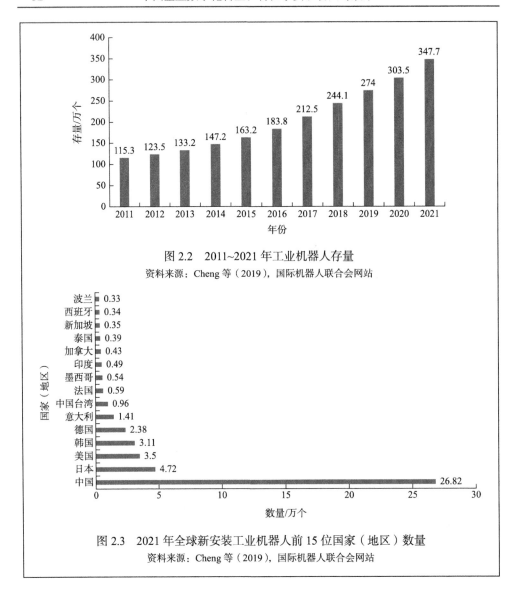

图 2.2　2011~2021 年工业机器人存量

资料来源：Cheng 等（2019），国际机器人联合会网站

图 2.3　2021 年全球新安装工业机器人前 15 位国家（地区）数量

资料来源：Cheng 等（2019），国际机器人联合会网站

2.4　本 章 小 结

　　数字化转型成为时下学术界和业界最为时髦的热词，但数字化并非横空出世，而是源于传统的信息化。本章先对信息化、互联网化、数字化和企业数字化转型的内涵进行比较和区分，指出企业数字化转型是一项异常艰辛的系统工程，涉及核心业务和流程的破坏性重构和革命性创新。在此基础上，本章基于近年来学界如

火如荼的数字化转型研究文献，梳理了测度企业数字化转型的三种方法——客观数据法、外生事件冲击法和词典法，并详细阐述了每种方法的优点和不足。

在厘清了企业数字化转型的内涵和外延后，本章从企业数字化转型的动因和影响两个方面对相关学术文献进行了细致梳理。在企业数字化转型的内部驱动因素方面，Culasso 等（2023）认为，个体技能是推动企业数字化转型的关键因素，它包括数字领导力（Zupancic et al.，2018）、知识管理（Alberti-Alhtaybat et al.，2019）和组织能力（Muninger et al.，2019）。集这三种技能于一身的新型角色就是企业内专门的高管——CDO。本章讨论了文献中 CDO 的角色定位、个人技能和全球受欢迎程度，探讨了管理层视野、"一把手"（董事长或 CEO）特征，高管团队特征及其异质性，控制权、内部治理机制，高管社会网络和内部成本压力等企业内部因素对企业数字化转型的影响。随后，本章将视角拓展到企业间行为互动，从数字化转型的同群效应和基于供应链扩散视角考察了企业数字化转型的驱动因素。最后，本章从地方经济增长目标、财税激励、外生政策冲击、金融发展水平和外部治理机制等外部环境视角分析了企业数字化转型的外部驱动因素。

与研究企业数字化转型动因的文献相比，探讨企业数字化转型影响的文献可谓汗牛充栋。本章主要从数字化转型对企业生产率和经营绩效，数字化转型对公司治理和资本市场，数字化转型对组织结构和企业边界，以及数字化转型对就业和收入分配的影响四个维度对现有学术文献进行了归纳和总结[①]。尽管企业进行数字化转型已经成为学界和业界的共识，是一项"箭在弦上，不得不发"的紧迫性变革，但是关于企业数字化转型的影响（特别是对企业绩效的影响），现有的研究结论基本上是混合的，并未达成共识。除了关于企业数字化转型的测度本身存在争议之外，现有研究缺乏对不同数字技术的异质性效应分析。例如，人工智能技术可能改善了企业的经营绩效，而区块链技术可能提高了企业的生产成本。此外，现有文献中基于大样本的全景式描述固然有助于廓清数字化转型的迷雾，但是关于深入企业转型实践的"解剖麻雀"式的案例研究少之又少，这也为后续的企业数字化转型研究提出了新的课题。

---

① 考虑到外文文献和中文文献在数字化概念表述上的差异，本章在梳理英文文献时采用广义的数字化概念，吸纳了文献中关于信息化、自动化和人工智能的研究成果。

第3章 中国企业数字化转型的 特征事实

3.1 给中国企业数字化转型提供"画像"

数字化转型对于所有企业来说，都是当下不可避免的挑战。业界普遍认为，面对企业数字化转型的诸多失败案例，很多企业家存在"不愿转、不敢转、不会转"的畏难情绪。然而，数字化转型又是中国企业必须迈过去的坎。要深入地研究企业数字化转型的动因和影响，必须了解企业数字化转型的状况。因此，本章的目的是给中国企业数字化转型提供一个完整的"画像"。

我们使用的样本包括两部分：第一部分是中国 A 股上市公司，它们代表中国大型企业；第二部分是中国企业创新创业调查（enterprise survey for innovation and entrepreneurship in China，ESIEC）数据，它们主要代表中小微企业。使用上市公司样本的好处是，指标比较齐全，特别是财务指标都经过专业审计，可信度比较高。然而，对于数字化转型来说，中小微企业因为规模小、资金少和底子薄，可能面临更多困境。因此，为了避免样本偏差，我们也分析了非上市公司的中小微企业样本。尽管后者的指标较少，但是仍然能够提供关于企业数字化转型的一些特征事实。我们期待通过对后者的分析，达到窥斑见豹的效果。

3.2 中国上市公司数字化转型的特征事实

3.2.1 数字化转型指标

本节旨在利用中国上市公司的公开数据，描述其数字化转型的特征。我们使用了 iFinD 数据库提供的上市公司资产数据，包括总资产和数字资产投资等信息。同时，CSMAR 数据库提供了上市公司的基本信息，如所属行业、所属省份、所有制类型和营业收入等。在删除了存在严重缺失值的上市公司后，我们最终获得了来自 4 275 家上市公司的 2002~2020 年数据。

　　数字化转型是一个重要的转变过程，包含了内部治理、组织结构、销售系统和企业文化的变化（Siebel, 2019）。因此，企业层面的数字化转型程度难以通过上市公司的财务指标度量。然而，数字化转型程度是一项重要的业绩，上市公司有披露其数字化转型以吸引投资者的强烈意愿。因此，文献中经常使用基于上市公司年报的文本分析法衡量企业数字化转型程度。具体来说，我们采用如下步骤构建数字化转型指标。第一步，参考已有文献（如赵宸宇等，2021；吴非等，2021b；方明月等，2022）和关于数字经济的政策文件[①]，构建数字化转型关键词词库，总共包含约 100 个关键词。第二步，手工收集上市公司年报文本，通过格式转换工具把 PDF（portable document format，便携式文档格式）的年报转换成文本文件，使用正则表达式提取"管理层讨论与分析"[即 MD&A（management discussion and analysis）部分，在有些年报中是"董事会报告"] 的内容，剔除所有数字、英文字母和除句号以外的所有标点符号或特殊符号。第三步，以中文句号为分隔符把"管理层讨论与分析"的文本分割为句子，并使用 Python 软件调用 Jieba 分词模块对每个句子进行分词，并在分词的同时剔除停用词（如语气助词、副词、介词、连接词等）。第四步，根据数字化转型词库计算关键词的词频，并根据式（3.1）计算上市公司年度数字化转型指标。

$$数字化转型指标_{it} = \frac{数字化关键词的数量}{MD\&A部分所有词语的数量} \times 100 \qquad (3.1)$$

　　同时，为了使结果更加稳健，我们参照刘飞和田高良（2019）的做法，使用数字硬件投资和软件投资占比衡量数字化转型程度。其中，数字硬件投资为固定资产中的办公电子设备和自助设备净值，软件投资为无形资产中的软件资产净值，两者加总后除以总资产净值[②]。

　　图 3.1 展示了样本上市公司的地区、规模和行业分布特征。在地区分布方面，样本上市公司主要集中在东部地区，占比高达 68%。相比之下，中部地区和西部地区的上市公司占比较低，分别为 19% 和 13%。这与东部地区经济较为发达、商业机会更多的实际情况相符合。

---

　　① 例如，《国务院关于大力推进信息化发展和切实保障信息安全的若干意见》（2012 年）、《国务院关于积极推进"互联网+"行动的指导意见》（2015 年）、《关于深化新一代信息技术与制造业融合发展的指导意见》（2020 年）。

　　② 这两个指标数据来自 iFinD 数据库，起始年份为 2010 年。

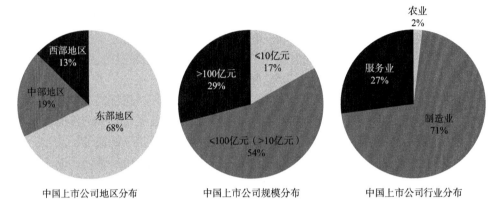

中国上市公司地区分布　　　　　中国上市公司规模分布　　　　　中国上市公司行业分布

图 3.1　中国上市公司分布特征

在规模分布方面，超过一半（54%）上市公司的总资产为 10 亿（不含）~100 亿元。资产规模等于及小于 10 亿元的上市公司占 17%，而大于 100 亿元的上市公司占 29%。这表明样本中上市公司普遍为大型企业。需要注意的是，对于上市公司数字化转型的分析仅反映了大型企业的数字化转型特征，在 3.3 节我们将进一步探讨中小微企业的数字化转型特征，以获得更全面的认识。

在行业分布方面，制造业是样本上市公司中最主要的行业，占据了 71% 的比例。服务业次之，占比 27%。其中，服务业中"批发和零售业""信息传输、软件和信息技术服务业"占比较大，在服务业中占比约 20%。农业仅占样本上市公司的 2%。由于制造业和服务业在中国经济发展中起到了主导作用，农业企业样本相对较少也符合中国经济发展的现实，对于企业数字化转型特征的分析影响不大。

接下来，我们详细描述上市公司数字化转型的年度特征、地区特征、行业特征和所有制特征。

3.2.2　上市公司数字化转型的年度特征

我们对以词频衡量的上市公司数字化转型程度进行了年度平均，得到了每年的上市公司数字化转型程度。同时，我们将上市公司的数字硬件或软件投资数据进行了年度平均，得到了每年的上市公司数字硬件或软件投资水平。根据图 3.2 所示的折线图，可以得出以下关于上市公司数字化转型的年度特征。

2002~2009 年，上市公司数字化转型程度保持相对稳定，变化范围较小。同时，上市公司的数字硬件或软件投资一直为零。这表明在这段时期内，上市公司对数字化转型的投入和探索相对有限，整体上数字化转型进展较为缓慢。

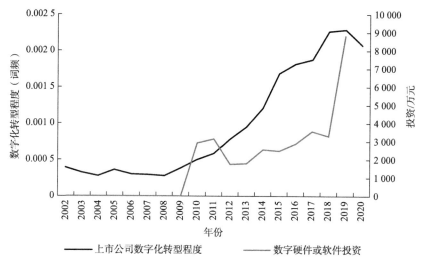

图 3.2　上市公司数字化转型程度
数字硬件或软件投资的数据截至 2019 年，无 2020 年数据

从 2010 年开始，上市公司数字化转型程度逐渐增加，并呈现逐年上升的趋势（2020 年除外）。同时，上市公司的数字硬件或软件投资水平也呈总体增加趋势。上市公司持续增加数字技术投资的行为反映在它们对数字化转型采取的积极行动中——采购先进的数字技术设备和软件，以支持业务流程的自动化、数据分析和信息管理。上市公司数字化转型程度的增加正是因为数字技术的快速发展和广泛应用，以及上市公司对数字化转型潜在价值的认识逐渐提高。

然而，自 2015 年以后，尽管上市公司的数字硬件或软件投资增加，并在 2019 年出现大幅增长，但上市公司数字化转型速度有所放缓。这可能是受到市场饱和度的增加、竞争压力的加剧及组织内部变革的复杂性等因素的影响。值得注意的是，上市公司数字化转型程度在 2020 年出现了下降的小幅度波动。这可能是全球经济环境的不确定性和新冠疫情的影响所致，导致上市公司在数字化转型方面的投资和实施受到一定限制。

总的来说，2002~2020 年，上市公司数字化转型程度基本呈上升趋势，并伴随着数字硬件或软件投资的增加（图 3.2）。这表明上市公司对数字化转型的重视和投入。

3.2.3　上市公司数字化转型的地区特征

为了了解中国各省（区、市）上市公司数字化转型的时空特征，我们把上市公司数字化转型程度按照每 5 年一个间隔平均到省份层面上，从而分析了 2002~2020

年各省（区、市）上市公司数字化转型程度，并绘制了如图 3.3 所示的直方图。

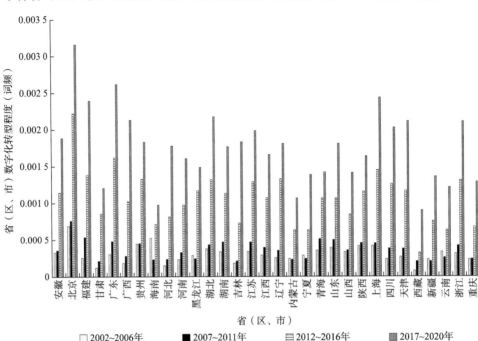

图 3.3　各省（区、市）上市公司数字化转型程度

2002~2006 年，大多数省（区、市）的数字化转型程度较低，呈现出相对稳定的状态。然而，随着时间的推移，特别是 2011 年前后，数字化转型逐渐成为各省（区、市）发展的重要方向，数字化转型程度开始显著提升，并在各省（区、市）之间出现了显著的差异性。

首先，从空间维度来看，不同省（区、市）之间存在着明显的差异。北京、上海、广东和浙江等省（市）在数字化转型程度上一直处于领先地位。这与这些省（市）在经济发展、科技创新和信息技术应用等方面的优势密切相关。一些省（区），如甘肃、海南、内蒙古、西藏等相对滞后，在数字化转型程度上表现较差。这些省（区）可能面临着经济发展水平的制约，包括基础设施建设、技术应用和创新能力等方面的限制。

其次，从时间维度来看，大多数省（区、市）在 2002~2020 年的时间段内呈现出数字化转型程度逐渐增加的趋势。然而，不同省（区、市）之间的增长速度存在差异，如广东、江苏、浙江等在数字化转型方面增长较快，而黑龙江、山西、宁夏等增长较慢。

3.2.4　上市公司数字化转型的行业特征

为了把握不同行业上市公司数字化转型的基本特征，我们把上市公司分为农业、制造业和服务业三类①进行统计分析。图 3.4 展示了 2002~2020 年三类行业上市公司数字化转型程度的发展趋势。

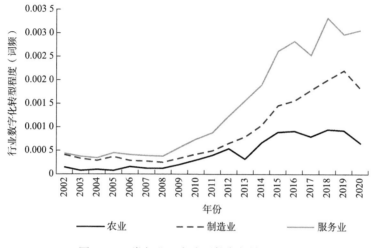

图 3.4　三类行业上市公司数字化转型程度

从图 3.4 中可以明显地看到，服务业一直是上市公司数字化转型程度最高的行业。2002~2020 年，制造业的上市公司数字化转型程度呈增长趋势，并在 2008 年之后加速。这主要归因于服务业的信息化需求增加，包括电子商务、移动支付、在线教育和在线娱乐等领域的快速发展。

制造业在上市公司数字化转型方面起步较晚，在 2008 年之后才有增长的趋势，在 2011 年之后才大幅提升。制造业的数字化转型增速相较于服务业而言较为缓慢。但整体而言，制造业在数字化转型方面也取得了显著进展。这反映了制造业对数字技术应用的广泛采用，包括自动化生产、智能制造和物联网等领域的发展。

然而，与制造业和服务业相比，农业在数字化转型方面进展相对滞后。整体而言，农业的数字化转型程度相对较低。尽管近年来有所提升，但与其他两个行业相比仍存在较大差距。农业的数字化转型面临许多挑战，包括基础设施建设、

---

① 按照《国民经济行业分类》（GB/T 4754—2017）进行严谨的表述，这里农业是指农、林、牧、渔业（不含农、林、牧、渔专业及辅助性活动），制造业是指制造业（不含金属制品、机械和设备修理业），服务业是指国家统计局发布的第三版《三次产业划分规定》所定义的第三产业。

技术普及和农业信息化服务的不足等问题。不过，随着农业信息技术的不断创新和应用，农业的数字化转型潜力巨大。

为了了解数字化转型更加细致的行业特征，图 3.5 绘制了细分行业上市公司数字化转型程度按年份发展的折线图。信息传输、软件和信息技术服务业作为数字产业中最重要的部分，其数字化转型程度显著高于其他行业，2002~2020 年呈现增长的趋势，显示出强劲的发展势头。

对于批发和零售业，尽管 2011 年之前上市公司数字化转型程度较低，2011 年之后数字化发展速度剧增，并在 2012 年之后成为数字化转型程度第三大行业，其数字化发展主要体现在三个方面。一是电子商务和在线零售的发展。随着互联网和移动技术的普及，电子商务和在线零售在批发和零售业中的地位日益重要。越来越多的企业开设在线商店，消费者也更倾向通过互联网购物。这促使批发和零售业加大对电子商务的投资和发展。二是数据驱动的营销和个性化服务的发展。批发和零售业通过大数据和分析技术，更好地了解消费者需求和购买行为。基于这些数据，企业可以提供个性化的产品推荐、定价策略和营销活动，提升消费者体验和销售效果。三是物流和供应链的优化。数字化转型也涉及物流和供应链管理的优化。通过引入物流技术和自动化系统，批发和零售业可以提高供应链的效率和可见性，加快商品流通速度，并及时满足消费者需求。

此外，从图 3.5 中可以看到服务业数字化转型的两极化发展。除了上述两个数字化转型较高的细分行业外，依赖传统业务模式的服务业数字化转型程度非常低。例如，居民服务、修理和其他服务业主要涉及提供的服务，如家政服务、维修服务、美容美发等传统业务。由于传统业务模式的影响，该细分行业可能更习惯于以传统的方式进行业务操作，对于数字化转型的需求和意识相对较低。

3.2.5　上市公司数字化转型的所有制特征

本小节我们关注上市公司所有制不同带来的数字化转型发展的差异。与前文相同，这里我们把上市公司数字化转型程度平均到所有制层面，并绘制出发展趋势（图 3.6）。

从数字化转型的相对水平来看，2002~2011 年，国有上市公司与非国有上市公司数字化转型程度基本相同，2011 年之后非国有上市公司数字化转型程度明显高于国有上市公司。从年度特征来看，2011 年之后上市公司数字化转型明显增速，数字化水平成为上市公司竞争力的重要组成部分。非国有上市公司面临比国有上市公司更加激烈的市场竞争，采取了比国有上市公司更加积极的态度进行数字化技术的投资。

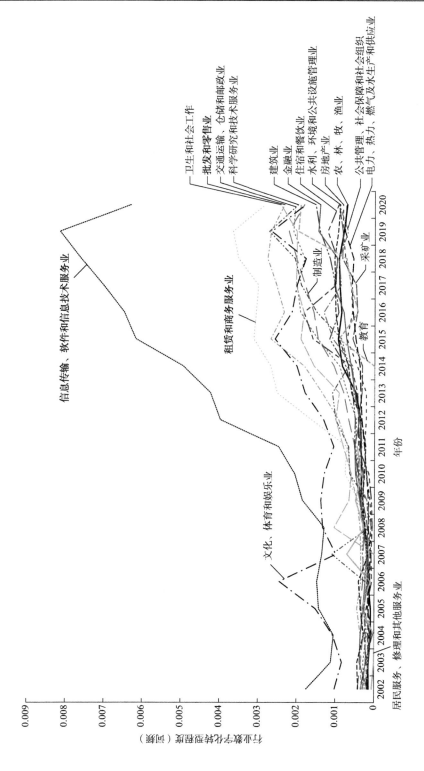

图3.5　细分行业上市公司数字化转型程度折线图
图中标粗的行业为2015年后数字化转型程度排名前三行业

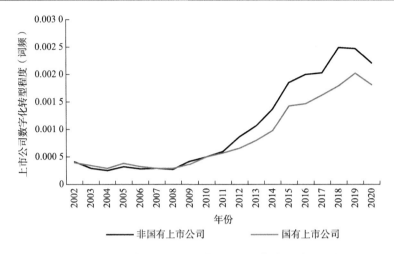

图 3.6　国有上市公司和非国有上市公司数字化转型程度

从发展趋势来看，2008 年之前国有上市公司和非国有上市公司的数字化转型程度基本不变；2008~2011 年，国有上市公司和非国有上市公司数字化转型增速基本相同。2011 年之后，非国有上市公司以更加强劲的势头进行数字化转型，国有上市公司数字化转型程度与非国有上市公司差距逐步加大。

3.3　中国中小微企业数字化转型的特征事实

为了弥补 3.2 节缺乏中小微企业样本的不足，本节我们使用中国企业创新创业调查的 2016 年数据，重点关注中小微企业数字化转型的特征事实。我们以问卷调查中"贵公司/商户是否正在经营网店"和"2016 年网店销售收入占比"为代理变量，用于度量企业数字化转型程度，以"2016 年网店花费的推介费用"为企业数字化投入的代理变量。根据问卷调查中其他信息，整理出企业的行业、注册类型、规模、创始人学历、科研人员占比、获得的政府支持等数据。最终，我们得到 1 000 多家中小微企业 2016 年数字化转型的截面数据。

3.3.1　中小微企业数字化转型的行业特征

我们继续按照农业、制造业、服务业三大类对中小微企业数字化转型程度进行分析，如图 3.7 所示。

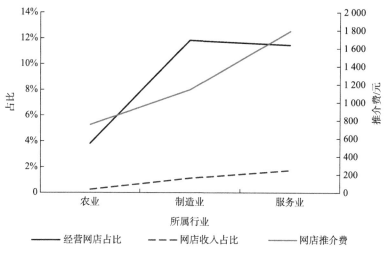

图 3.7　分行业的中小微企业数字化转型程度和投入

　　总的来说，中小微企业的数字化转型程度和投入，呈现从农业到制造业再到服务业的递增趋势。其中，以经营网店占比衡量的数字化转型程度，服务业相较于制造业略微降低。这种行业特征与 3.2 节以上市公司为样本分析大型企业数字化转型程度所呈现的行业特征相同。具体而言，农业的经营网店占比为 3.79%，而制造业和服务业的经营网店占比分别为 11.79% 和 11.44%，远高于农业。在网店收入占比方面，农业的网店收入占比仅为 0.23%，而制造业为 1.13%，服务业为 1.73%。可以明显地看出，制造业和服务业在数字化转型方面取得了更为显著的成果，而农业仍然面临着一些挑战。

　　网店推介费是企业为提升网店曝光和销售额所投入的费用，也是数字化转型的重要投入之一。农业所属的中小微企业在网店推介费上的平均支出为 752 元，而制造业和服务业所属的中小微企业在网店推介费上的平均支出分别为 1 143 元和 1 785 元。这表明服务业所属的中小微企业在数字化转型上的投入相对较高，而农业相对较低。数字化投入的高低与数字化水平的高低呈正相关关系。

　　为了反映企业所属行业与数字化相关水平对于企业数字化转型的影响，我们根据调查数据所提供的信息，把企业按照"是否为高新技术企业"进行二元划分，得到如图 3.8 所示的折线图。显然，高新技术企业无论在数字化转型程度还是数字化转型投入上均比非高新技术企业更高，具体地，高新技术企业在经营网店占比上高出 20 个百分点，在网店收入占比上高出 3 个百分点，在网店推介费上高出 790 元。这与上市公司数据表现出的信息传输、软件和信息技术服务业数字化转型程度显著高于其他行业的特征相同。

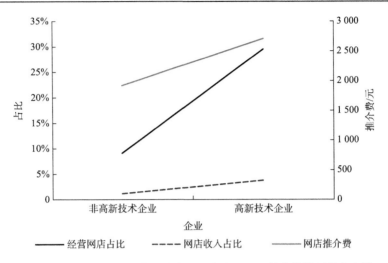

图 3.8　高新技术行业与非高新技术行业中小微企业数字化转型程度和投入

3.3.2　中小微企业数字化转型的注册类型特征

本小节简单描述不同注册类型下企业数字化转型的不同表现。样本中企业注册类型主要分为法人创建的企业、自然人创建的企业、个体工商户三类。注册类型的不同不仅代表了企业规模的不同，也代表了企业组织经营模式的不同。图 3.9 展示了不同注册类型下企业数字化转型程度和投入的差异。

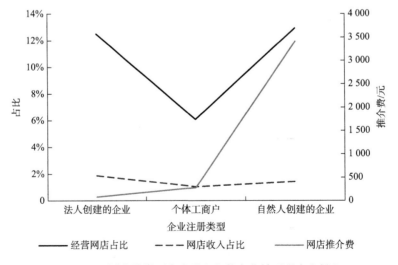

图 3.9　不同注册类型中小微企业数字化转型程度和投入

从经营网店占比来看，法人创建的企业和自然人创建的企业相对较高，分别达到 12.50% 和 12.89%，而个体工商户的经营网店占比仅为 6.08%。网店收入占比的角度呈现出相同的规律——法人创建的企业和自然人创建的企业的网店收入占比较高，分别为 1.92% 和 1.42%；个体工商户的网店收入占比最低，为 1.04%。不论是法人创建的企业还是自然人创建的企业，相对于个体工商户而言，规模较大，人员构成更加复杂，经营模式更为正规，必须拥有固定的生产经营场所和合法的企业名称等，从而更有条件、更加重视企业在线销售和电子商务的发展。

从网店推介费的角度来看企业在数字化转型上的投入。数据显示，自然人创建的企业的投入最高，平均达到了 3 393 元；个体工商户次之，为 276 元；法人创建的企业最低，仅为 79 元。个体工商户在网店推介费上支出较少与其较少经营网店相关。但相较于数字化转型程度相当的自然人创建的企业，法人创建的企业在网店推介费上的花费少了 98%。这可能与法人创建的企业规模更大，销量更高，更重视并有能力对企业进行全方位的广告宣传，在市场上所具有的影响力高于自然人创建的企业等有关。

综上所述，法人创建的企业、个体工商户和自然人创建的企业在数字化转型方面存在一些差异。法人或自然人创建的企业数字化转型表现较好，自然人创建的企业在数字化转型上的投入相对更高，个体工商户数字化转型程度和投入均处于较低状态。这些差异反映出不同类型企业的组织形式、资源和资金状况对企业数字化转型的影响。

3.3.3　中小微企业数字化转型的规模特征

我们用调查数据中"2016 年底全职员工人数"作为企业的从业人员，以"2016年产品销售或提供服务收入总额"作为企业的营业收入，并根据国家统计局发布的《统计上大中小微型企业划分办法》，对样本企业进行中型、小型、微型企业的划分[①]。最终我们得到中型企业 103 家、小型企业 311 家、微型企业 871 家。类似地，图 3.10 通过折线图的方式展示了中小微企业数字化转型的规模特征。

图 3.10 中 3 条线均表现出先增后减的向上凸出的形态。这表明无论是数字化转型程度还是投入，小型企业的表现优于中型企业和微型企业。在中型企业和微型企业的比较中，微型企业的数字化转型程度和投入较高。具体地，在经营网店占比上，小型企业最高，达到了 14.92%，而微型企业和中型企业分别为 8.75%和 5.26%；在网店收入占比上，小型企业也取得了较好的表现，达到了 1.93%，而

---

① 这里由于无法获知企业资产规模，进行规模划分时忽略了对资产规模的限制。

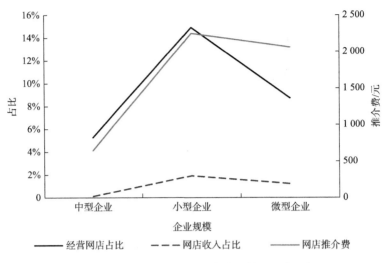

图 3.10　不同规模中小微企业数字化转型程度和投入

微型企业和中型企业分别为 1.24% 和 0.13%；就网店推介费而言，小型企业的数字化投入最高，平均达到了 2 247 元，而微型企业和中型企业的投入分别为 2 058 元和 647 元。

对于中型企业而言，网店经营只是其数字化转型的一部分，它们更有能力运用物联网、人工智能等高端数字技术进行数字化转型，提升在数字经济时代的竞争力；小型企业受规模限制，网店经营基本是其数字化转型的全部。通过在淘宝等平台经营电子商务，小型企业能够在全国各地售卖产品，显著提升企业收入。相对于中型企业把更多的资金投入高端数字技术的研发和应用上，小型企业更有动力在网店经营上进行投入。微型企业由于规模过小、资金不足，在网店经营上的表现不如小型企业。

3.3.4　中小微企业数字化转型的创始人学历特征

创始人学历如何影响企业数字化转型是一个非常有意义的问题。中国企业创新创业调查数据中有企业创始人学历的详细数据，图 3.11 展示了中小微企业创始人的最高学历分布。

数据显示，绝大部分创始人最高学历为初中学历（31%）和普通高中学历（25%），占据了样本量的一半以上。另外有 8% 的创始人接受了成人高中/职业高中/中专/技校教育，学历水平与普通高中学历相当。有 23% 的创始人接受了更高层次的教育，其中大专学历的创始人占比为 15%，本科学历的创始人占比为 7%，研究生（硕士）学历的创始人占比为 1%。这些创始人接受了较高层次的教育，拥

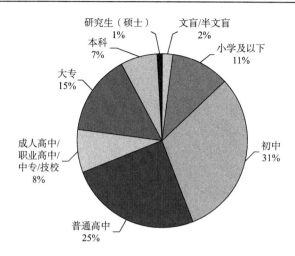

图 3.11　中小微企业创始人的最高学历分布

有一定的专业知识和技能，但只有很少一部分创始人在专业方面继续深造获得硕士学位。最后，小学及以下学历的创始人占比为 11%，另有 2% 的创始人处于文盲/半文盲状态。整体而言，大部分创始人都接受了一定水平的教育，拥有基本的文化知识。

由于部分学历的样本数量过少，在具体的分析中，我们对创始人学历划分进行了简单合并，粗略划分为初中及以下、高中/中专/技校、大专/本科/研究生（硕士）三大类。这样划分的依据主要在于初中及以下学历的创始人仅接受了常识性知识的教育；在高中/中专/技校的教育中创始人接受非常识性或技能型的教育；而接受了大专/本科/研究生（硕士）水平教育的创始人能够在某一个领域内接受专业性教育，并且毕业论文的撰写要求创始人需要对某些问题进行完整思考和深入探索。按照这样三大类进行分类后，我们绘制了描述创始人最高学历下的中小微企业数字化转型程度和投入的折线图，如图 3.12 所示。

从图 3.12 可以看到，初中及以下学历的创始人在经营网店占比上仅为 6.23%，相对较低；高中/中专/技校学历的创始人在经营网店占比上为 9.42%，略高于初中及以下学历；大专/本科/研究生（硕士）学历的创始人在经营网店占比上为 16.45%，显著高于另外两类。网店收入占比和网店推介费支出呈现相同的趋势。其中，网店收入占比从初中及以下学历样本组的 0.42% 到大专/本科/研究生（硕士）学历样本组的 2.80%，提升了近 6 倍；网店推介费从初中及以下学历样本组的 287 元到大专/本科/研究生（硕士）学历样本组的 4 874 元，增加了近 16 倍。增加幅度均十分显著。

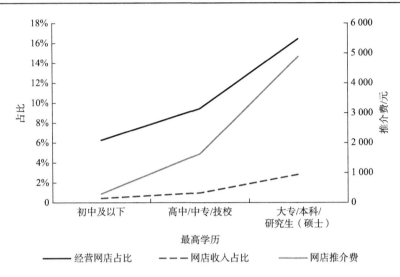

图 3.12　创始人最高学历下的中小微企业数字化转型程度和投入

这些证据表明，创始人的最高学历对企业数字化转型的影响是显著的。具备较高学历背景的创始人更容易认识到数字化转型的重要性，更愿意在数字化转型上进行投资，并能更好地应用数字化技术来提升企业的网店经营效果。

3.3.5　中小微企业数字化转型的政府支持特征

政府支持对企业数字化转型起到了至关重要的作用，有着多方面的影响。政府可以通过资金支持、政策引导、培训和教育、合作与协调、信息和资源共享等方式，为企业数字化转型提供有力支持，促进企业加快数字化转型的步伐，提升企业的竞争力和创新能力，推动经济的可持续发展。

近年来，政府出台了多项政策支持中小微企业进行数字化转型。2022 年 8 月，工信部和财政部联合印发的《关于开展财政支持中小企业数字化转型试点工作的通知》指出，从 2022 年到 2025 年，中央财政计划分三批支持地方开展中小企业数字化转型试点，提升数字化公共服务平台（含数字化转型服务商、工业互联网平台等）服务中小企业能力。2022 年 11 月，工信部印发《中小企业数字化转型指南》，从降低数字化门槛到加快数字赋能，对中小企业帮扶加力施策。此外，政府提供的无息贷款和研发补贴等资金支持对中小微企业数字化转型也起到了重要的作用，加速了企业数字化转型。

利用中国企业创新创业调查数据，我们从数据上分析了政府支持对中小微企业数字化转型的影响。图 3.13 通过直方图展示了这一影响。

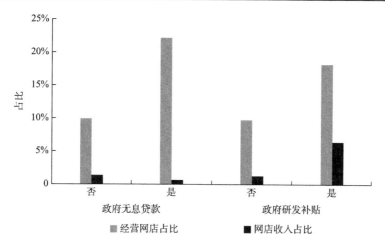

图 3.13　政府支持对中小微企业数字化转型的影响

从政府提供的无息贷款来看，相比未获得政府无息贷款的企业，获得政府无息贷款的企业在经营网店占比上高出 12.33 个百分点，但在网店收入占比上略微降低了 0.71 个百分点。整体而言，获得政府无息贷款的企业数字化转型程度相对较高。

从政府提供的研发补贴来看，未获得政府研发补贴的企业，经营网店占比为 9.79%，网店收入占比为 1.24%；而获得政府研发补贴的企业，经营网店占比为 18.18%，网店收入占比为 6.41%。可以看出，获得政府研发补贴的企业在经营网店和网店收入方面的占比较高，数字化转型更为成功。

总之，这些数据支持了政府提供的资金支持能够提升中小微企业数字化转型程度这一论点。相信未来在政府更有力度、更加全面的支持下，中国中小微企业数字化转型能够更上一层楼。

3.4　本 章 小 结

我们利用中国上市公司数据和中国企业创新创业调查数据分别研究了上市公司（大型企业）和中小微企业数字化转型的各种特征。

1. 中国上市公司数字化转型特征

（1）年度特征。2002~2019 年，中国上市公司数字化转型程度不断提升，并伴随着数字硬件或软件投资水平的增加。但在 2015 年之后尤其是 2019 年之后，数字化转型速度明显放缓。

（2）地区特征。中国上市公司数字化转型程度与地区经济发展水平高度相关，呈现出东部地区高、西部地区低的特点。北京、上海、广东和浙江等发达省（市）处于领先地位，甘肃、海南、内蒙古等欠发达省（区）相对滞后。

（3）行业特征。中国上市公司数字化转型程度从服务业到制造业再到农业依次递减。并且服务业中上市公司数字化转型程度呈现出两极分化。信息传输、软件和信息技术服务业、批发和零售业、租赁和商务服务业等数字化转型程度显著高于其他细分行业，诸如居民服务、修理和其他服务业等传统服务业数字化转型程度则低于大部分细分行业。

（4）所有制特征。2008年之前，国有上市公司和非国有上市公司数字化转型程度基本处于相同的稳定状态。2008~2011年，它们以基本相同的增速进行数字化转型。2011年之后，非国有上市公司以更加强劲的势头进行数字化转型，数字化转型程度间的差距逐步扩大。

2. 中小微企业数字化转型特征

（1）行业特征。与上市公司行业特征类似，中小微企业的数字化转型程度和投入也呈现出从农业到制造业再到服务业递增的特征，并且高新技术行业下的中小微企业数字化转型程度和投入都相对更高。与上市公司数据表现出的信息传输、软件和信息技术服务业远远高于其他细分行业的特征相对应。

（2）注册类型特征。从绩效上看，法人或自然人创建的企业数字化转型表现较好；从投入上看，自然人创建的企业在数字化转型上的投入更高，个体工商户投入较低。

（3）规模特征。小型企业数字化转型程度和投入高于微型企业，并均高于中型企业。需要说明的是，这里的数字化转型程度主要关注的是网店的经营。

（4）创始人学历特征。创始人的最高学历对企业数字化转型具有正向的显著影响。中小微企业的创始人学历越高，企业的数字化转型程度和投入越高。

（5）政府支持特征。无论是政府无息贷款还是政府研发补贴，获得政府资金支持的中小微企业数字化转型程度均较高。政府支持在中小微企业数字化转型过程中起到重要作用。

第 4 章　企业数字化转型的驱动因素：基于企业高管特征的视角

4.1　数字化转型是"一把手"工程

2018 年 9 月，世界著名管理咨询公司麦肯锡对 1 733 名企业高管进行了一次企业数字化转型的调查，结果显示只有 14% 的企业高管认为他们在数字化转型方面的努力取得了持续的绩效改善，只有 3% 的企业高管表示数字化转型取得了全面成功。为什么超过 80% 的企业数字化转型被认为是失败的？通用电气前 CEO、数字化转型的推动者伊梅尔特对此进行了反思。他与合作者撰文，认为数字化转型要成功，CEO 必须有担当（Govindarajan and Immelt，2019）。因为数字化转型会改变一切，需要改革者向在位者发起挑战，向无知发起挑战，向现状发起挑战。而且，只有 CEO 有权解决传统的工业业务与新的数字化业务之间的冲突。因此，CEO 必须有所担当，引领这项事业。CEO 必须学习更多有关数字技术的知识，更加有效地领导变革，才能保证转型过程中不会瞻前顾后，不知所措。也就是说，数字化转型是"一把手"工程。

近年来，尽管关于企业数字化转型的研究如雨后春笋，但是多数研究都聚焦于数字化转型的成效，很少有研究聚焦于数字化转型的驱动因素。对于中国企业来说，数字化转型是当前最突出的挑战。要真正打破企业家"不愿转、不敢转、不会转"的畏难情绪，就必须研究哪些因素有利于推动数字化转型。在影响数字化转型的诸多因素中，"一把手"特征最重要，因为数字化转型的关键在于"一把手"要认识到数字化转型的意义和急迫性，要先完成理念转型。

为此，本章侧重从企业高管特征的角度来研究企业数字化转型的驱动因素。首先，从高阶理论、烙印理论和风险承担理论三个维度对企业高管特征和数字化转型的关系进行理论分析，并总结出若干待检验假说。其次，我们利用中国上市公司的数据来验证相关假说。最后，进行总结。

4.2　企业高管特征影响数字化转型的理论分析

4.2.1　高阶理论

传统的经济管理理论将管理层视为理性人，认为管理层能够准确认知复杂环境和信息，从而做出最优决策，但这种设定往往脱离现实。在现实中，管理层受限于认知水平和能力，往往是有限理性的，不足以理解复杂和不确定的环境及大量的信息，因此他们可能基于自身对于环境和信息的认知做出主观解释。诺贝尔经济学奖获得者、行为经济学的创始人西蒙（Simon，1955）认为，管理者之所以是有限理性的，是因为他们想追求最优却做不到，只能追求"满意"。在管理学中，高阶理论主要研究管理层特征与企业战略选择和绩效之间的关系，认为管理层对其面临的情景做出高度个性化的决策，其行为是认知、经历、价值观等个性特质的反映（Hambrick and Mason，1984）。这方面最著名的例子就是"蓝血十杰"，即十名军人将军队的管理方法带到福特公司，并成功地改造了福特公司（伯恩，2014）。这一理论提出之后，关于高阶理论的文献层出不穷。相关研究包括管理层性别（Gul et al.，2011；Schopohl et al.，2021）、年龄（Bertrand and Schoar，2003；Yim，2013）、金融背景（Custodio and Metzger，2014；王攀娜和徐博韬，2019）、财务经历（Graham et al.，2013；姜付秀和黄继承，2013）、从军经历（Benmelech and Frydman，2015；赖黎等，2017）等特质对于企业战略和绩效的影响。

企业数字化转型是一场深刻的变革，多数管理者此前并没有经验，也没有成功的模板可供复制。因此，管理者在推行企业数字化转型时，很难有明确的方案和路线，只能在很大程度上依靠企业高管的个人经验、直觉、偏好及冒险精神。这里所说的企业高管通常是指企业的最高领导人，即董事长（董事会主席）或CEO，因此是一个比管理者范围更窄的概念。对于民营企业来说，企业高管尤其是创始人，他们的习性、特征和文化气质会在很大程度上影响企业的战略和绩效。为此，我们基于企业高管特征分析企业数字化转型的驱动因素。我们注意到，目前只有极少数文献从高阶理论角度讨论管理层特征与企业数字化转型，如吴育辉等（2022）研究高管的信息技术背景如何影响企业数字化转型程度。本章全面地研究企业高管的诸多特征对企业数字化转型的影响。

专栏 4.1："蓝血十杰"

　　"蓝血十杰"是指成功地将军队管理经验带到福特公司的十名退伍军人。1945 年 10 月，第二次世界大战结束后，很多军人面临就业问题。在美国军队负责统计工作的上校查尔斯·桑顿（Charles Thornton）向福特公司的老板亨利·福特二世（Henry Ford Ⅱ）毛遂自荐，带着其他九名军官集体加入福特公司。他们刚进入福特公司时的身份是企划部的管理咨询顾问，目的是将军队里掌握的统计理论和经验应用于福特公司。他们给福特公司的管理带来了一系列变化：一是基于数据和事实进行分析；二是建立了以计划、预算、流程和利润中心为基础的管理控制系统；三是重新定义了财务部门的功能；四是客户导向和力求简单的产品开发策略。"蓝血十杰"中，有两名军官后来担任了福特公司总裁，其中最有名的是罗伯特·麦克纳马拉（Robert McNamara），后来担任了七年的美国国防部长。

　　华为公司创始人任正非非常推崇"蓝血十杰"，多次强调要向"蓝血十杰"学习。2014 年 6 月 16 日，华为公司举办了一个表彰大会，授予为华为公司管理做出重大贡献的人员"蓝血十杰"奖。

　　任正非对美国"蓝血十杰"有比较全面的评价："虽然'蓝血十杰'以其强大的理性主义精神奠定了第二次世界大战后美国企业和国家的强大，但任何事情都不可走极端，在 20 世纪 70 年代，由'蓝血十杰'所倡导的现代企业管理也开始暴露出弊端。对数字的过度崇拜，对成本的过度控制，对企业集团规模的过度追求，对创造力的遏制，事实上的管理过度，使得福特等一批美国大企业遭遇困境。"

4.2.2　烙印理论

　　根据高阶理论，企业高管特征会影响企业的战略和绩效，会影响企业数字化转型。那么，具体有哪些特征，以及为什么会影响企业的战略和绩效？从某种意义上来说，烙印理论是高阶理论的补充，它回答了高管特征影响组织的可能机制。个体会不可避免地受到外在环境的影响，而环境对个体的影响需要通过一定的载体，这就使得个体在环境的影响下会带上具有可辨识性的烙印，这些烙印指导着个体的行为，影响着个体的决策。烙印理论认为，特定环境会对个人和组织产生重大影响，从而在个体或组织刻下烙印，这种烙印会持续影响其行为，不会轻易消失（Marquis and Tilcsik，2013）。烙印机制形成的三个关键因素如下：个体或组织经历环境敏感期，环境给个体或组织留下烙印，烙印在时间上持续发挥影响。烙印理论早期应用于企业组织管理的研究，如 Marquis（2003）研究早期的网络特征如何影响现在的网络结构，Johnson（2007）发现组织受到成立时的环境烙印影响，延续呈现出成立时的环境特征。后续的研究主要集中在个体上，特别是企业高管的某种经历所形成的烙印。相关研究包括企业高管的从军经历（Benmelech and Frydman，2015；赖黎等，2016；赖黎等，2017；权小锋等，2019；朱沆等，2020）、学术经历（阳镇等，2022）、创业经历（Marquis and Huang，2010；周怀康等，2021）等形成的烙印如何影响其行为决策、企业战略形成及经营成果。

在探索企业数字化转型这种"前无古人"的变革过程中，企业高管没有现成的模式可供借鉴，必须在很大程度上依靠自己的经历。在过往经历中，学术经历和信息技术背景会对企业是否进行数字化转型产生潜在影响。因为企业数字化转型涉及复杂的技术变革，所以拥有学术经历的董事长或CEO更有可能对数字化转型拥有信心，也更有可能推动数字化转型。如果说董事长是企业数字化转型的领导者，那么CEO往往是企业数字化转型的第一推动者。因此，除了学术经历，CEO是否具有信息技术背景就非常重要。毕竟，企业数字化转型是利用前沿的数字技术来推动企业的生产、管理、销售及组织变革。

4.2.3　风险承担理论

既然企业数字化转型是一种"前无古人"的变革，那么对于所有的企业高管来说，这无疑是一种冒险。在风险承担理论中，企业的风险承担活动通常包括企业大力举债、投入研发、增加资本支出和聚焦单一业务（Coles et al.，2006；John et al.，2008），但很少有文献关注到企业数字化转型与风险承担的关系。这主要是因为，企业数字化转型是近年来才出现的现象，还没有被经济管理学者充分注意到。不过，已经有文献指出，数字化转型是一种创新活动，这种创新活动当然依赖于企业家精神（Galindo-Martín et al.，2019；Nambisan et al.，2019）。企业家精神本质上就是一种冒险精神，因此研究企业的风险承担就必须关注企业数字化转型。

当我们把企业数字化转型看作一种冒险行为时，就可以进一步将企业高管特征与企业数字化转型的推进联系起来。冒险往往是一种高风险、高收益的回报，而且回报周期比较长。因此，任期越长的企业高管，越有可能冒险。从另一个角度讲，任期越长的高管，在组织中的威望越高，越能够抵御异议者的阻挠。通常来说，年轻人更倾向冒险，而年纪大的人更倾向保守，因为后者冒险的机会成本更高，可能导致"前功尽弃"。已有研究证明，女性相对于男性更不太可能冒险，因此可能更不愿意推进数字化转型。有学者发现，女性CEO掌权的企业有更少的并购和更低的负债率，以及更少的其他风险承担行为和更低的投资回报率（Faccio et al.，2016）。已有文献对女性更少冒险提供了诸多解释，包括女性更加规避风险

（Bertrand，2011），更加受制于社会规范（Akerlof and Kranton，2000）等。

4.2.4 理论假说

根据以上理论分析，我们可以概括出以下可检验的假说。

假说 4.1：董事长或 CEO 的学术经历与企业数字化转型程度正相关。

假说 4.2：CEO 的信息技术背景与企业数字化转型程度正相关。

假说 4.3：董事长或 CEO 的任期与企业数字化转型程度正相关。

假说 4.4：董事长或 CEO 的年龄与企业数字化转型程度负相关。

假说 4.5：董事长或 CEO 的性别（男性）与企业数字化转型程度正相关。

4.3 研 究 设 计

4.3.1 数据来源

为了分析企业高管特征和企业数字化转型的关系，验证上述理论假说，我们利用中国上市公司数据进行计量经济学分析。我们的研究样本是 2008~2020 年的中国 A 股上市公司，上市公司基本信息、财务数据及董事长特征信息来自 CSMAR 数据库。参照多数文献的做法，本章对数据进行如下处理：①基于会计准则差异，剔除金融行业及被特殊处理［ST（special treatment，特别处理）、PT（particular transfer，特别转让）］的上市公司；②剔除主要研究变量数据缺失的上市公司；③基于相关会计准则要求，剔除资产负债率异常的上市公司；④为了减少变量异常值对回归结果的干扰，本章对所有连续变量在上下 1%水平上进行缩尾处理。

4.3.2 变量定义

我们的被解释变量是企业数字化转型程度。参考已有文献的做法（方明月等，2022），我们利用每个上市公司的年报文本构建了每个企业的数字化转型指标（详见 3.2.1 小节）。

本章的解释变量是董事长或 CEO 特征。具体而言，董事长特征包括学术经历、任期、年龄及性别；CEO 特征包括学术经历、信息技术背景、任期、年龄及性别。学术经历是指在高校任教、科研机构任职及协会从事研究的经历；借鉴袁蓉丽等（2021）和刘锡禄等（2023）的方法，当 CEO 具有与企业信息化管理、信息技术相关的教育经历或从业经历时，则认为其具有信息技术背景。

　　在控制变量方面，参照已有文献的做法（毛聚等，2022；吴育辉等，2022），本章控制了企业规模（期末总资产）、财务杠杆、企业年龄、营利能力、股权集中程度、两权分离率、产权性质、是否两职合一、董事长持股比例、CEO 持股比例。此外，我们还控制了行业固定效应和年份固定效应[①]。

　　上述变量定义详见表 4.1。

表 4.1　变量定义

变量类别	变量名称	变量定义
被解释变量	DT	企业数字化转型程度，具体计算方法见式（3.1）
解释变量	ChairmanACA	董事长学术经历
	ChairmanTenure	董事长任期，按月计算的任期
	ChairmanAGE	董事长年龄
	ChairmanSEX	董事长性别
	CEOACA	CEO 学术经历
	CEOInfor	CEO 信息技术背景
	CEOTenure	CEO 任期，按月计算的任期
	CEOAGE	CEO 年龄
	CEOSEX	CEO 性别
控制变量	Size	企业规模，用期末总资产表示
	Lev	财务杠杆，用资产负债率表示
	Fage	企业年龄，用企业成立时间+1 的自然对数表示
	ROA	营利能力，用资产收益率表示
	Top10	股权集中程度，用前十股东持股比例表示
	Sep	两权分离率
	SOE	产权性质，国有企业为 1
	BOTH	是否两职合一，是为 1
	ChairmanSTOCK	董事长持股比例，董事长期末持有股权比例
	CEOSTOCK	CEO 持股比例，CEO 期末持有股权比例

[①] 我们没有控制企业层面的个体固定效应，是因为一家企业的高管特征在短期内不会发生明显变化，此时如果控制企业固定效应，反而会造成第二类统计错误（纳伪）。关于是否控制个体固定效应的估计方法，参考 DeHaan（2021）。

4.3.3　描述性统计

表 4.2 提供了全部变量的描述性统计，可以看出，企业数字化转型程度差异较大，有部分企业没有实行任何程度的数字化转型。在所有企业–年份观测单元中，董事长的平均年龄是 52.762 岁，其中年龄最小的是 35 岁，年龄最大的是 72 岁；CEO 的平均年龄是 49.255 岁，其中年龄最小的是 33 岁，年龄最大的是 65 岁。在性别方面，男性董事长占 95%，女性董事长占 5%；男性 CEO 占 93.6%，女性 CEO 占 6.4%。相比之下，在《财富》500 强企业中，女性比例最高的 2014 年，女性 CEO 也仅占 4.8%（Faccio et al.，2016）。这说明，在中国上市公司中，女性高管的比例超过了发达国家。

表 4.2　描述性统计

变量	观测量	均值	标准差	最小值	最大值
DT	29 999	0.150	0.217	0	1.164
ChairmanACA	33 840	0.265	0.441	0	1
ChairmanTenure	32 036	56.816	43.359	0	186
ChairmanAGE	33 869	52.762	7.093	35	72
ChairmanSEX	33 871	0.950	0.219	0	1
CEOACA	31 313	0.178	0.382	0	1
CEOInfor	33 988	0.076	0.264	0	1
CEOTenure	31 761	50.133	40.492	0	175
CEOAGE	31 345	49.255	6.457	33	65
CEOSEX	31 348	0.936	0.245	0	1
Size	33 436	1.141	2.850	0.038	21.208
Lev	33 988	42.312	20.750	5.019	87.938
Fage	33 482	2.817	0.364	1.609	3.466
ROA	33 986	5.937	6.138	−18.379	25.498
TOP10	33 988	59.274	15.834	22.770	94.820
Sep	32 747	4.747	7.475	0	28.655
SOE	33 440	0.374	0.484	0	1
BOTH	33 540	0.280	0.449	0	1
ChairmanSTOCK	32 242	0.089	0.145	0	0.563
CEOSTOCK	31 896	0.056	0.119	0	0.535

4.4 实 证 分 析

4.4.1 基准回归

为了考察企业高管特征对企业数字化转型的影响，我们构造如下基准回归方程：

$$DT_{it} = \beta_0 + \beta_1 Char_{it} + \rho X_{it} + \varepsilon_{it} \qquad (4.1)$$

其中，DT 表示企业数字化转型程度；Char 表示董事长或 CEO 的个人特征；X 表示一系列控制变量；ε_{it} 表示残差项。此外，我们还控制了年份固定效应和行业固定效应，并且使用企业层面的聚类标准差。

检验董事长特征与企业数字化转型的关系，回归结果如表 4.3 所示。表 4.3 列（1）报告了董事长学术经历与企业数字化转型的关系，解释变量的系数在 1% 的水平上显著为正值，表明有学术经历的董事长显著提高了企业数字化转型程度。从经济意义上看，相比没有学术经历的董事长，有学术经历的董事长使得企业数字化转型程度提高了 0.019 4，相对数字化转型程度的平均值而言上升了 12.93%。列（2）报告了董事长任期与企业数字化转型的关系，系数在 1% 的水平上显著为正值，表明董事长任期越长，企业数字化转型程度越高。从经济意义上来看，董事长任期每增加 1 个标准差，企业数字化转型程度提高 0.013 0（43.359 × 0.000 3），相对于平均数字化转型程度提升了 8.67%。列（3）报告了董事长年龄与企业数字化转型之间的关系，系数并不显著，表明董事长年龄对于企业数字化转型程度不存在统计学意义上的显著影响。列（4）报告了董事长性别与企业数字化转型的关系，系数在 5% 的水平上显著为负值，表明男性董事长对企业数字化转型程度的影响是负面的。

表 4.3 董事长特征与企业数字化转型的关系

变量	DT			
	（1）	（2）	（3）	（4）
ChairmanACA	0.019 4*** （0.005 4）			
ChairmanTenure		0.000 3*** （0.000 1）		
ChairmanAGE			−0.000 3 （0.000 3）	
ChairmanSEX				−0.018 4** （0.009 2）

续表

变量	DT			
	（1）	（2）	（3）	（4）
控制变量	控制	控制	控制	控制
年份固定效应	控制	控制	控制	控制
行业固定效应	控制	控制	控制	控制
观测个数	24 384	24 401	24 401	24 401
R^2	0.409	0.407	0.407	0.407

、*分别表示显著性水平为 5%和 1%

注：括号内为标准误

CEO 特征与企业数字化转型的关系报告在表 4.4 中。表 4.4 列（1）报告了 CEO 学术经历与企业数字化转型之间的关系，解释变量的系数在 1%的水平上显著为正值，表明 CEO 学术经历能够显著提升企业数字化转型程度。从经济意义上看，相比没有学术经历的 CEO，有学术经历的 CEO 使企业数字化转型程度提高了 0.016 6，相对于企业数字化转型程度的均值提高了 11.07%。列（2）报告了 CEO 信息技术背景与企业数字化转型之间的关系，系数在 1% 的水平上显著为正值，表明 CEO 信息技术背景能够显著提高企业数字化转型程度。列（3）~列（5）依次报告了 CEO 任期、年龄和性别对于企业数字化转型的影响，其中 CEO 任期的系数在 1% 的水平上显著为正值，CEO 年龄和性别的系数在 10% 的水平上显著为负值，表明 CEO 任期能够推动企业数字化转型程度的提升，CEO 年龄和男性 CEO 不利于企业数字化转型。

表 4.4　CEO 特征与企业数字化转型的关系

变量	DT				
	（1）	（2）	（3）	（4）	（5）
CEOACA	0.016 6*** （0.006 2）				
CEOInfor		0.068 6*** （0.012 5）			
CEOTenure			0.000 3*** （0.000 1）		
CEOAGE				−0.000 6* （0.000 3）	
CEOSEX					−0.014 8* （0.008 1）

变量	DT				
	（1）	（2）	（3）	（4）	（5）
控制变量	控制	控制	控制	控制	控制
年份固定效应	控制	控制	控制	控制	控制
行业固定效应	控制	控制	控制	控制	控制
观测个数	23 891	23 914	23 914	23 914	23 914
R^2	0.408	0.412	0.407	0.407	0.407

*、***分别表示显著性水平为 10%和 1%
注：括号内为标准误

综合董事长样本和 CEO 样本的回归结果，我们发现，假说 4.1、假说 4.2 和假说 4.3 均得到了验证，即董事长或 CEO 的学术经历、CEO 的信息技术背景、董事长或 CEO 的任期有利于企业数字化转型。不过，假说 4.4 部分被证实，我们发现 CEO 年龄与企业数字化转型程度负相关，但董事长年龄与企业数字化转型程度的关系不显著。此外，假说 4.5 被证伪，不管是董事长还是 CEO 的样本，都表明他们的性别（男性）与企业数字化转型程度显著负相关。我们会在后面进一步检验。

4.4.2　稳健性检验

考虑到数字化转型程度通过上市公司年报的文本分析计算而来，可能存在测度误差。例如，有些上市公司在年报中多次提到了数字技术，并不一定代表它比只提到一次数字技术的上市公司数字化转型程度更高，而有可能两者都进行了数字化转型。为此，我们更换其计算方法，将连续变量转化成虚拟变量，以便减少测度误差。具体地，我们定义数字化转型虚拟变量（Digi）：如果企业数字化转型程度 DT 大于 0，则为 1；如果 DT 等于 0，则为 0。基于生成的数字化转型虚拟变量，重复基准模型，关于董事长和 CEO 的回归结果分别报告在表 4.5 和表 4.6 中。结果显示，董事长学术经历、董事长任期、CEO 学术经历、CEO 信息技术背景、CEO 任期的系数至少在 10%的水平上显著为正值，基准回归的结果是稳健的。董事长年龄依然不显著。同时，董事长性别和 CEO 性别的系数也不再显著，说明企业高管性别对于企业数字化转型的影响并不稳健。

表 4.5　稳健性检验——董事长特征

变量	Digi			
	（1）	（2）	（3）	（4）
ChairmanACA	0.032 0*** （0.006 0）			
ChairmanTenure		0.000 1* （0.000 1）		
ChairmanAGE			−0.000 2 （0.000 5）	
ChairmanSEX				−0.005 9 （0.011 4）
控制变量	控制	控制	控制	控制
年份固定效应	控制	控制	控制	控制
行业固定效应	控制	控制	控制	控制
观测个数	27 780	27 802	27 802	27 802
R^2	0.148	0.147	0.147	0.147

*、***分别表示显著性水平为 10%和 1%

注：括号内为标准误

表 4.6　稳健性检验——CEO 特征

变量	Digi				
	（1）	（2）	（3）	（4）	（5）
CEOACA	0.040 0*** （0.006 1）				
CEOInfor		0.023 9*** （0.006 6）			
CEOTenure			0.000 2** （0.000 1）		
CEOAGE				−0.001 0** （0.000 5）	
CEOSEX					−0.016 6 （0.010 3）
控制变量	控制	控制	控制	控制	控制
年份固定效应	控制	控制	控制	控制	控制
行业固定效应	控制	控制	控制	控制	控制
观测个数	27 278	27 303	27 303	27 303	27 303
R^2	0.148	0.147	0.146	0.146	0.146

、*分别表示显著性水平为 5%和 1%

注：括号内为标准误

4.5 异质性分析

4.5.1 所有制性质异质性

尽管基准回归的结果在稳健性检验中基本成立，但这些结果对不同的样本是否都成立？为此，我们进行异质性分析。

对企业来说，所有制性质往往是最大的差异。因此，我们先将样本按照企业的产权性质划分成国有企业和非国有企业两个子样本，然后分别使用两个子样本进行回归，结果如表4.7、表4.8所示。

表4.7　所有制性质——董事长特征

变量	DT			
	（1）	（2）	（3）	（4）
ChairmanACA	$0.026\ 1^{***}$ （0.009 0）	$0.014\ 6^{**}$ （0.006 6）		
ChairmanTenure			$0.000\ 2^{*}$ （0.000 1）	$0.000\ 4^{***}$ （0.000 1）
控制变量	控制	控制	控制	控制
年份固定效应	控制	控制	控制	控制
行业固定效应	控制	控制	控制	控制
观测个数	9 503	14 880	9 515	14 885
R^2	0.429	0.399	0.427	0.399

*、**、***分别表示显著性水平为10%、5%和1%

注：括号内为标准误

表4.8　所有制性质——CEO特征

变量	DT							
	（1）	（2）	（3）	（4）	（5）	（6）	（7）	（8）
CEOACA	$-0.000\ 4$ （0.009 9）	$0.021\ 3^{***}$ （0.007 7）						
CEOInfor			$0.057\ 9^{***}$ （0.022 2）	$0.073\ 0^{***}$ （0.014 5）				
CEOTenure					$0.000\ 2^{**}$ （0.000 1）	$0.000\ 3^{***}$ （0.000 1）		
CEOAGE							$-0.002\ 0^{***}$ （0.000 6）	$-0.000\ 1$ （0.000 4）

续表

变量	DT							
	（1）	（2）	（3）	（4）	（5）	（6）	（7）	（8）
控制变量	控制	控制	控制	控制	控制	控制	控制	控制
年份固定效应	控制	控制	控制	控制	控制	控制	控制	控制
行业固定效应	控制	控制	控制	控制	控制	控制	控制	控制
观测个数	9 454	14 436	9 462	14 451	9 462	14 451	9 462	14 451
R^2	0.436	0.397	0.439	0.403	0.435	0.396	0.435	0.396

、*分别表示显著性水平为 5%和 1%

注：括号内为标准误

表 4.7 报告了不同所有制性质的企业中董事长特征与企业数字化转型的关系，其中列（1）和列（3）报告的是国有企业样本的结果，列（2）和列（4）报告的是非国有企业样本的结果。结果表明，无论在国有企业中还是在非国有企业中，董事长学术经历和董事长任期都能够显著提升企业数字化转型程度。

表 4.8 报告了不同所有制性质的企业中 CEO 特征与企业数字化转型的关系，其中列（1）、列（3）、列（5）和列（7）报告的是国有企业样本的结果，列（2）、列（4）、列（6）和列（8）报告的是非国有企业样本的结果。CEO 特征对于企业数字化转型的作用在不同所有制性质的企业中呈现出不同的效果：CEO 信息技术背景和 CEO 任期无论在国有企业还是在非国有企业中，系数都显著为正值，而 CEO 学术背景对于企业数字化转型的推动作用仅出现在非国有企业中，CEO 年龄的负面作用只出现在国有企业中。

4.5.2　行业异质性

按照企业是否属于制造业行业，我们将样本分成制造业企业样本和非制造业企业样本，分别在两组样本中重复基准回归，结果报告在表 4.9 和表 4.10 中。

表 4.9　行业异质性——董事长特征

变量	DT			
	（1）	（2）	（3）	（4）
ChairmanACA	0.018 9*** （0.006 0）	0.021 6* （0.011 2）		
ChairmanTenure			0.000 2*** （0.000 1）	0.000 4*** （0.000 1）
控制变量	控制	控制	控制	控制

续表

变量	DT			
	（1）	（2）	（3）	（4）
年份固定效应	控制	控制	控制	控制
行业固定效应	控制	控制	控制	控制
观测个数	15 797	8 587	15 807	8 594
R^2	0.265	0.535	0.263	0.534

*、***分别表示显著性水平为 10%和 1%
注：括号内为标准误

表 4.10　行业异质性——CEO 特征

变量	DT							
	（1）	（2）	（3）	（4）	（5）	（6）	（7）	（8）
CEOACA	0.016 9** （0.006 9）	0.014 3 （0.012 9）						
CEOInfor			0.064 8*** （0.014 7）	0.074 8*** （0.021 9）				
CEOTenure					0.000 2*** （0.000 1）	0.000 4*** （0.000 1）		
CEOAGE							−0.000 8** （0.000 3）	−0.000 4 （0.000 7）
控制变量	控制	控制	控制	控制	控制	控制	控制	控制
年份固定效应	控制	控制	控制	控制	控制	控制	控制	控制
行业固定效应	控制	控制	控制	控制	控制	控制	控制	控制
观测个数	15 404	8 487	15 420	8 494	15 420	8 494	15 420	8 494
R^2	0.264	0.533	0.269	0.537	0.262	0.532	0.262	0.532

、*分别表示显著性水平为 5%和 1%
注：括号内为标准误

　　表 4.9 报告了不同行业中董事长特征对于企业数字化转型的影响，列（1）和列（3）报告的是制造业企业样本的结果，列（2）和列（4）报告的是非制造业企业样本的结果。结果表明，董事长学术经历和董事长任期在国有企业和非国有企业中都呈现出显著的推动作用。

　　表 4.10 报告了不同行业中 CEO 特征对于企业数字化转型的影响，列（1）、列（3）、列（5）和列（7）报告的是制造业企业样本的结果，列（2）、列（4）、列（6）和列（8）报告的是非制造业企业样本的结果。结果表明，CEO 特征对于不同行业的企业数字化转型的影响不同：CEO 信息技术背景和 CEO 任期对制造

业和非制造业的企业数字化转型都存在显著的推动作用，而 CEO 学术经历和 CEO 年龄仅在制造业企业中有影响。

4.5.3　地区异质性

我们按照企业所处地理位置的差异将样本划分成东部地区、中部地区和西部地区三组[①]，分别使用三组样本重复基准回归，结果报告在表 4.11 和表 4.12 中。

表 4.11　地区异质性——董事长特征

变量	DT					
	（1）	（2）	（3）	（4）	（5）	（6）
ChairmanACA	0.019 9*** （0.006 6）	0.024 2* （0.013 1）	0.008 0 （0.011 9）			
ChairmanTenure				0.000 3*** （0.000 1）	0.000 1 （0.000 1）	0.000 4** （0.000 2）
控制变量	控制	控制	控制	控制	控制	控制
年份固定效应	控制	控制	控制	控制	控制	控制
行业固定效应	控制	控制	控制	控制	控制	控制
观测个数	17 087	4 009	2 775	17 097	4 013	2 778
R^2	0.411	0.422	0.443	0.410	0.420	0.443

*、**、***分别表示显著性水平为 10%、5% 和 1%

注：括号内为标准误

表 4.12　地区异质性——CEO 特征

变量	DT					
	（1）	（2）	（3）	（4）	（5）	（6）
CEOACA	0.017 8** （0.007 6）	0.010 0 （0.012 3）	0.013 5 （0.013 5）			
CEOInfor				0.076 8*** （0.014 2）	−0.009 6 （0.026 8）	0.071 8** （0.034 9）
控制变量	控制	控制	控制	控制	控制	控制
年份固定效应	控制	控制	控制	控制	控制	控制

[①]　东部地区（12 个）：北京市、天津市、河北省、辽宁省、上海市、江苏省、浙江省、福建省、山东省、广东省、广西壮族自治区、海南省；中部地区（9 个）：山西省、内蒙古自治区、吉林省、黑龙江省、安徽省、江西省、河南省、湖北省、湖南省；西部地区（10 个）：重庆市、四川省、贵州省、云南省、西藏自治区、陕西省、甘肃省、青海省、宁夏回族自治区、新疆维吾尔自治区。

续表

变量	DT					
	（1）	（2）	（3）	（4）	（5）	（6）
行业固定效应	控制	控制	控制	控制	控制	控制
观测个数	16 683	3 958	2 738	16 697	3 964	2 741
R^2	0.411	0.417	0.441	0.417	0.417	0.446

变量	DT					
	（7）	（8）	（9）	（10）	（11）	（12）
CEOTenure	0.000 3*** (0.000 1)	0.000 1 (0.000 1)	0.000 3 (0.000 2)			
CEOAGE				−0.000 2 (0.000 4)	−0.001 9*** (0.000 6)	−0.001 7 (0.001 2)
控制变量	控制	控制	控制	控制	控制	控制
年份固定效应	控制	控制	控制	控制	控制	控制
行业固定效应	控制	控制	控制	控制	控制	控制
观测个数	16 697	3 964	2 741	16 697	3 964	2 741
R^2	0.410	0.417	0.441	0.410	0.417	0.441

、*分别表示显著性水平为 5%和 1%
注：括号内为标准误

表 4.11 报告了不同地区董事长特征对于企业数字化转型的影响，列（1）~列（3）和列（4）~列（6）依次报告了东部地区、中部地区和西部地区样本的结果。结果表明，董事长学术经历仅在东部地区和中部地区显著推动了企业数字化转型，董事长任期则仅在东部地区和西部地区发挥作用。

表 4.12 报告了不同地区 CEO 特征对于企业数字化转型的影响，列（1）~列（3）、列（4）~列（6）、列（7）~列（9）和列（10）~列（12）依次报告了东部地区、中部地区和西部地区样本的结果。结果表明，不同地区 CEO 特征对于企业数字化转型的影响存在明显的差异：CEO 学术经历和 CEO 任期仅在东部地区样本中显著，CEO 信息技术背景在东部地区和西部地区显著，而 CEO 年龄仅在中部地区样本中显著。

4.6　本章小结

案例分析和调查研究结果均表明，一家企业数字化转型的成败，很大程度上取决于企业的"一把手"。为此，本章着重分析企业高管对企业数字化转型程度的影响。我们根据高阶理论、烙印理论和风险承担理论分析了企业高管特征与企业数字化转型的关系，得到了五个理论假说。然后，我们利用 2008~2020 年中国 A 股上市公司的企业高管数据，构造了企业层面的数字化转型指标，利用面板数据回归模型来验证理论假说。

　　本章的主要结论如下：第一，董事长或 CEO 的学术经历与企业数字化转型程度正相关；第二，CEO 的信息技术背景与企业数字化转型程度正相关；第三，董事长或 CEO 的任期与企业数字化转型程度正相关；第四，CEO 的年龄与企业数字化转型程度负相关。

第 5 章　企业数字化转型与市场绩效

5.1　引言：从"新索洛悖论"说起

几十年前，诺贝尔经济学奖得主、美国麻省理工学院教授索洛（Solow，1987）提出了"索洛悖论"：新技术无所不在，却没有看到它们推动劳动生产率进步。对此，宏观经济学界争论了很久，但一直没有令人特别满意的答案。数字经济学家Brynjolfsson 等（2019）提出了数字经济时代的"新索洛悖论"。从理论上讲，技术进步会推动劳动生产率提高。然而，他们发现，在 21 世纪的前十年，本来是数字技术开始快速推广的阶段，但该阶段的劳动生产率反而下降了。例如，1995~2004 年美国劳动生产率的年平均增长率是 2.8%，2005~2016 年却只有 1.3%，连之前的一半都不到。欧洲的情况同样不乐观。1995~2004 年经济合作与发展组织国家劳动生产率的年平均增长率为 2.3%，但是 2005~2015 年的年平均增长率仅为1.1%。他们从宏观层面为"新索洛悖论"提出了 4 个解释，即虚假的希望、错误的测度、再分配效应和滞后效应，并推断失去互补式创新的滞后性是失去劳动生产率增长的主要因素。

遗憾的是，这 4 个解释都难以自圆其说。第一，新式技术进步推动劳动生产率提高是现代经济增长理论的基本假设，何来"虚假的希望"？第二，如果说部分学者或者部分样本的劳动生产率测度存在误差，何以这么多年来依然存在误差？第三，再分配效应一直存在，而且根据法国经济学家皮凯蒂的研究，贫富差距是逐渐变大的（Piketty，2013），那么再分配效应应该弱化才对。第四，滞后效应在几年后就应该消除，为什么一直无法解释？

我们认为，要解释"新索洛悖论"，首先要立足于微观数据，从企业层面自下而上地分析数字技术对劳动生产率的影响，而不是从宏观层面自上而下地估计数字技术对劳动生产率的影响。因此，本章的主要目的，就是利用中国上市公司层面的数据，实证检验企业数字化转型与市场绩效的关系，并检视"新索洛悖论"是否成立。

为了解开"新索洛悖论"，我们将企业市场绩效作为立足点。因为，相比劳动生产率，市场绩效是一个更加综合性的指标，它同时包含了现阶段企业发展的价值评估和对未来增长潜力的合理预期（张叶青等，2021）。而且，对于大量使用数字技术的企业来说，很可能它们是重资产企业，此时计算劳动生产率就会出现明显偏差，甚至不如计算 TFP 更加准确。但学术界目前计算 TFP 时采用的方法，不管是 LP（Levinsohn-Petrin）方法还是 OP（Olley-Pakes）方法，都难以满足理论上的完全竞争假设。

5.2　理论分析和研究假说

从经济学角度而言，企业借助人工智能、区块链、云计算、大数据等数字技术，改造生产经营系统、核心业务流程和组织架构的数字化转型是一个提高生产经营效率和降低内部管理成本的过程，从而对企业市场绩效产生显著影响。

首先，企业数字化转型可以实现更加柔性化、精细化的生产经营管理，优化决策过程（戚聿东和肖旭，2020）。数字技术嵌入生产经营的各个环节，可以精确地收集企业生产管理的数据和信息，并对数据进行深度分析和整合，提升智能化决策和规划。例如，智能制造可以满足企业异质性的生产需求，有利于缩短生产周期，加快资金周转，提高企业资源配置效率。互联网商业模式有助于企业获取市场调研、研究开发、市场销售等经营环节的信息和数据，实现供应链上下游的精确匹配，提升企业存货的弹性管理能力，进而改善企业生产经营效率（韦庄禹，2022；陶锋等，2023）。人工智能属于通用技术，有利于改善传统生产要素的质量，充分释放传统要素的价值，提高传统要素和数据要素的配置效率，从而促进企业现有资源价值的提升（Chen and Srinivasan，2023）。

其次，数字化转型推动着企业目标的改变和公司治理结构的创新，可以有效提高监督效率，降低组织代理成本和信息获取成本（Brynjolfsson and McElheran，2016）。刘洋等（2020）认为，数字化转型的底层技术，如大数据、云计算和人工智能技术的应用会影响企业的决策制定和公司治理。Brynjolfsson 等（2021）认为，数字化可以促进企业组织的扁平化和网络化，简化企业管理层级，减少信息传播链条，降低企业的决策成本和代理成本。基于中国上市公司的一些研究表明，企业数字化转型降低了信息不对称和管理层决策的非理性，强化了内部控制质量，抑制了企业盈余管理，提升了公司治理水平，从而降低了代理成本（祁怀锦等，2020；聂兴凯等，2022）。此外，吴武清和田雅婧（2022）发现，企业数字化转型提高了费用管理效率，降低了内部管理成本。

我们把上述观点和渠道分析概括为如下假说。

假说 5.1：数字化转型能够提升企业市场绩效。

假说 5.2：数字化转型通过改善企业的生产经营效率，进而提升企业市场绩效。

假说 5.3：数字化转型通过降低企业的内部管理成本，进而提升企业市场绩效。

专栏 5.1：美的集团的智能制造

美的集团的智能制造主要分为数字化补课和智能化创新两个阶段，这两个阶段也构成了美的集团从大规模制造到智能制造跨越式战略变革的两个关键时期。前一阶段主要通过数字化加速学习机制实现从粗放式管理到数字化管理的能力跨越，后一阶段主要通过数字化重构学习机制实现从工业化到智能化的体系跨越。

美的集团从 2011 年开始启动智能制造的变革战略，通过信息系统的集成提升数据质量，拉通运营流程，提高了业务管理能力和生产运营效率。美的集团在 2011~2015 年主要利用信息系统形成数字化加速学习机制，进行数字化补课，实现能力跨越。美的集团利用智能系统提供数字化的模拟验证、大数据的商业洞察和支持决策的算法模型，改变了长期以来管理靠人、人靠经验的学习模式，重构了企业进行探索式学习的方式。在战略层面，通过实施"632 IT 战略"，促进"一个美的、一个体系、一个标准"的业务提升；在运作层面，先通过信息系统拉动资源数据化，实现资源从非数据化、非标准化到数据化、标准化的跨越，再通过信息系统拉动流程互联化，实现流程从孤立化到互联化的跨越。

2016 年，美的集团成立美云智数科技有限公司，通过大数据、云计算、物联网等技术，为企业提供面向智能制造的服务。在变革过程中，美的集团在软件、硬件、智能设备及业务流程改造等方面投入超过 80 亿元。数据表明，美的集团通过数字化重构学习机制，驱动实现从工业化到智能化的体系跨越，进而形成智能化创新。具体体现在智能系统促进制造实现智能化和服务实现智能化两个方面。

至 2018 年，美的集团初步实现了从大规模制造到智能制造的跨越式战略变革。美的集团初步构建起工业互联网体系的雏形，使企业形态发生了转变，具体表现在制造、产品和价值创造三个方面。在制造方面，美的集团通过智能制造实现了制造资源数据化、流程互联化和体系智能化。在产品转变方面，实现了产品优质化和产品智能化。价值创造的转变主要体现在制造服务一体化和价值网络延伸化。

资料来源：肖静华等（2021）

5.3　研　究　设　计

5.3.1　数据来源

本章的研究样本是 2010~2019 年[①]中国制造业上市公司，数据来自 CSMAR 数据库。参照多数文献使用该数据库的惯例，我们剔除了金融类上市公司和经营状况异常（ST 类和 ST* 类）及关键财务指标缺失的上市公司。为避免极端值的影响，我们对连续变量进行前后 1%的缩尾处理。最终，我们得到 1 587 家上市公司的10 531 个观测值。

5.3.2　计量模型和变量定义

为了考察数字化转型对企业市场绩效的影响，我们构建了如下计量模型：

$$y_{it} = \beta \text{Digi}_{it} + \gamma X_{it} + \delta_i + \eta_t + \varepsilon_{it} \tag{5.1}$$

其中，i 表示企业；t 表示年份；被解释变量 y_{it} 表示企业市场绩效，用托宾 Q 值（Tobin's Q）来度量；核心解释变量 Digi_{it} 表示企业数字化转型程度；参考已有文献的做法（Chen et al., 2018；张叶青等，2021；王双进等，2022），控制变量 X_{it}包括企业规模、杠杆率、企业年龄、现金持有、是否有政治关联、第一大股东持股比例、两职合一。此外，模型控制了企业固定效应 δ_i 和年份固定效应 η_t，ε_{it} 表示残差项。考虑到扰动项的异方差性和序列相关性，我们在回归中使用了聚类在企业层面的稳健标准误。

被解释变量是企业市场绩效。参考现有文献的做法（Bharadwaj et al., 1999；张叶青等，2021），我们采用托宾 Q 值来衡量企业市场绩效。托宾 Q 值为股票市值与总负债之和占总资产的比例。企业的财务绩效指标反映的是过去的账面信息，缺乏前瞻性，而包含大数据、人工智能、云计算等数字技术的企业数字化转型更多地与企业长期价值相联系（Brynjolfsson et al., 2021）。企业的股票总市值涵盖了现有资产的估值和对企业未来成长潜力的预判。此外，企业的数字技术投入可能影响资本市场上企业股价的信息含量（Begenau et al., 2018），因此，选取托宾Q 值这一指标与企业数字化转型的研究更为契合。

[①] 由于 2008 年发生了次贷危机，2020 年暴发了新冠疫情，为了尽可能排除宏观环境变化对企业市场绩效的影响，我们将样本范围限定为 2010~2019 年。

核心解释变量是企业数字化转型程度。参考已有文献（方明月等，2022），我们采取文本分析法，利用每个上市公司的年报文本构建每个企业的数字化转型指标（详见 3.2.1 小节）。

表 5.1 是本章所用变量及其定义。

表 5.1　所用变量及其定义

变量名称	变量符号	变量定义
数字化转型_词语	words	用词语度量的企业数字化转型程度（乘以 100）
数字化转型_虚拟变量	words_dummy	数字化转型虚拟变量，若用词语度量的企业数字化转型程度大于当年中位数，则赋值为 1，否则为 0
数字化转型_句子	sentence	用句子度量的企业数字化转型程度
托宾 Q 值 1	TobinQ$_1$	Tobin Q$_1$=（企业股权市值+净债务市值）/总资产
托宾 Q 值 2	TobinQ$_2$	Tobin Q$_2$=（企业股权市值+净债务市值）/（总资产-无形资产净值）
大数据	bigdata	用词语度量的大数据应用程度
智能制造	intel_manu	用词语度量的智能制造应用程度
互联网商业模式	internet	用词语度量的互联网商业模式应用程度
信息化	inform	用词语度量的信息化应用程度
国有企业	soe_own	虚拟变量，若是国有企业取 1，否则取 0
市场竞争	competition	虚拟变量，若企业所在的二位数行业[1)]的主营业务利润率标准差的倒数大于中位数，则将该行业视为高竞争行业，赋值为 1；否则视为低竞争行业，赋值为 0
企业规模	size	总资产的对数
杠杆率	leve	总负债/总资产
企业年龄	age	当年年份-成立年份+1
现金持有	cash	期末现金余额/总资产
政治关联	zzgl	虚拟变量，若董事长或 CEO 曾担任党代表、人大代表、政协委员，或曾在政府或军队任职，则赋值为 1，否则为 0
第一大股东持股比例	large	第一大股东持股数量/股本总数
两职合一	dual	若董事长和总经理是同一人，则赋值为 1，否则为 0

1）基于中国证券监督管理委员会（简称中国证监会）行业代码

5.3.3　描述性统计

表 5.2 提供了主要变量的描述性统计，可以发现不同企业的数字化转型情况和市场绩效差异较大。此外，企业的基本特征、财务指标和公司治理特征也呈现较

大的变异性。平均来看，企业年龄为 16.264 岁，有 40.8%的企业存在政治关联，第一大股东持股比例约为 35%，有 27.7%的上市公司存在两职合一的情况。

表 5.2　主要变量的描述性统计

变量	观测个数	均值	标准差	25%分位	中位数	75%分位
words	10 531	0.001	0.002	0	0.001	0.002
words_dummy	10 531	0.496	0.500	0	0	1.000
sentence	10 531	0.051	0.064	0.010	0.028	0.067
TobinQ$_1$	10 206	1.954	1.084	1.271	1.598	2.234
TobinQ$_2$	10 531	2.067	1.416	1.318	1.690	2.384
size	10 531	22.082	1.144	21.255	21.929	22.717
leve	10 531	0.396	0.186	0.244	0.389	0.539
age	10 531	16.264	5.554	12.000	16.000	20.000
cash	10 531	0.162	0.123	0.074	0.125	0.210
zzgl	10 531	0.408	0.491	0	0	1.000
large	10 531	35.582	14.582	24.360	33.840	44.990
dual	10 531	0.277	0.447	0	0	1.000

5.4　计量回归分析

5.4.1　基准回归

我们根据模型（5.1）进行回归分析，回归结果如表 5.3 所示。列（1）中，核心解释变量为"数字化转型_词语"，并加入全部控制变量及企业固定效应和年份固定效应。列（1）的结果表明，企业数字化转型程度的估计系数在 5%的水平上显著为正值，即数字化转型显著提升了企业市场绩效。从经济显著性上看，数字化转型程度每提高 1 个标准差，企业市场绩效会提高 0.046（0.002×22.909）。样本中企业市场绩效的均值为 1.954，表明数字化转型程度每上升 1 个标准差，企业市场绩效会提高 2.35%。列（2）中，我们生成数字化转型_虚拟变量。若企业数字化转型程度大于均值，则该变量赋值为 1，否则为 0。结果显示，数字化转型_虚拟变量的系数在 5%的水平上显著为正值，与基准回归结果一致。

表 5.3 基准回归

变量	TobinQ$_1$	
	（1）	（2）
words	22.909** （2.14）	
words_dummy		0.052** （1.99）
size	−0.491*** （−12.28）	−0.485*** （−12.15）
leve	0.193 （1.32）	0.196 （1.34）
age	0.025*** （3.76）	0.029*** （4.59）
cash	−0.702*** （−4.63）	−0.706*** （−4.66）
zzgl	−0.026 （−0.62）	−0.028 （−0.65）
large	−0.014*** （−5.68）	−0.015*** （−5.78）
dual	−0.049 （−1.14）	−0.046 （−1.06）
观测个数	10 206	10 206
年份固定效应	控制	控制
企业固定效应	控制	控制
R^2	0.054	0.053

、*分别表示显著性水平为 5%和 1%

注：括号内为 t 值

5.4.2 稳健性检验

我们采用多种方式对基准回归进行稳健性检验，结果参见表 5.4。列（1）对被解释变量——托宾 Q 值采用新的测度方法，使用企业市场价值占总资产与无形资产净值的差值的比例来度量（TobinQ$_2$），结果显示企业数字化转型程度的系数在 5%的水平上显著为正值。列（2）使用以句子来度量的数字化转型指标，结果表明数字化转型程度的系数在 1%的水平上显著为正值。此外，考虑到进行数字化转型企业和未进行数字化转型企业之间可能存在系统性差异，为此我们在列（3）中使用剔除了未进行数字化转型企业的样本进行回归，关键系数仍然在 1%的水平上显著为正值。还有一种担忧是，企业可能在年报中策略性地披露数字技术使用状况,从而夸大自身的数字化转型程度,导致基于文本分析法构建的指标高估企业数字化转型程度。对此,我们在列(4)中剔除了上市公司信息披露考核评级中曾被评级为不合格的上市公司,回归结果仍然表现出高度的稳健性。基准回归和稳健性检验表明,假说 5.1 得到验证,即企业数字化转型能够提升市场绩效。

表 5.4　稳健性检验

变量	(1) TobinQ$_2$	(2) TobinQ$_1$	(3) TobinQ$_1$	(4) TobinQ$_1$
words	27.689** (2.30)		29.464*** (2.71)	22.318** (2.07)
sentence		0.924*** (2.91)		
size	−0.234*** (−4.49)	−0.495*** (−12.37)	−0.446*** (−11.08)	−0.497*** (−11.93)
leve	−0.160 (−0.92)	0.189 (1.29)	0.190 (1.29)	0.241 (1.58)
age	−0.000 (−0.06)	0.023*** (3.39)	0.017** (2.35)	0.026*** (3.78)
cash	−1.086*** (−6.43)	−0.701*** (−4.63)	−0.653*** (−4.05)	−0.683*** (−4.41)
zzgl	−0.014 (−0.29)	−0.026 (−0.62)	−0.023 (−0.51)	−0.015 (−0.35)
large	−0.023*** (−7.77)	−0.014*** (−5.63)	−0.012*** (−4.66)	−0.014*** (−5.50)
dual	−0.074 (−1.51)	−0.050 (−1.16)	−0.054 (−1.19)	−0.038 (−0.88)
观测个数	10 531	10 206	8 882	9 769
年份固定效应	控制	控制	控制	控制
企业固定效应	控制	控制	控制	控制
R^2	0.035	0.055	0.046	0.054

、*分别表示显著性水平为 5%和 1%

注:括号内为 t 值

5.4.3　内生性分析

前面的分析表明,企业数字化转型显著提升了企业市场绩效。尽管这一结论在更换被解释变量和核心解释变量的测度方式及变更样本后仍然稳健,但还可能存在两种内生性问题:一是遗漏变量问题,即基准回归可能遗漏了一些同时影响企业数字化转型和市场绩效的因素,如公司治理和管理层特征等;二是因果互逆问题，即市场绩效好的企业更有实力进行大量的数字投资，推动数字化转型。我们尝试通过以下两种方法来缓解内生性问题。

1. 外生政策冲击

企业数字化转型会受到当地数字基础设施政策的影响（王海等，2023）。作为一项政府主导的产业政策，数字基础设施政策能通过推动软件和信息技术发展等方式，为企业数字化转型提供"数字底座"的技术支撑。为此，借鉴赵涛等（2020）和李万利等（2022）的做法，我们使用"宽带中国"试点政策作为企业数字化转型的外生政策冲击，构建双重差分（difference in differences，DID）模型来解决内生性问题。

2013 年 8 月，国务院印发了《"宽带中国"战略及实施方案》，推动我国宽带基础设施快速健康发展。据此，工信部、国家发展和改革委员会于 2014 年、2015 年和 2016 年分三批共遴选出 120 个城市作为"宽带中国"试点城市。入选的试点城市需增加网络覆盖范围，改善宽带网络提速，提高宽带用户渗透率。对于位于试点城市的某个特定企业而言，该政策是一个较好的外生政策冲击，一定程度上可以缓解因果互逆导致的内生性问题。由于不同城市进入试点的时间是渐次推进的，本章构建交叠型 DID（staggered DID）模型。

$$y_{it} = \beta D_{it} + \gamma X_{it} + \delta_i + \eta_t + \varepsilon_{it} \tag{5.2}$$

其中，D_{it} 表示"宽带中国"外生政策冲击，如果样本期内企业 i 所在城市入选为"宽带中国"试点城市，则该企业在入选当年及之后年份取值为 1，否则为 0；X_{it} 同基准回归的控制变量；δ_i 表示企业固定效应；η_t 表示年份固定效应；ε_{it} 表示残差项。

表 5.5 中，列（1）未加入控制变量，仅控制企业固定效应和年份固定效应，结果显示核心解释变量的系数在 10% 的水平上显著为正值。列（2）在控制企业固定效应和年份固定效应的基础上，加入全部控制变量，结果表明，核心解释变量的系数在 1% 的水平上显著为正值。这表明"宽带中国"数字基础设施建设推动了企业数字化转型，进而改善了企业市场绩效，这与基准回归的结论保持一致。

表 5.5 "宽带中国"外生政策冲击

变量	TobinQ$_1$	
	（1）	（2）
D	0.042*	0.197***
	（1.91）	（4.72）
size		−0.492***
		（−12.20）
leve		0.210
		（1.44）

续表

变量	TobinQ_1	
	（1）	（2）
age		0.010 （1.39）
cash		-0.728^{***} （-4.81）
zzgl		-0.022 （-0.52）
large		-0.014^{***} （-5.43）
dual		-0.046 （-1.06）
观测个数	10 206	10 206
年份固定效应	控制	控制
企业固定效应	控制	控制
R^2	0	0.058

*、***分别表示显著性水平为 10%和 1%
注：括号内为 t 值

2. 工具变量法

为了进一步缓解遗漏变量和因果互逆问题，我们使用了工具变量法，采用同年、同省、同行业其他企业数字化转型程度的平均值作为该企业数字化转型的工具变量（IV）。我们认为，这一工具变量基本满足相关性约束和排斥性约束。就相关性而言，根据陈庆江等（2021）、陈庆江和王彦萌（2022），企业的数字化转型战略存在同群效应，会受到同行业或关系网络中其他行为主体的影响，从而在行业间扩散。因此，我们预期一家企业的数字化转型程度与同行业其他企业的数字化转型程度呈正相关关系。在排斥性约束方面，同行业其他企业的数字化转型程度应该不会直接影响本企业的市场绩效。

表 5.6 报告了工具变量的两阶段最小二乘法（two-stage least squares，2SLS）回归结果。其中，列（1）为第一阶段的回归结果，工具变量的系数在 1%的水平上显著为正值，F 值为 232.65，这表明工具变量与企业数字化转型正相关，并排除了弱工具变量问题。列（2）的回归结果表明，在使用了工具变量之后，数字化转型显著提升了企业市场绩效，这与基准回归的结论高度一致。

表 5.6　工具变量法

变量	（1）words	（2）TobinQ$_1$
IV	0.274*** （15.25）	
words		84.752** （2.07）
size	0.000 3*** （6.00）	−0.595 2*** （−20.22）
leve	−0.000 02 （−0.13）	0.607 90*** （5.72）
age	0.000 03 （0.05）	−0.100 60*** （−3.02）
cash	−0.000 2 （−1.49）	−0.545 7*** （−5.44）
zzgl	−0.000 2*** （3.30）	0.032 5 （1.03）
large	−0*** （−3.07）	−0.010 7*** （−6.71）
dual	0.000 2*** （3.85）	−0.042 8 （−1.41）
观测个数	8 474	8 474
年份固定效应	控制	控制
企业固定效应	控制	控制

、*分别表示显著性水平为 5%和 1%

注：括号内为 t 值；第一阶段 F 值=232.65

5.5　异质性分析

5.5.1　数字技术异质性

不同类型的数字技术对企业市场绩效的影响可能不同。参照赵宸宇（2021）、方明月等（2022），我们将企业使用的数字技术分为大数据（bigdata）、智能制造（intel_manu）、互联网商业模式（internet）和信息化（inform）四类，分别考察它们对企业市场绩效的影响。表 5.7 的回归结果显示，大数据、智能制造、信息化对企业市场绩效的影响不显著，而互联网商业模式则显著提升了企业市场绩效。可能的原因在于，大数据、智能制造和信息化需要企业投入较多的固定成本，因此这类数字化转型的效果存在一定的滞后性或者需要额外的配套资源才能起作用

（Chen and Srinivasan，2023）。

表 5.7 数字技术异质性

变量	TobinQ$_1$			
	（1）	（2）	（3）	（4）
bigdata	0.708 （0.87）			
intel_manu		−0.135 （−0.24）		
internet			4.707*** （6.83）	
inform				1.050 （0.96）
size	−0.487*** （−12.18）	−0.484*** （−12.15）	−0.498*** （−12.39）	−0.485*** （−12.17）
leve	0.192 （1.32）	0.196 （1.34）	0.180 （1.23）	0.197 （1.35）
age	0.028*** （4.34）	0.029*** （4.39）	0.021*** （3.32）	0.028*** （4.43）
cash	−0.706*** （−4.66）	−0.706*** （−4.66）	−0.674*** （−4.47）	−0.706*** （−4.65）
zzgl	−0.028 （−0.65）	−0.029 （−0.67）	−0.028 （−0.65）	−0.028 （−0.66）
large	−0.014*** （−5.75）	−0.015*** （−5.81）	−0.014*** （−5.63）	−0.015*** （−5.80）
dual	−0.046 （−1.07）	−0.045 （−1.04）	−0.052 （−1.22）	−0.045 （−1.06）
观测个数	10 206	10 206	10 206	10 206
年份固定效应	控制	控制	控制	控制
企业固定效应	控制	控制	控制	控制
R^2	0.053	0.053	0.061	0.053

***表示显著性水平为 1%
注：括号内为 t 值

5.5.2 所有制异质性

中国的国有企业和民营企业有着不同的目标函数，在公司治理和市场环境方面存在较为明显的差异。首先，在目标函数上，国有企业作为公有制经济的主体，受到更多政策约束，更加注重社会目标和政治目标（Lin and Tan，1999）。民营企业是市场化的主体，追求经济利润最大化。其次，在公司治理方面，国有企业的实际所有者缺位问题可能带来高昂的代理成本，剩余控制权和索取权的不对称可能导致激励不足（张维迎，1998），因此，相较于民营企业，国有企业的公司治理水平相对较低，从而导致数字化转型的内在驱动力不足，短期内难以发挥为企业市场绩效赋能的效果。最后，在市场环境方面，相比民营企业，国有企业更容易获得银行信贷和政策补贴（方明月等，2023），面临更为优越的经营环境（张叶青等，2021），从而导致驱动数字化转型的外部动力不足。因此，我们推测数字化转型对国有企业和民营企业的市场绩效可能带来不同的影响。表5.8中，列（1）的结果表明，数字化转型对国有企业市场绩效的影响虽然为正值，但系数不显著；列（2）的结果显示，数字化转型对民营企业市场绩效的影响在5%的水平上显著为正值。这与上述推论基本一致，即数字化转型加大了国有企业和民营企业之间的市场估值差异。

表 5.8　所有制和市场竞争异质性

变量	$\text{Tobin}Q_1$			
	（1）国有企业	（2）民营企业	（3）高市场竞争行业	（4）低市场竞争行业
words	25.542 （1.34）	20.357** （2.08）	56.625*** （4.20）	−4.983 （−0.32）
size	−0.617*** （−9.18）	−0.453*** （−12.84）	−0.445*** （−9.01）	−0.566*** （−9.22）
leve	0.047 （0.17）	0.139 （1.02）	−0.320 （−1.56）	0.641*** （3.18）
age	0.023** （2.44）	0.029*** （4.23）	0.020** （2.49）	0.032*** （2.99）
cash	0.381 （1.06）	−0.970*** （−7.80）	−0.890*** （−4.47）	−0.479** （−2.12）
zzgl	0.020 （0.33）	−0.062 （−1.45）	−0.011 （−0.19）	−0.048 （−0.79）
large	−0.011*** （−2.96）	−0.014*** （−6.63）	−0.011*** （−3.82）	−0.021*** （−5.25）
dual	−0.131* （−1.92）	−0.016 （−0.41）	−0.058 （−0.98）	−0.042 （−0.71）
观测个数	3 531	6 675	5 117	5 089
年份固定效应	控制	控制	控制	控制
企业固定效应	控制	控制	控制	控制
R^2	0.084	0.052	0.056	0.060

*、**、***分别表示显著性水平为10%、5%和1%

注：括号内为 t 值

5.5.3　市场竞争异质性

数字化转型对企业市场绩效的提升效应可能会因企业面临的市场竞争环境而异。一些研究表明，在激烈竞争的市场环境中，企业更倾向利用信息技术和数字技术，提高对信息的挖掘程度和决策效率，开拓新的商业模式，实现价值增值（Melville et al.，2007；Coibion et al.，2018）。因此，我们预测，与低市场竞争行业相比，高市场竞争行业的数字化转型对企业市场绩效有更明显的提升作用。借鉴 Nickell（1996）的做法，我们使用中国证监会分类的二级行业内所有样本行业主营业务利润率标准差的倒数来测度一个行业的市场竞争程度，按照中位数生成虚拟变量，将样本行业分成高市场竞争行业和低市场竞争行业。表 5.8 中，列（3）的结果表明，在高市场竞争行业，数字化转型显著提升了企业市场绩效；与之相反，列（4）的结果显示，在低市场竞争行业，数字化转型反而降低了企业市场绩效，尽管回归系数并不显著。这与张叶青等（2021）、陶锋等（2023）的研究结论基本一致。

5.6　渠　道　检　验

5.6.1　生产经营效率渠道

理论分析部分表明，数字化转型可以改善流程管理，提高企业的生产经营效率，从而实现市场价值提升。鉴于此，我们使用以下指标来度量企业的生产经营效率，进行渠道检验。首先，我们使用资产周转率来测度企业的管理质量和利用效率。资产周转率反映了企业经营期间资产从投入到产出的流转速度。不少学术文献将其作为企业经营效率的代理变量（李明辉，2009；钟覃琳等，2016；王宇伟等，2018）。其次，我们使用存货周转率来衡量企业的运营效率。企业提高存货的周转水平，一方面可以降低存货对资金的占用，降低经营风险；另一方面，企业可以通过变现存货获取一定的资金，为企业的经营提供资金保障，从而提高企业的生产经营效率。回归结果参见表 5.9。列（1）中，我们使用词语来度量企业数字化转型程度，回归系数在 5% 的水平上显著为正值；列（2）中，我们使用句子来度量企业数字化转型程度，估计系数仍然在 5% 的水平上显著为正值。列（1）和列（2）的结果表明，数字化转型可以有效提高资产周转率，改善企业的经营效率。类似地，列（3）中，我们使用词语来度量企业数字化转型程度，核心解释变量的系数在 5%的水平上显著为正值；列（4）中，我们使用句子来度量企业数字化转型程度，估计系数在 1%的水平上显著为正值。这表明，企业数字化转型提升了存货的周转水平。上述回归分析表明，数字化转型可以明显改善企业的生产经营效率，从而提升市场绩效。这验证了假说 5.2。

表 5.9　生产经营效率渠道

变量	资产周转率		存货周转率	
	（1）	（2）	（3）	（4）
words	6.190** (2.01)		46.342** (2.51)	
sentence		0.217** (2.38)		1.596*** (3.01)
size	−0.096*** (−5.25)	−0.097*** (−5.29)	−0.223*** (−3.44)	−0.227*** (−3.50)
leve	0.255*** (5.02)	0.254*** (5.00)	−0.607** (−2.39)	−0.614** (−2.42)
age	−0.007*** (−2.89)	−0.007*** (−3.03)	0.086*** (7.22)	0.083*** (6.96)
cash	0.096*** (3.02)	0.096*** (3.01)	2.172*** (8.91)	2.171*** (8.91)
zzgl	0.007 (0.70)	0.007 (0.70)	0.058 (0.78)	0.057 (0.77)
large	0.002* (1.87)	0.002* (1.90)	0.001 (0.16)	0.001 (0.20)
dual	−0.002 (−0.16)	−0.002 (−0.17)	0.028 (0.38)	0.027 (0.37)
观测个数	10 530	10 530	10 522	10 522
年份固定效应	控制	控制	控制	控制
企业固定效应	控制	控制	控制	控制
R^2	0.107	0.107	0.019	0.019

*、**、***分别表示显著性水平为 10%、5%和 1%
注：括号内为 t 值

5.6.2　期间费用渠道

数字化转型除了通过改善生产经营效率来提升企业市场绩效外，一个潜在的渠道是降低内部管理成本。期间费用是企业重要的内部管理成本，因此我们着重考察数字化转型对企业财务费用、销售费用、管理费用的影响。表 5.10 列（1）~列（6）中，被解释变量分别为财务费用（finan_expen）、销售费用（sell_expen）和管理费用（admin_expen）三类期间费用。核心解释变量分别是用词语和句子度量的企业数字化转型程度。结果显示，企业数字化转型显著降低了三类期间费用，这验证了假说 5.3。

表 5.10 期间费用渠道

变量	finan_expen		sell_expen		admin_expen	
	（1）	（2）	（3）	（4）	（5）	（6）
words	-0.353^{***} （-3.17）	-0.010^{***} （-2.99）	-1.183^{**} （-2.32）		-1.857^{***} （-3.84）	
sentence				-0.031^{**} （-1.96）		-0.045^{***} （-3.35）
size	0 （0.05）	0 （0.06）	-0.002 （-0.73）	-0.002 （-0.74）	-0.005^{***} （-2.58）	-0.005^{***} （-2.62）
leve	0.068^{***} （44.26）	0.068^{***} （44.28）	-0.005 （-0.57）	-0.005 （-0.56）	-0.024^{***} （-3.68）	-0.024^{***} （-3.65）
age	-0 （-1.29）	-0 （-1.25）	0.003^{***} （6.06）	0.003^{***} （6.00）	-0.001^{***} （-3.12）	-0.001^{***} （-3.17）
cash	-0.021^{***} （-14.28）	-0.021^{***} （-14.26）	-0.014^{**} （-2.04）	-0.014^{**} （-2.03）	-0.031^{***} （-5.70）	-0.031^{***} （-5.66）
zzgl	-0 （-0.78）	-0 （-0.75）	0 （0.16）	0 （0.18）	-0.002 （-1.63）	-0.002 （-1.57）
large	-0^{***} （-3.81）	-0^{***} （-3.82）	0^{*} （1.65）	0^{*} （1.65）	-0^{***} （-3.85）	-0^{***} （-3.84）
dual	-0 （-0.42）	-0 （-0.44）	0.003 （1.11）	0.003 （1.10）	0.001 （0.42）	0.001 （0.37）
观测个数	10 530	10 530	10 529	10 529	10 530	10 530
年份固定效应	控制	控制	控制	控制	控制	控制
企业固定效应	控制	控制	控制	控制	控制	控制
R^2	0.275	0.275	0.032	0.031	0.044	0.043

*、**、***分别表示显著性水平为 10%、5%和 1%
注：括号内为 t 值

上述发现也符合企业理论和现有研究的结论。企业数字化转型与财务费用之间显著负相关，可能的解释是，数字化转型通过减少企业和银行之间的信息不对称（方明月等，2023），从而降低了企业的融资成本。企业数字化转型对销售费用的影响显著为负向，这一结果也不意外。原因在于，销售费用包括运输费、广告费等产品采购和销售环节发生的费用，而企业数字化转型基于供应链扩散机制，加强了上游供应商和下游客户之间的治理连接（李云鹤等，2022），从而降低了销售费用。数字化转型与管理费用之间的关系显著为负向，更符合经典企业理论的观点。根据 Jensen 和 Meckling（1976），企业经营效率低的主要原因是代理成本太高。管理费用中有相当高的比例是高管的出国费用和招待费等（白重恩等，2006），从而带来高昂的代理成本。大量的研究表明，企业数字化转型减少了信息不对称和管理者决策行为的非理性程度（祁怀锦等，2020），缓解了管理层代理冲突（徐子尧和张莉沙，2022），降低了企业代理成本（王守海等，2022），从而改善了公司治理机制，使得作为代理人的管理层降低了各种期间费用（主要是管理费用）。

5.7　本章小结

本章使用 2010~2019 年中国制造业上市公司样本，研究了企业数字化转型对企业市场绩效的影响。本章的主要结论如下：第一，数字化转型显著改善了企业市场绩效。第二，不同的数字技术对企业市场绩效有异质性影响。第三，数字化转型显著提升了民营企业市场绩效，但对国有企业市场绩效影响不明显。第四，在高市场竞争行业，数字化转型显著提升了企业市场绩效；在低市场竞争行业，数字化转型反而降低了企业市场绩效。在更换被解释变量、核心解释变量测度方式，以及使用"宽带中国"外生政策冲击进行 DID 检验和使用工具变量法等一系列稳健性检验后，主要结论仍然成立。数字化转型通过改善企业生产经营效率和降低内部管理成本两个渠道，提升了企业市场绩效。

本章内容对现有文献的贡献体现在以下两个方面。

（1）为"新索洛悖论"提供了一个解释。近年来，国内外学者从不同的角度对此提供了解释。除了 Brynjolfsson 等（2019）提出的 4 个解释，Chen 和 Srinivasan（2023）进一步围绕滞后性进行了补充。他们认为，企业采用数字化带来好处需要很长时间才能实现，主要原因有两个。第一，当非高新技术企业采用数字技术时，需要招募与这些技术相匹配的新型员工，并创建新的组织结构。组织变革存在一定难度，企业需要较长时间来发挥这些技术的价值，因此数字化短期内不会对企业市场绩效产生明显影响。第二，采用新技术有较高的固定成本。一方面，在实施新技术的过程中存在共同的固定成本，如提供物质基础设施和发展人力资本。另一方面，创造新市场也有固定成本，如相对于传统零售业，互联网零售企业需要以更低的价格、更高的广告费用来说服消费者信任互联网零售；同时，消费者可能不熟悉互联网零售，企业还需要额外地投资为新产品或服务创造市场。因此，在短期内难以观察到数字化转型对企业市场绩效产生显著性的影响。此外，陈楠和蔡跃洲（2022）基于中国省级面板数据的实证分析显示，人工智能技术仅对中国经济增长规模产生了提升效应，对增长速度和效率的提升效应并不显著，从而在宏观层面呈现"新索洛悖论"特征。他们认为，省域发展阶段和承接能力差异是背后的主要原因。与已有文献通常从宏观层面讨论数字技术与生产率的关系不同，本章从微观层面，利用中国上市公司的数据证明，数字技术提高了企业市场绩效。从这个角度讲，并不存在"新索洛悖论"。

（2）丰富了关于数字化转型和企业市场绩效的研究。目前，学术界对于数字化转型能否提升企业市场绩效产生了一些分歧。一些学者认为企业数字化转型或者 ICT 的应用对企业生产率或经营绩效具有正面效应（杨德明和刘泳文，2018；何帆和刘红霞，2019；黄群慧等，2019）。但另一些学者认为，企业数字化转型对企业效率的影响依赖于组织形式（Aral and Weill, 2007; Aral et al., 2012; Yoo et al., 2012；何小钢等，2019）。我们的研究表明，企业数字化转型总体上可以提高企业的托宾 Q 值，影响渠道是提高生产经营效率和降低内部管理成本。

第6章 企业数字化转型与劳动收入份额

6.1 引　　言

6.1.1 从《21世纪资本论》看全球收入不平等

法国经济学家托马斯·皮凯蒂（Thomas Piketty）在其风靡世界的著作《21世纪资本论》中指出，根据过去大约300年的收入数据，全球各个国家的贫富差距总体上是在扩大的（Piketty，2013）。这一发现令人震惊，因为人们以为随着全球化和技术进步的发展，贫富差距应该缩小才对。很不幸的是，数据不断地验证了这一结论。2018年，美国最富裕的10%人群的平均收入是其余人群平均收入的9倍，而最富裕的1%人群的平均收入是其余人群平均收入的39倍（Saez，2018）。此外，经济合作与发展组织的研究报告也揭示了欧洲国家内部贫富差距扩大的事实（OECD，2011）。毫不夸张地说，几乎所有发达国家都出现了劳动报酬份额下降，个人收入差距扩大，收入分配不平等程度上升的特征事实（李实，2020）。根据皮凯蒂的分析，贫富差距扩大的直接原因是，资本收益率的增长超过了劳动收益率的增长，因此资本所有者和普通劳动者的收入差距会逐渐扩大。之所以资本收益率超过了劳动收益率，是因为技术进步通常是资本偏向型的（Hicks，1963）。在传统经济形态下，技术进步主要表现为资本所有者投入了更多的机器设备、交通工具和管理工具。因此，伴随技术的不断进步，资本所有者和普通劳动者之间的收入差距很可能会越来越大，收入分配会倾向恶化。既要追求技术进步，又要缩小收入差距，在传统经济形态下似乎是一个无解的难题。

专栏 6.1：《21 世纪资本论》讲了什么？

《21 世纪资本论》是法国经济学家皮凯蒂的一部巨著（Piketty，2013）。该书甫一出版，就成为全球畅销书。诺贝尔经济学奖得主、普林斯顿大学教授保罗·克鲁格曼（Paul Krugman）在《纽约时报》连发三篇评论，盛赞它是"本年度最重要的经济学著作，甚或将是这个十年最重要的一本著作"。背景是，最近十年越来越多的人对当代资本主义进行批判和反思，特别是对巨大的财富不平等问题产生了不满。

在《21 世纪资本论》中，皮凯蒂分析了两种主要的生产要素，即资本和劳动。两者的区别在于：资本可以买入、卖出，可以无限累积和永不停歇，而劳动力是个人能力的使用，无法买卖和积聚，必须休息。因此，资本回报率会高于劳动回报率，并且高于总体经济增长率，这必然导致资本所有者和劳动所有者的收入和财富差距不断扩大。随后，皮凯蒂收集了世界多个国家过去大约 300 年来的收入数据，证明总体上收入差距是扩大的，而且近几十年来更加严重。皮凯蒂的数据表明，资本回报率每年为 4%~5%，而国内生产总值增长率平均为 1%~2%。5% 的资本回报率意味着每 14 年财富就能翻番，而 2% 的国内生产总值增长率意味着财富翻番要 35 年。在过去的 100 年里，资本所有者的财富翻了 7 番，是开始的 128 倍，而整体经济规模只比 100 年前大了 8 倍。虽然资本所有者和劳动所有者都变得更加富有，但是两者之间的贫富差距变得更大。皮凯蒂在他的著作里开出了药方：征收 15% 的资本税，把最高收入人群的所得税提高到 80% 左右。然而，这一方案产生了广泛的争议。经济学家认为，这一方案可能会遏制资本所有者的创富动力，从而影响总体经济增长。

6.1.2　数字经济带来的曙光

幸运的是，数字经济时代的来临有望为上述难题提供一个解决方案。数字经济是以人工智能、区块链、云计算、大数据为代表的数字技术推动的新经济形态（戚聿东和肖旭，2020）。与传统经济形态不同，在数字经济形态下，数字技术不再只是资本所有者的生产工具和管理手段，它也可以为广大普通劳动者赋能。第一，数字技术促使企业的组织结构从集权向分权、从金字塔状向扁平化发展（戚聿东和肖旭，2020），这有助于提高普通劳动者的地位和收入。第二，数字技术，特别是信息技术的进步，使得基层员工可以更加便捷地收集和处理信息，这提高了他们拥有技能的含金量和劳动报酬（Bloom et al.，2014）。第三，数字技术将一些执行常规任务的工作岗位解放出来，对执行非常规任务的技术工人产生了更多的需求，并且提高了他们的收入（Autor et al.，2003）。因此，在数字经济时代，企业运用数字技术进行数字化转型，应该有助于提高企业内部普通劳动者的收入份额，改善企业内部的收入分配，推进企业内部的共同富裕。

已有研究表明，企业数字化转型并不必然带来收入分配的改善。例如，Acemoglu 和 Restrepo（2020）利用美国过去 30 年劳动力市场的证据发现，数字技术赋能的工业机器人会导致更多失业和更低的劳动收入分配。一些国内学者研究发现，机器人的大规模应用对企业的劳动力需求产生了一定的替代效应（王永钦和董雯，2020），并且减少了劳动收入份额（余玲铮等，2021）。不过，Acemoglu 和 Restrepo（2019）指出，工业机器人并不一定更倾向替代劳动，这取决于负向的替代效应与正向的生产率效应和就业创造效应之间的权衡。因此，企业的数字技术或数字化转型能否改善企业内部的收入分配，在理论上是一个模棱两可的问题，有待于更加细致和更加全面的实证检验。在实践中，数字经济与共同富裕问题尤其具有重大意义。中国作为一个发展中国家，已经在数字经济领域取得了后发优势。如果数字经济可以改善收入分配，促进共同富裕，那么中国有望通过发展数字经济走出一条不同于发达国家的新发展道路，并且这一宝贵经验将成为"中国之治"的重要部分，可以推广到更多发展中国家，为全球收入平等做出重大贡献。

为此，本章从企业层面研究数字化转型对企业内部收入分配的影响。

6.2　共同富裕背景下企业数字化转型影响劳动收入份额的理论机理

本节将从理论上分析数字化转型与企业内部共同富裕之间的关系。我们先对企业层面的共同富裕内涵进行界定，接着阐述数字化转型影响共同富裕的机理。

6.2.1　新时代共同富裕的内涵界定

推进共同富裕已经成为中国最重要的经济社会发展目标。在宏观上，共同富裕包括两个维度：一是经济实现高质量发展，全体人民实现总体富裕，即"做大蛋糕"；二是发展成果为人民所共享，即"分好蛋糕"（李军鹏，2021；郁建兴和任杰，2021；李实和朱梦冰，2022）。企业是初次分配的主要载体，也是收入差距扩大的重要来源。因此，本章在企业层面，从"做大蛋糕"和"分好蛋糕"两个方面讨论共同富裕问题。在"做大蛋糕"方面，企业的营业总收入是否提高？

在"分好蛋糕"方面，企业内部的收入差距是否缩小？对于企业内部的收入差距，主要从两个方面进行度量：一是劳动收入和资本收入的差距（Caselli and Manning，2017；Agrawal et al.，2018）；二是劳动收入的内部差距，即不同的劳动主体（管理者和普通员工）之间的收入差距（Lankisch et al.，2017；Acemoglu and Autor，2011）。

因此，企业数字化转型是否促进了共同富裕，结论取决于如下问题的答案：第一，数字化转型是否提高了企业的营业总收入？第二，数字化转型是否缩小了企业内部的收入差距？具体表现为数字化转型是否提高了劳动收入份额，是否缩小了劳动收入内部差距。

专栏 6.2：互联网大厂纷纷响应共同富裕号召

2021 年 8 月 17 日，习近平主持召开中央财经委员会第十次会议，研究扎实促进共同富裕问题，研究防范化解重大金融风险、做好金融稳定发展工作问题。在会议中，三次分配被首次明确为"基础性制度安排"。习近平在会议上发表重要讲话，强调共同富裕是社会主义的本质要求，是中国式现代化的重要特征，要坚持以人民为中心的发展思想，在高质量发展中促进共同富裕。会议强调，共同富裕是全体人民的富裕，是人民群众物质生活和精神生活都富裕，不是少数人的富裕，也不是整齐划一的平均主义，要分阶段促进共同富裕。要鼓励勤劳创新致富，坚持在发展中保障和改善民生，为人民提高受教育程度、增强发展能力创造更加普惠公平的条件，畅通向上流动通道，给更多人创造致富机会，形成人人参与的发展环境。要坚持基本经济制度，立足社会主义初级阶段，坚持"两个毫不动摇"，坚持公有制为主体、多种所有制经济共同发展，允许一部分人先富起来，先富带后富、帮后富，重点鼓励辛勤劳动、合法经营、敢于创业的致富带头人。

为了积极响应党中央共同富裕的号召，互联网公司纷纷行动，助力共同富裕。2021 年 8 月 18 日，继先前投入 500 亿元启动"可持续社会价值创新"战略后，腾讯宣布启动"共同富裕专项计划"，并投入 500 亿元用于带动低收入增收、帮助医疗救助完善、促进乡村经济增效、资助普惠教育共享等切实带后富、帮后富的领域，长期、持续提供支持。2021 年 9 月，阿里巴巴启动"阿里巴巴助力共同富裕十大行动"，并设立了专门的常设机构用来促进行动落地。"阿里巴巴助力共同富裕十大行动"围绕科技创新、经济发展、高质量就业、弱势群体关爱和共同富裕发展基金五大方向展开，行动包括助力欠发达地区数字化建设、扶持中小微企业、助推农业产业化建设、支持中小企业出海、助力高质量就业、帮助提高灵活用工群体的福利保障、促进城乡数字生活均等化、加强弱势人群服务与保障、支持基层医疗能力提升、成立 200 亿元共同富裕发展基金十个方面，并将在 2025

年前累计投入 1 000 亿元，助力共同富裕。

资料来源：①在高质量发展中促进共同富裕 统筹做好重大金融风险防范化解工作 [EB/OL]. http://jhsjk.people.cn/article/32197470，2021-08-18；②李立. 继腾讯之后 阿里投入 1 000 亿元助力"共同富裕"[EB/OL]. https://finance.sina.com.cn/jjxw/2021-09-02/doc-iktzqtyt368 7316.shtml，2021-09-02

6.2.2　企业数字化转型的生产率效应

从经济学角度讲，企业使用各种数字技术改善生产和经营管理过程的数字化转型是一个生产技术进步和要素配置优化的过程，因此必然对总产出和收入分配产生显著的影响。

我们分析数字化转型能否提高企业的营业总收入，发挥"做大蛋糕"的作用。我们认为，数字化转型具有生产率效应，即它能够通过提高生产率来提高企业的营业总收入。已有研究表明，企业通过引入 ICT、自动化、机器人等实现数字化转型，能够提高企业的生产率和财务绩效（Syverson，2011；Brynjolfsson and McAfee，2014；杨德明和刘泳文，2018；何帆和刘红霞，2019；黄群慧等，2019；赵宸宇，2021）。这主要有两方面的原因。

一方面，数字化转型使用新的生产技术替代传统生产技术，有效降低了生产成本。肖静华等（2021）对美的集团智能制造变革的案例分析形象地证明了数字化转型在降低生产成本上的作用。美的集团智能系统重构了企业试错学习的方式，进行各种创新方案、产品开发的模拟验证，从依靠经验的少量方案筛选转向大规模的测试模拟，这极大地降低了实际运作中的失败概率和创新成本。美的空调武汉工厂在进行智能制造变革后，原材料和在制品库存降低 92%，物料提前期缩短 61%，物料损失工时减少 58%，整体制造效率提高 50%。

另一方面，数字化转型能够提高组织内部和组织之间的信息传播效率，减少信息不对称和交易费用。根据经典的企业理论，企业能取代市场成为一种有效率的资源配置方式，关键就在于降低交易费用（Coase，1937；Williamson，1985）。很多交易费用其实是信息不对称导致的，而数字化转型的一大优势就是减少信息不对称。例如，上海林清轩化妆品有限公司依靠阿里巴巴的大数据平台赋能，将线下 337 家门店及线上平台的商品数据、库存数据、订单数据及会员数据等统一存储于企业中台，形成了企业的核心数据资产，大大减少了部门之间、上下层级之间，以及公司和客户之间的信息不对称（单宇等，2021）。得益于数字化转型，该公司在新冠疫情期间逆势反弹，整体业绩增长了 20%。

此外，袁淳等（2021）发现，数字化转型促进了企业专业化分工，提升了企业的 TFP。方明月等（2023）指出，数字化转型通过提高企业的信息收集能力和处理能力，能够有效地降低企业的经济政策不确定性感知，从而改善企业的经营绩效。基于以上分析，我们得到假说 6.1。

假说 6.1：数字化转型会提高企业的营业总收入。

6.2.3 企业数字化转型的就业创造效应

我们分析数字化转型能否缩小企业内部的收入差距，发挥"分好蛋糕"的作用。我们从劳动收入份额、劳动收入内部差距两个层面进行探讨。我们先分析数字化转型能否缩小普通劳动者和资本所有者之间的收入差距，提高劳动收入份额。根据 Autor 等（2003）的任务模型框架，数字技术（计算机化或自动化）与执行常规任务的工人之间存在替代效应，与执行非常规任务的工人之间存在互补效应。常规任务是指通过遵循明确、重复、程式化的惯例来完成的任务，如流水线上的粗装、记账、计算等。据此，我们可以将劳动密集型行业的生产岗位视为常规任务岗位，这是因为劳动密集型行业的生产活动通常是遵循重复惯例的简单劳动，不涉及复杂的技术知识和脑力判断。非常规任务是指需要通过问题解决、认知判断或复杂的人际交往来完成的任务，如理论研究、医疗诊断、销售等。据此，我们可以将各行业的技术岗位、销售岗位视为非常规任务岗位。Acemoglu 和 Restrepo（2019）拓展了任务模型，认为自动化技术对劳动和资本的相对替代性取决于劳动和资本之间的替代弹性，不存在绝对替代或者绝对互补的领域。我们可以应用这一任务模型框架理解数字化转型对就业和劳动收入份额的影响。根据上述理论分析，数字技术对就业和劳动收入份额的影响方向是不确定的，它取决于正向的就业促进效应和负向的替代效应哪个更大，因此本质上是一个经验问题。

数字化转型具有就业创造效应，会催生新模式、新业态，从而创造新的就业机会，特别是非常规任务岗位。在国外文献中，Akerman 等（2015）、Hjort 和 Pouslen（2019）分别以挪威和非洲为例，发现以宽带和互联网为代表的数字技术有助于改善当地的劳动力就业。在国内文献中，清华经管学院互联网发展与治理研究中心和 LinkedIn（领英）于 2017 年联合发布的《中国经济的数字化转型：人才与就业》研究报告指出，我国数字技术的迅猛发展带来了对数字人才的需求，包括对软件开发工程师、技术工程师、信息技术顾问、数据分析师、电子商务专员、用户体验设计师的需求等。数字技术带动的这些新增岗位需求，正是非常规任务岗位（Autor et al.，2003）。当就业创造效应占主导时，数字化转型将在总体上增加就业，提高劳动收入份额。由此，我们提出假说 6.2a。

假说 6.2a：数字化转型会提高劳动收入份额。

6.2.4　企业数字化转型的劳动力替代效应

当数字技术相对于劳动力更具有比较优势时，劳动力就会被数字技术取代，即产生替代效应。替代效应通常作用于常规任务岗位。在这类任务中，劳动力与数字技术之间形成替代关系，劳动力容易被智能制造、大数据等数字技术取代。Adachi（2021）运用日本机器人应用和美国劳动力市场的匹配数据，估计了不同劳动职业类型中机器人资本与劳动力之间的替代弹性。他发现，常规类的生产和运输职业中，机器人资本和劳动力之间具有高度替代关系，替代弹性值超过4；而抽象类和服务类职业中的替代弹性值接近1。除了智能制造之外，数字技术中的大数据、信息化技术可能替代简单的数据查验类岗位，互联网商业模式可能替代线下岗位，等等。当一个部门的劳动力结构以常规任务类型为主导时，替代效应便会发挥主导作用，从而数字化转型会恶化就业，降低劳动收入份额。除了减少就业外，数字技术也有可能通过增加数字资本的投入，提高资本收入。当劳动收入上升幅度小于资本收入上升幅度时，劳动收入占总收入的份额也会降低（Caselli and Manning，2017）。由此，我们得到一个竞争性假说6.2b。

假说6.2b：数字化转型会降低劳动收入份额。

6.2.5　企业数字化转型与员工自主权

我们进一步探讨数字化转型如何影响劳动收入差距。劳动收入差距是指不同劳动主体之间的薪酬差距，如管理层与普通员工之间、不同类型的员工之间等。因为我们只能获取管理层与普通员工的薪酬信息，而无法获取不同类型员工的工资数据，所以本章所探讨的劳动收入差距，只包括管理层与普通员工之间的薪酬差距。理论上，数字化转型对劳动收入差距的影响存在两个相反的方向。从员工管理的角度讲，数字化转型所依赖的信息技术主要表现为两种功能：一种是提高信息收集和处理水平；另一种是提高管理层的信息传达效率（Bloom et al.，2014）。

一方面，数字化转型通过提高信息收集和处理水平，能够提高普通员工自主处理问题的能力，从而提高普通员工相对于管理层的自主权和地位，最终缩小二者之间的收入差距。根据Bloom等（2014），员工自主权是指员工在企业事务决策、问题解决过程中自由做出决定的权力[①]。在面临生产、销售等方面的问题时，数字技术能够为员工提供相应信息，使员工能够据此做出自主决策，而不再需要

[①] Bloom等（2014）提供了一系列实例，如雇用新员工、引入新产品等决策是由企业总部还是工厂做出的？工厂的工作节奏是由经理还是工人决定的？

依靠管理层的经验和知识。这样，以往需要由管理层来决策的问题，转而由普通员工进行决策，管理层的价值和地位得以削弱，而员工的相对价值得以提升，这有利于提高员工的相对报酬。例如，CAD（computer aided design，计算机辅助设计）、CAM（computer aided manufacturing，计算机辅助制造）技术能够辅助工人解决常见的生产问题，使他们不再完全依靠工厂经理的判断和决策，从而提高普通工人相对于工厂经理的自主权。对于非常规任务而言，它依赖于更多的隐性知识或"地方性知识"（Hayek，1945），而这部分知识很难通过计算机编码语言传输给管理层，因此隐性知识的存在提高了员工的自由裁量权和相对地位。刘政等（2020）基于中国企业的调查数据，发现企业数字化转型增强了普通员工的信息优势，削弱了高管的信息优势，从而提高了企业的分权程度。这说明，普通员工自主权的提高，会带来普通员工相对于管理层的价值和报酬的提高，由此我们得出假说 6.3a。

假说 6.3a：*数字化转型会缩小管理层与普通员工之间的劳动收入差距。*

另一方面，数字化转型也可能提高管理层的信息传达效率，提高管理层的决策地位，从而扩大管理层与普通员工之间的收入差距。Bloom 等（2014）指出，通信技术能够降低管理层与普通员工之间的沟通成本，提高管理层的协调能力，并削弱员工知识的价值。有组织经济学文献指出，信息畅通有利于协调，会导致集权增加，分权减少，这也会提高管理层的相对收入（Laffont and Martimort，1998）。例如，企业内部网（Intranet）的应用将促进企业总部意图向工厂及时传达，从而降低工厂经理和员工的自主决策权。此外，大数据和机器学习等数字技术减少了员工依靠经验做出判断和决策的机会（肖静华等，2021）。在这个意义上，普通员工的自主权降低了，管理层的地位和报酬提高了，由此得到一个竞争性假说 6.3b。

假说 6.3b：*数字化转型会扩大管理层与普通员工之间的劳动收入差距。*

基于已有文献和经济学逻辑，我们总结了企业数字化转型影响企业的营业总收入和内部收入分配的可能渠道（图 6.1）。

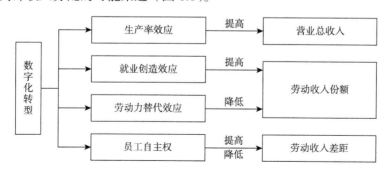

图 6.1　数字化转型与企业内部收入分配

6.3　实　证　分　析

6.3.1　数据来源

本章的研究样本是中国 A 股上市公司，所有上市公司的基本信息和主要财务数据来自 CSMAR 数据库。参照多数文献使用该数据库的惯例，我们剔除了金融类上市公司和经营状况异常（ST）的上市公司，并对连续变量的上下 1% 进行缩尾处理，以缓解极端值的影响。此外，由于本章主要关注非计算机企业的数字化转型，参照 Adachi（2021），数据中剔除了计算机、通信和其他电子设备制造业企业。本章的样本期间为 2003~2019 年[①]，基准回归分析共包含 2 601 家企业的 25 364 个观测值。

6.3.2　计量模型与变量定义

为了探究数字化转型对企业收入分配的影响，本章设计了如下计量模型：

$$y_{it} = \beta \text{Digi}_{it} + \gamma X_{it} + \delta_i + \eta_t + \varepsilon_{it} \tag{6.1}$$

其中，i 表示企业；t 表示年份；被解释变量 y_{it} 为企业的营业总收入和收入分配情况，后者包括劳动收入份额和劳动收入差距；关键解释变量 Digi_{it} 为企业数字化转型程度。参考已有文献的做法（沈国兵和袁征宇，2020；吴非等，2021b），控制变量 X_{it} 为企业的基本特征，包括企业规模、杠杆率、净资产收益率、企业年龄、产权性质、前十大股东持股比例、两权分离率。此外，模型控制了企业固定效应 δ_i 和年份固定效应 η_t，ε_{it} 表示残差项。考虑到扰动项的异方差性和序列相关性，我们在回归中使用了在企业层面聚类的稳健标准误。

关键的被解释变量是企业的劳动收入份额。我们参照现有文献的做法（王雄元和黄玉菁，2017；施新政等，2019），以现金流量表中"支付给职工以及为职工支付的现金"除以利润表中的"营业总收入"来计算劳动收入份额。其中，"支付给职工以及为职工支付的现金"包括支付给职工的工资、奖金、津贴补贴、养老

[①] 之所以选择这一样本期间，是因为我国数字经济发展和相关政策的起源可以追溯到 21 世纪初。我国最早从 1997 年开始提出信息化，并在 2000 年召开中共十五届五中全会，将信息化提到国家战略的高度。从 21 世纪初开始，上市公司年报中便包含了信息技术的发展应用等相关描述。在数据可得性方面，本章所用产权性质变量从 2003 年开始可获得，因此本章将研究起始年份设置在 2003 年。同时，考虑到 2006 年《企业会计准则》的变动对财务数值的影响，本章使用 2007~2019 年数据进行稳健性检验，主要结论仍然成立。

保险、失业保险、补充养老保险、住房公积金和支付给职工的住房困难补助等。在稳健性检验中，本章也使用要素成本增加值估算方法（白重恩等，2008；方军雄，2011）、劳动报酬与总资产的比值（胡奕明和买买提依明·祖农，2013）衡量劳动收入份额。

此外，为更加全面地分析企业内部收入分配受到的影响，我们使用企业的营业总收入和劳动收入差距作为被解释变量。当被解释变量为企业的营业总收入时，为使数据平滑化，我们对其取自然对数。当被解释变量为企业的劳动收入差距时，我们参照多数文献的做法（杨志强和王华，2014；夏宁和董艳，2014；张克中等，2021），用监管层平均薪酬和普通员工平均薪酬的比值来衡量管理层与普通员工之间的收入差距。其中，监管层平均薪酬的计算方式为"监管层年薪总额"除以"监管层人数-独立董事人数-未领取薪酬监管层人数"；普通员工平均薪酬的计算方式为"支付给职工以及为职工支付的现金-监管层年薪总额"除以"员工人数-监管层人数"。

关键解释变量为企业数字化转型程度。参考已有文献（赵宸宇等，2021；吴非等，2021b；方明月等，2022），我们采取文本分析法，利用每个上市公司的年报文本构建了每个企业的数字化转型指标（详见 3.2.1 小节）。我们构建的数字化转型关键词词库共包含约 100 个关键词，如表 6.1 所示。

表 6.1　数字技术分类与关键词

技术分类	关键词
大数据	数据管理、数据挖掘、数据网络、数据平台、数据中心、数据科学、数字控制、数字技术、数字通信、数字网络、数字智能、数字终端、数字营销、数字化、大数据、云计算、云 IT、云生态、云服务、云平台、区块链、物联网、机器学习、ERP[1]
智能制造	人工智能、高端智能、工业智能、移动智能、智能控制、智能终端、智能移动、智能管理、智能工厂、智能物流、智能制造、智能仓储、智能技术、智能设备、智能生产、智能网联、智能系统、智能化、自动控制、自动监测、自动监控、自动检测、自动生产、数控、一体化、集成化、集成解决方案、集成控制、集成系统、工业云、未来工厂、智能故障诊断、生命周期管理、生产制造执行系统、虚拟化、虚拟制造、AI、CAD、CAM、计算机辅助设计、计算机辅助制造
互联网商业模式	移动互联网、工业互联网、产业互联网、互联网解决方案、互联网技术、互联网思维、互联网行动、互联网业务、互联网移动、互联网应用、互联网营销、互联网战略、互联网平台、互联网模式、互联网商业模式、互联网生态、电商、电子商务、网络销售、Internet、互联网+、线上线下、线上到线下、线上和线下、O2O[2]、B2B[3]、C2C[4]、B2C[5]、C2B[6]、5G、微信、内部网、内联网、内网、Intranet
信息化	信息共享、信息管理、信息集成、信息软件、信息系统、信息网络、信息终端、信息中心、信息化、网络化、工业信息、工业通信

1）ERP: enterprise resource planning，企业资源计划；2）O2O: online to offline，线上到线下；3）B2B: business-to-business，企业到企业；4）C2C: customer-to-customer，顾客到顾客；5）B2C: business-to-customer，企业到顾客；6）C2B: customer-to-business，顾客到企业

为了便于分析不同数字技术对企业内部收入分配的影响，我们参考赵宸宇等（2021）和吴非等（2021b）的做法，根据数字技术的类型和应用部门进一步将数字技术分为四种类型：①大数据，包含关键词"大数据""云计算"等；②智能制造，包含关键词"人工智能""集成控制"等；③互联网商业模式，包含关键词"电子商务""移动互联网"等；④信息化，包含关键词"信息化""工业通信"等。在上述四种类型中，大数据技术属于底层的基础技术，对应于技术和研发岗位；智能制造和信息化技术属于应用技术，前者通常用于制造业，而后者还可以用于服务业；互联网商业模式属于终端应用，偏重销售岗位。此外，为了减少测度误差，本章还先后使用软件投资占比和数字硬件投资占比来衡量数字化转型程度（刘飞和田高良，2019）。

本章涉及的主要变量和定义如表 6.2 所示。

表 6.2 主要变量和定义

变量类别	变量名称	变量定义
被解释变量	营业总收入	企业经营过程中所有收入总和的对数
	劳动收入份额	支付给职工及为职工支付的现金/营业总收入
	劳动收入差距	监管层平均薪酬/普通职工平均薪酬 其中，监管层平均薪酬=监管层年薪总额/（监管层人数-独立董事人数-未领取薪酬监管层人数）；普通职工平均薪酬=（支付给职工以及为职工支付的现金-监管层年薪总额）/（员工人数-监管层人数）
解释变量	数字化转型_文本	利用文本分析法得到的数字化转型词语占比
	数字化转型_软件投资	软件资产净值/总资产净值
	数字化转型_硬件投资	办公电子设备和自助设备净值/总资产净值
控制变量	企业规模	总资产的对数
	杠杆率	总负债/总资产
	净资产收益率	净利润/股东权益平均余额
	企业年龄	当年年份-成立年份+1
	产权性质	国有企业赋值为 1，否则为 0
	前十大股东持股比例	前十大股东持股数量/股本总数
	两权分离率	实际控制人拥有上市公司控制权与所有权之差

6.3.3 描述性统计

主要变量的描述性统计如表 6.3 所示。从表 6.3 可以发现，每个企业的收入分配情况和数字化转型程度差异较大。我们也计算了所有样本企业数字化转型程度的分年度均值①，从时间趋势来看，样本中每年平均的数字化转型程度呈现出上升趋势，这一趋势与埃森哲基于大约 400 家中国企业的数字化转型调研所得到的总体结果一致②。其中，用文本分析法和软件投资衡量的数字化转型程度指标上升趋势明显，从 2010 年起具有逐年上升的特征；而数字硬件投资指标变化趋势较为平缓，这与办公电子设备的应用较早有关。在后文的回归分析中，我们主要关注文本分析指标和软件投资指标。

表 6.3　主要变量的描述性统计

变量	观测值	均值	标准差	最小值	最大值
营业总收入	33 014	21.233	1.515	16.857	25.397
劳动收入份额	32 982	10.714	8.303	1.002	56.829
劳动收入差距	16 683	5.044	3.723	0.609	22.182
数字化转型_文本	29 089	0.096	0.178	0	2.540
数字化转型_软件投资	20 124	0.100	0.238	0	1.774
数字化转型_硬件投资	20 124	0.142	0.314	0	1.933
企业规模	33 029	21.922	1.326	18.972	26.547
杠杆率	33 018	0.463	0.204	0.054	1.330
净资产收益率	32 008	0.064	0.15	−0.93	0.408
企业年龄	32 061	14.499	6.375	2	30
产权性质	28 747	0.506	0.500	0	1
前十大股东持股比例	27 584	5.273	7.926	0	29.221
两权分离率	29 042	58.837	15.870	22.280	94.980

6.3.4　基准回归分析

我们首先分析企业数字化转型程度对企业营业总收入及劳动收入份额的影响，结果如表 6.4 所示。以文本分析法衡量数字化转型程度（关键解释变量为"数字化转型_文本"），表 6.4 的列（1）报告了数字化转型程度对营业总收入的影响，结果显示数字化转型在 1%的水平上显著提高了营业总收入。这验证了假说 6.1，说明数字化转型具有"做大蛋糕"的作用。列（2）衡量数字化转型程度对劳动收

---

① 为节约篇幅，此处未报告企业数字化转型程度的时间变动趋势图。
② 参考埃森哲与国家工业信息安全发展研究中心联合发布的报告《强韧·创新·突破：2020 年中国企业数字转型指数研究》（https://www.accenture.com/cn-zh/）。

入的影响，结果显示数字化转型显著地提高了劳动收入，再次说明了数字化转型"做大蛋糕"的作用。

表 6.4　基准回归：数字化转型对企业营业总收入及劳动收入份额的影响

变量	（1） ln（营业 总收入）	（2） ln（劳动 收入）	（3） 劳动收入 份额	（4） 劳动收入 份额	（5） 劳动收入 份额	（6） 劳动收入 份额	（7） 劳动收入 份额	（8） 劳动收入 份额
数字化转型_文本	0.158*** （3.378）	0.154*** （3.157）	1.365** （2.035）					
数字化转型_软件 投资				1.670*** （3.285）				
数字化转型_硬件 投资					1.210*** （3.058）			
数字化转型_文本 （滞后一期）						1.712** （2.258）		
数字化转型_软件 投资（滞后一期）							1.802*** （3.825）	
数字化转型_硬件 投资（滞后一期）								1.124*** （3.157）
企业规模	0.822*** （55.554）	0.692*** （46.190）	−1.618*** （−9.181）	−1.442*** （−6.245）	−1.426*** （−6.122）	−1.641*** （−8.766）	−1.436*** （−5.840）	−1.414*** （−5.714）
净资产收益率	0.651*** （15.860）	0.043 （1.227）	−6.877*** （−12.796）	−7.890*** （−11.851）	−7.873*** （−11.822）	−7.079*** （−12.712）	−7.778*** （−11.401）	−7.805*** （−11.384）
企业年龄	0.029 （1.575）	0.021 （0.886）	0.112 （0.422）	−0.055 （−0.265）	−0.075 （−0.354）	0.182 （0.606）	−0.045 （−0.199）	−0.053 （−0.229）
杠杆率	0.296*** （5.146）	0.054 （0.926）	−1.556** （−2.207）	−0.637 （−0.767）	−0.635 （−0.771）	−1.613** （−2.113）	−0.624 （−0.702）	−0.660 （−0.746）
产权性质	0.028 （0.602）	0.146*** （3.321）	1.243** （2.535）	0.882 （1.133）	0.832 （1.070）	1.239** （2.445）	0.826 （1.057）	0.822 （1.052）
两权分离率	0.003** （2.121）	0.002 （1.343）	−0.008 （−0.530）	0.024 （1.305）	0.021 （1.156）	−0.011 （−0.677）	0.023 （1.194）	0.021 （1.108）
前十大股东持股 比例	0.001 （0.923）	−0.001 （−1.478）	−0.012 （−1.501）	−0.013 （−1.452）	−0.014 （−1.615）	−0.009 （−1.044）	−0.012 （−1.260）	−0.014 （−1.419）
企业固定效应	控制	控制	控制	控制	控制	控制	控制	控制
年份固定效应	控制	控制	控制	控制	控制	控制	控制	控制
观测个数	25 378	25 363	25 364	19 262	19 262	24 033	18 198	18 198
R^2	0.941	0.941	0.725	0.795	0.795	0.721	0.791	0.791

、*分别表示显著性水平为5%和1%

注：括号内为 t 值

表 6.4 列（3）~列（8）检验数字化转型程度对劳动收入份额的影响。其中，列（3）仍然用文本分析法衡量数字化转型程度，结果显示数字化转型程度的系数

为正值且在 5% 的水平上显著，即企业数字化转型显著地提高了劳动收入份额，起到"分好蛋糕"的作用。从经济显著性上看，数字化转型程度每提高 1 个标准差，劳动收入份额会提高 0.243（0.178×1.365），相当于劳动收入份额均值的 2.27%。可见，假说 6.2a 得到验证，即企业数字化转型显著提高了劳动收入份额，而假说 6.2b 不成立。有意思的是，国外基于国别和行业层面的研究多数认为数字化转型会降低劳动收入份额（Karabarbounis and Neiman，2014；Caselli and Manning，2017；Agrawal et al.，2018），劳动收入份额下降已经成为一种全球普遍的趋势（Ramaswamy，2018）。本章基于企业层面的结论提供了不一样的证据，这可能体现了中国数字经济的阶段性规律和收入分配格局的特殊性。

表 6.4 列（4）~列（8）对数字化转型指标进行了稳健性检验。其中，列（4）和列（5）分别将数字化转型程度指标替换为软件投资占总资产的比重、数字硬件投资占总资产的比重。列（6）~列（8）分别将以上 3 个数字化转型指标滞后一期，以缓解可能的内生性问题。结果显示，不论用哪种方式衡量企业数字化转型程度，其系数都显著为正值。

从控制变量看，企业规模和净资产收益率对营业总收入和劳动收入的影响显著为正向，对劳动收入份额的影响显著为负向。这说明规模大、营利能力强的企业更具有"做大蛋糕"的功能。

6.3.5　内生性分析

数字经济下劳动收入份额的变动是劳动经济学和收入分配文献关注的核心问题。本章发现企业数字化转型显著提高了劳动收入份额，这是本章的主要结论。尽管在解释变量滞后一期和替换衡量指标之后这一结果依然稳健，但是理论上仍然存在两个内生性问题：一是遗漏变量问题，即基准模型可能遗漏了一些同时影响企业数字化转型和收入分配的因素，如对外贸易；二是反向因果问题，即劳动收入份额高的企业可能是经济效益好的企业，而经济效益更好的企业，可能更有能力投资于数字化转型。毕竟，数字化转型需要很高的前期投入资金[①]。我们尝试通过以下方法来缓解内生性问题。

1. PSM-DDD[②]分析

企业的数字化转型会受到当地数字经济发展水平的影响。为了缓解遗漏变量

[①] 以数字化转型的模范企业美的集团为例，美的从 2016 年开始进行数字化投资，耗资 80 多亿元，终于在 2018 年初步实现了数字化转型（肖静华等，2021）。

[②] PSM：propensity score matching，倾向得分匹配；DDD：difference in difference in difference，三重差分。

和反向因果问题，我们利用地区数字化政策冲击作为自然实验进行基于倾向得分匹配的三重差分（PSM-DDD）估计。

为了促进国家信息消费，工信部于2015年12月在全国确定了25个国家信息消费示范城市[①]，并于2016年发布了《2016年国家信息消费示范城市建设指南》。该指南提出，这些城市要加快信息基础设施升级改造、加快核心技术创新和产业化进程、促进信息产业转型升级、提升公共服务网络化水平等。我们认为这一政策能够促进当地企业的数字化转型，提高劳动收入份额。因此，我们将这些城市当作处理组，而将其他城市当作对照组。

首先，为克服处理组城市和其他城市企业初始条件差异引发的偏差，我们运用PSM法，对处在处理组城市和对照组城市的企业进行匹配。匹配方式为一对一有放回的卡尺内最近邻匹配，匹配半径为0.05，匹配的协变量为基准回归中的所有控制变量。我们对处理组和对照组的协变量进行了平衡性检验，结果显示在匹配前，处理组和对照组协变量存在较为明显的差异，而进行匹配后，协变量均不存在显著差异，这保证了处理组和对照组之间的相似性。协变量平衡性检验结果如表6.5所示。

表6.5 协变量平衡性检验

变量	样本	均值		标准偏差	T检验	
		处理组	对照组		t	$p>\|t\|$
企业规模	匹配前	21.980	21.825	11.7%	10.47	0
	匹配后	21.970	21.977	−0.6%	−0.61	0.540
净资产收益率	匹配前	0.064	0.061	1.7%	1.59	0.111
	匹配后	0.064	0.065	−0.7%	−0.72	0.474
企业年龄	匹配前	15.414	14.836	9.8%	8.90	0
	匹配后	15.388	15.362	0.4%	0.47	0.641
杠杆率	匹配前	0.452	0.438	6.4%	5.86	0
	匹配后	0.451	0.449	0.8%	0.90	0.370
产权性质	匹配前	0.440	0.424	3.3%	3.01	0.003
	匹配后	0.439	0.440	−0.1%	−0.12	0.904
两权分离率	匹配前	4.840	5.103	−3.4%	−3.15	0.002
	匹配后	4.842	4.903	−0.8%	−0.87	0.384

[①] 国家信息消费示范城市包括北京市、天津市、大连市、上海市、南京市、徐州市、苏州市、杭州市、合肥市、马鞍山市、芜湖市、福州市、厦门市、淄博市、郑州市、武汉市、株洲市、深圳市、佛山市、南宁市、重庆市、成都市、兰州市、银川市、克拉玛依市。

续表

变量	样本	均值		标准偏差	T 检验	
		处理组	对照组		t	$p>\lvert t \rvert$
前十大股东持股比例	匹配前	59.731	58.579	7.4%	6.78	0
	匹配后	59.667	59.785	−0.8%	−0.82	0.411

其次，我们从国家信息消费示范城市建设推动数字化转型，进而可能提升企业劳动收入份额的角度，构造包含城市、行业和年份三个维度的 DDD 模型来识别企业数字化转型与劳动收入份额的因果关系。具体来说，在对比政策前后处理组城市和对照组城市差异的双重差分的基础上，引入行业属性进行第三重差分。引入行业因素进行第三重差分的做法，在近年来的研究中得到了较多应用（Cai et al.，2016a；齐绍洲等，2018；张明昂等，2021）。

引入行业作为城市、年份之外的第三个维度的原因如下：第一，不同城市的行业结构不同，有些城市在政策实施前就具有较好的数字化产业基础，使得平行趋势不成立。引入行业因素可以克服不同地区行业结构差异导致的时间趋势差异，使平行趋势得到满足。第二，国家信息消费示范城市建设政策具有一定的行业偏向性，如鼓励智能终端产业、集成电路产业、软件和信息服务业的发展，大力发展动漫、数字图书、网络出版等数字文化内容消费，并深入推进重点行业生产性信息服务等。可见，不同行业受到政策的影响程度不同。我们区分数字化行业和其他行业受到的影响，有利于精确识别这一政策效应。第三，企业层面的数字化可能受基本特征、公司治理和财务绩效等自身特征的影响，而行业层面的数字化有助于缓解企业的这一自选择效应。第四，相较于只能控制企业和年份两个维度固定效应的 DID 方法，DDD 方法能够控制城市×年份固定效应、行业×年份固定效应，排除城市层面和行业层面随时间变化的遗漏变量的影响，有助于排除其他针对城市或行业实施的政策冲击的干扰（张明昂等，2021）。例如，在国家信息消费示范城市建设同年，国家确定北京市、天津市、大连市、上海市等 14 个城市为海绵城市建设试点城市，与国家信息消费示范城市有所重合；同年也将建筑业、房地产业、金融业、生活服务业纳入"营改增"试点范围，与当前样本也有所重合。我们通过 DDD 模型，识别数字化行业和其他行业受到的影响差异，能够确保回归结果由数字化建设驱动，并通过城市×年份固定效应、行业×年份固定效应削弱其他政策的干扰，从而提供更加干净可信的因果识别。本章的 DDD 模型设定如下：

$$\text{Labor\_Share}_{ijpt} = \beta_1 \text{TreatCity}_p \times \text{Post}_t \times \text{Digi}_j + \beta_2 \text{TreatCity}_p \times \text{Digi}_j \\ + \gamma X_{ijpt} + \delta_i + \delta_{jt} + \delta_{pt} + \varepsilon_{ijp} \quad (6.2)$$

其中，i 表示企业；j 表示行业；p 表示城市；t 表示年份。被解释变量 Labor_Share$_{ijpt}$ 为企业层面的劳动收入份额。关键解释变量为 TreatCity$_p$×Post$_t$×Digi$_j$，其中，TreatCity$_p$ 为国家信息消费示范城市虚拟变量，当企业所属城市为国家信息消费示范城市时取值为 1，否则为 0；Post$_t$ 为政策年份虚拟变量，年份处在 2015 年之后时取值为 1，否则为 0；Digi$_j$ 为数字化行业虚拟变量，以《2016 年国家信息消费示范城市建设指南》发布前一年（2015 年）所有行业的数字化程度均值分界，企业所在行业数字化程度均值超过所有行业均值，则 Digi$_j$ 取值为 1，否则为 0。系数 β_1 为 DDD 估计量，表示国家信息消费示范城市建设对数字化行业的企业劳动收入份额的影响。控制变量 X_{ijpt} 与基准回归一致。δ_i 为企业固定效应，以控制不随时间变化的个体因素的影响。ε_{ijp} 为残差项。按照 DDD 模型的标准设定，回归中还控制了 TreatCity$_p$ 与 Digi$_j$ 的交互项、城市×年份固定效应 δ_{pt} 和行业×年份固定效应 δ_{jt}。在交互固定效应下，TreatCity$_p$、Digi$_j$ 和 Post$_t$ 三个变量的单独项及 TreatCity$_p$、Digi$_j$ 分别与 Post$_t$ 的交互项会被固定效应吸收[1]，不需要在回归中控制。此外，为了克服可能的异方差和序列相关问题，回归中采用城市层面的聚类稳健标准误。

表 6.6 展示了 PSM-DDD 估计结果。列（1）为基本结果，DDD 估计系数在 5%的水平上显著为正值，表明国家信息消费示范城市建设带来了数字化行业企业劳动收入份额的提升，这肯定了数字化建设改善收入分配的作用。列（2）~列（4）为稳健性检验结果。在国家信息消费示范城市确立前，工信部分别于 2013 年 12 月、2015 年 1 月确立了两批信息消费试点市（县、区）。2015 年 12 月确立的国家信息消费示范城市名单由这两批试点市（县、区）评审筛选而得。为了排除确立国家信息消费示范城市前的试点对结论的影响，列（2）剔除了在试点城市名单中而不在最终确立的国家信息消费示范城市名单中的样本，估计结果保持稳定；列（3）将试点城市也视为处理组城市，将第一批试点（2014~2015 年）、第二批试点（2015 年）、最终确立国家信息消费示范城市（2015 年之后）视为三期政策，进行多期 DDD 估计[2]，DDD 估计系数仍然显著为正值。列（4）为安慰剂检验，随机抽取一组城市作为安慰剂处理组，此时 DDD 估计系数不再显著，说明前述结论是由政策驱动而非随机出现的结果。

---

① TreatCity$_p$、TreatCity$_p$×Post$_t$ 会被城市×年份固定效应 δ_{pt} 吸收；Digi$_j$、Digi$_j$×Post$_t$ 会被行业×年份固定效应 δ_{jt} 吸收；Post$_t$ 会被 δ_{jt} 和 δ_{pt} 吸收。

② 多期 DDD 模型设定如下：Labor_Share$_{ijpt} = \beta_1$TreatCity$_{pt}$×Digi$_j + \beta_2$TreatCity$_p$×Digi$_j + \gamma X_{ijpt} + \delta_i + \delta_{jt} + \delta_{pt} + \varepsilon_{ijpt}$。

表 6.6　PSM-DDD 估计结果

变量	劳动收入份额			
	（1）	（2）	（3）	（4）
国家信息消费示范城市虚拟变量 ×Post×数字化行业虚拟变量	1.733** （2.197）	2.097*** （2.750）		
试点或国家信息消费示范城市虚拟变量 （TreatCity$_{pt}$）×数字化行业虚拟变量			1.371** （2.185）	
安慰剂城市虚拟变量×Post ×数字化行业虚拟变量				0.673 （0.866）
控制变量	控制	控制	控制	控制
城市虚拟变量×行业虚拟变量	控制	控制	控制	控制
企业固定效应	控制	控制	控制	控制
城市×年份固定效应	控制	控制	控制	控制
行业×年份固定效应	控制	控制	控制	控制
剔除前期试点城市	否	是	否	否
观测个数	25 815	23 229	25 815	24 800
R^2	0.885	0.886	0.885	0.856

、*分别表示显著性水平为 5%和 1%

注：括号内为 t 值

2. 工具变量法

为了进一步缓解内生性问题，我们还使用了工具变量法。首先，使用企业所在行业的其他企业数字化转型程度均值作为数字化转型的工具变量。这一工具变量满足相关性标准和排除性标准。在相关性方面，同行业其他企业的数字化转型程度与该企业的数字化转型程度是相关的。一是因为企业数字化转型程度与所处行业特征相关，如机械、设备制造业行业的数字化转型程度高于食品行业。二是因为企业数字化转型具有同群效应（陈庆江等，2021）。行业间企业存在竞争，促使企业在数字化转型方面相互模仿。因而，我们预期同行业其他企业的数字化转型程度与该企业的数字化转型程度正相关。在排除性方面，同行业其他企业的数字化转型应该不会直接影响该企业的劳动收入分配。

此外，我们还参照 Bartik 工具变量法的构建思想（Goldsmith-Pinkham et al.，2020；沈国兵和袁征宇，2020），用分析单元的初始构成（外生变量）和总体增长率（共同冲击）的乘积来模拟出历年的估计值，该估计值与实际值高度相关，但与残差项不相关。具体来说，我们使用样本前一年（2002 年）企业所在二位数行业其他企业的数字化转型程度均值与全国（除去企业所在省份）互联网上网人数增长率的乘积来作为数字化转型的工具变量。在相关性标准上，与第一个工具变量类似，企业数字化转型程度与所处行业相关。在排除性标准上，我们使用样本前一年而非样本期间的行业数据增强了排除性，并用剔除了企业所在省份数据的全国互联网上网人数增长率与之相乘，使工具变量随年份变化。

表6.7报告了工具变量的两阶段最小二乘法回归结果。列（1）、列（2）为采用第一个工具变量（IV$_1$）进行回归的结果，列（3）、列（4）为采用第二个工具变量（IV$_2$）进行回归的结果，列（5）为将两个工具变量同时放入回归的结果。列（1）、列（3）、列（5）显示，引入两个工具变量分别或同时进行回归后，数字化转型程度的系数仍然显著为正值[1]。此外，为检验工具变量的外生性，我们进行了工具变量过度识别的 Hansen J 检验，结果显示过度识别检验通过（$p=0.344>0.05$），接受所有工具变量外生的原假设。列（2）、列（4）为稳健性检验，将解释变量和工具变量滞后一期，估计系数依然显著为正值。这表明在缓解可能的内生性问题后，数字化转型仍然显著地提高了企业的劳动收入份额。

表 6.7　工具变量回归结果

变量	劳动收入份额				
	（1） IV$_1$	（2） IV$_1$_滞后	（3） IV$_2$	（4） IV$_2$_滞后	（5） IV$_1$+IV$_2$
数字化转型_文本	5.815*** （2.596）		10.267* （1.840）		6.074* （1.946）
数字化转型_文本 （滞后一期）		6.831*** （2.944）		13.583** （2.306）	
控制变量	控制	控制	控制	控制	控制
企业固定效应	控制	控制	控制	控制	控制
年份固定效应	控制	控制	控制	控制	控制
观测个数	25 312	23 981	11 141	11 358	11 125
第一阶段 F 值	173.41	167.84	22.89	23.60	35.88
R^2	0.063	0.065	0.055	0.040	0.069

*、**、***分别表示显著性水平为10%、5%和1%
注：括号内为 t 值

3. 其他稳健性检验

为缓解同期遗漏变量和因果互逆问题的担忧，我们在表 6.8 中将解释变量滞

---

[1] 注意到，IV 回归系数与基准回归系数差异较大。Jiang（2017）认为，由于工具变量法只捕捉了样本中一部分个体的平均处理效应，而非全部样本的平均处理效应，有时会出现 IV 回归系数与普通最小二乘法（ordinary least squares，OLS）回归系数差异较大的现象。为此，读者需要谨慎解读使用 IV 后的系数含义。

后两期，回归系数依然显著。一种潜在的干扰是，进行数字化转型企业和未进行数字化转型企业可能存在某种系统性差异，从而使二者之间劳动收入份额显现差异。为了缓解这种干扰，列（2）剔除了未进行数字化转型企业样本，关键系数依然显著为正值。

表 6.8　稳健性检验

变量	（1）劳动收入份额	（2）劳动收入份额	（3）劳动收入份额	（4）劳动收入份额	（5）劳动收入份额2	（6）劳动收入份额3
数字化转型_文本（滞后两期）	1.922**（2.314）	1.720**（2.245）	1.843**（2.163）	1.781**（2.352）	1.867**（2.318）	0.899***（2.797）
控制变量	控制	控制	控制	控制	控制	控制
企业固定效应	控制	控制	控制	控制	控制	控制
年份固定效应	控制	控制	控制	控制	控制	控制
检验内容	滞后项	剔除未进行数字化转型企业样本	剔除信息披露考评不合格的上市公司样本	2007~2019 年样本	替换因变量指标	替换因变量指标
样本量	22 563	14 920	20 438	19 136	22 500	22 564
R^2	0.711	0.786	0.730	0.752	0.705	0.810

、*分别表示显著性水平为 5%和 1%
注：括号内为 t 值

还有一种担忧是，使用文本分析法从年报提取的数字化转型词频可能受到企业策略性信息披露行为的影响，如企业可能在年报中夸大自身的数字化转型程度，导致数字化转型指标不准确。对此，我们利用深圳证券交易所对上市公司的信息披露考核评级，在列（3）剔除信息披露考评不合格的上市公司样本，回归结果仍然稳健。此外，2006 年《企业会计准则》发生变动，为了隔绝可能的财务数值差异的影响，列（4）将样本限定在 2007 年及之后，结果仍然保持稳健。列（5）和列（6）变换了因变量劳动收入份额的衡量方式，其中列（5）按要素收入增加值法计算劳动收入份额（白重恩等，2008；方军雄，2011），即劳动收入份额=支付给职工及为职工支付的现金/（营业收入-营业成本+支付给职工及为职工支付的现金+固定资产折旧），列（6）用劳动收入与总资产的比值衡量劳动收入份额（胡奕明和买买提依明·祖农，2013）。此外，我们将标准误聚类到行业层面和城市层面时，结果依然成立。总之，在尝试各种稳健性检验之后，我们发现数字化转型确实显著提高了劳动收入份额。

6.4　异质性分析：数字化转型、高质量发展与收入分配

接下来，我们探究数字化转型在不同行业、不同所有制企业中的影响，以及不同的数字技术是否有不同的影响。

6.4.1　分行业劳动收入份额

行业异质性分析有助于我们讨论一个重要问题：数字化转型、高质量发展与共同富裕能否兼容？在行业分类上，鲁桐和党印（2014）根据固定资产比重和研发支出比重两个分类指标，采用聚类分析方法将上市公司行业分为劳动密集型、资本密集型和技术密集型三类。本章参照鲁桐和党印（2014）的分类和中国证监会 2012 年修订的《上市公司行业分类指引》，将行业分为劳动密集型行业和资本技术密集型行业[①]。通常认为，资源从劳动密集型行业向资本技术密集型行业的流动，代表了高质量发展方向（杨汝岱和姚洋，2006）。

我们重点关注劳动收入份额的变化，因此表 6.9 列（1）、列（2）以劳动收入份额为因变量进行异质性分析。列（1）和列（2）分别是劳动密集型行业和资本技术密集型行业的回归结果。结果显示，在劳动密集型行业中，用文本分析法衡量的数字化转型显著地降低了劳动收入份额；而在资本技术密集型行业中，数字化转型显著地提高了劳动收入份额。当我们用软件投资衡量企业数字化转型时，得到了类似结果。这说明，数字化转型改善收入分配的作用主要体现在资本技术密集型行业中。

表 6.9　不同行业的数字化转型对劳动收入份额和劳动收入差距的影响

变量	劳动收入份额		劳动收入差距	
	（1）劳动密集型行业	（2）资本技术密集型行业	（3）劳动密集型行业	（4）资本技术密集型行业
数字化转型_文本	−2.043** （−2.528）	3.185*** （4.249）	−0.414 （−1.020）	−0.319* （−1.742）
控制变量	控制	控制	控制	控制

---

① 具体分类如下：劳动密集型行业包括农、林、牧、渔业，采矿业，建筑业，交通运输、仓储业和邮政业，批发和零售业，食品饮料类制造业，纺织与服装类制造业，木材、家具类制造业，电力、煤气及水的生产和供应业，居民服务、修理和其他服务业，教育，卫生和社会工作，综合类；资本技术密集型行业包括造纸、印刷类制造业，石油、化学、塑料、橡胶类制造业，金属、非金属制造业，机械、设备、仪表类制造业，医药、生物制品类制造业，其他制造业，信息传输、软件和信息技术服务业，房地产业，科学研究和技术服务业，水利、环境和公共设施管理业，文化、体育和娱乐业。

续表

变量	劳动收入份额		劳动收入差距	
	（1） 劳动密集型行业	（2） 资本技术密集型行业	（3） 劳动密集型行业	（4） 资本技术密集型行业
企业固定效应	控制	控制	控制	控制
年份固定效应	控制	控制	控制	控制
观测个数	9 309	16 000	5 131	9 417
R^2	0.755	0.756	0.774	0.792

*、**、***分别表示显著性水平为 10%、5% 和 1%

注：括号内为 t 值

给定企业数字化转型提高了劳动收入份额，接下来值得探讨的问题是，数字化转型是否改善了劳动收入的内部分配？表 6.9 列（3）、列（4）显示，数字化转型能够显著降低资本技术密集型行业中管理层与普通员工之间的劳动收入差距。这表明，假说 6.3a 在资本技术密集型行业成立。结合表 6.6 的结果，易知数字化转型对收入分配的改善作用在资本技术密集型行业更为明显，它不仅提高了资本技术密集型行业的劳动收入及其占总收入的份额，还降低了劳动收入内部差距。

6.4.2　劳动收入与非劳动收入

考虑到中国的国有企业作为公有制经济的主体，相对于非国有企业，在收入分配方面受到更多政策约束，并且可能有不同的企业目标函数，因此有必要根据企业所有制类型进行异质性分析。这里说的非国有企业主要包括民营企业和外资企业。

表 6.10 为按所有制分组的回归结果。列（1）、列（3）是国有企业样本的回归结果。数字化转型提高了国有企业的劳动收入份额，但是没有显著减少国有企业的劳动收入差距。原因是，在进行数字化转型之前，政府部门对于国有企业就实施了各种限薪政策。例如，2009 年，人力资源和社会保障部会同中央组织部、监察部、财政部、审计署、国务院国有资产监督管理委员会等单位联合下发了《关于进一步规范中央企业负责人薪酬管理的指导意见》，明确指出企业主要负责人的基本年薪与上年度中央企业在岗职工平均工资相联系，即管理层薪酬与普通员工薪酬差距不能太大。因此，国有企业的数字化转型并未对企业劳动收入差距产生显著的影响。

表 6.10　所有制异质性分析

变量	劳动收入份额		劳动收入差距	
	（1）	（2）	（3）	（4）
	国有企业	非国有企业	国有企业	非国有企业
数字化转型_文本	2.282** (2.232)	0.576 (0.673)	0.002 (0.005)	−0.459** (−2.156)
控制变量	控制	控制	控制	控制
企业固定效应	控制	控制	控制	控制
年份固定效应	控制	控制	控制	控制
观测个数	12 559	12 713	6 036	8 520
R^2	0.747	0.745	0.787	0.776

**表示显著性水平为 5%

注：括号内为 t 值

　　表 6.10 的列（2）、列（4）是非国有企业样本的回归结果。在非国有企业中，数字化转型没有对劳动收入份额产生显著影响，但显著减小了劳动收入差距。原因在于，数字化转型在国有企业中主要发挥了提高劳动收入的作用，而在非国有企业中主要发挥了提高非劳动收入、营业总收入的作用[1]。

6.4.3　数字技术异质性

　　不同类型的数字技术对收入分配的影响可能是不同的，而以往的文献往往忽略了其中的差异。参照赵宸宇（2021）和吴非等（2021b），我们按照不同关键词将企业使用的数字技术分为大数据、智能制造、互联网商业模式、信息化四类，分别探讨这四类数字化转型对劳动收入份额的影响。表 6.11 结果显示，大数据、智能制造、信息化技术能够显著提高企业的劳动收入份额，而互联网商业模式则降低了企业的劳动收入份额。原因是，大数据、智能制造、信息化技术能够创造技术岗位的就业，提高劳动收入；而互联网商业模式对于技术人员的需求较低，就业创造效应不显著，从而劳动收入没有显著变化。尽管互联网商业模式并没有降低劳动收入，但它带来了更多数字资本投入的增加，从而提高了非劳动收入，降低了劳动收入在总收入中的份额[2]。

---

　　[1] 以劳动收入和非劳动收入为因变量的回归结果能够验证这一点，为节省篇幅，此处不展示详细回归结果。
　　[2] 可以通过回归证明，大数据、智能制造、信息化三类技术增加了企业中技术岗位人员的数量，提高了劳动收入；而互联网商业模式提高了非劳动收入。为节省篇幅，此处不展示详细回归结果。

表 6.11　数字技术异质性分析

变量	劳动收入份额			
	（1）	（2）	（3）	（4）
数字化转型_大数据	3.865** (2.484)			
数字化转型_智能制造		3.700*** (2.837)		
数字化转型_互联网商业模式			−2.356** (−2.422)	
数字化转型_信息化				4.124** (1.981)
控制变量	控制	控制	控制	控制
企业固定效应	控制	控制	控制	控制
年份固定效应	控制	控制	控制	控制
观测个数	25 364	25 364	25 364	25 364
R^2	0.726	0.725	0.725	0.725

、*分别表示显著性水平为 5%和 1%

注：括号内为 t 值

6.5　机　制　分　析

本节讨论数字化转型究竟通过什么机制改善了企业内部收入分配和促进了共同富裕。我们从生产率效应、就业创造效应与替代效应、提高员工自主权三个方面深入分析。

6.5.1　生产率效应

根据前面的理论假说，我们认为数字化转型存在生产率效应，从而能够提高企业的营业总收入。考虑到样本选择和联立性问题，我们采用 OP（Olley and Pakes，1996）方法估计 TFP。表 6.12 列（1）~列（3）结果显示，数字化转型提高了全样本和劳动密集型行业的 TFP，而在资本技术密集型行业不显著[1]。进一步地，列（4）验证了生产率对营业总收入的影响。当我们以 TFP 为解释变量、营业总收

---

[1] 学者发现，以人工智能为代表的数字技术，并没有显著地提高信息技术先进的发达经济体的 TFP。这就是著名的"新索洛悖论"（Brynjolfsson and Mitchell，2017）。某种程度上，我们的发现与此一致。

入为被解释变量时，回归结果显示 TFP 能够显著影响营业总收入。从而，数字化转型提高 TFP，进而提高营业总收入的生产率效应得到验证。

表 6.12　数字化转型对生产率的影响

变量	（1）全样本	（2）劳动密集型行业	（3）资本技术密集型行业	（4）全样本
	TFP	TFP	TFP	营业总收入
数字化转型_文本	0.145**（2.369）	0.436***（4.298）	−0.036（−0.655）	
TFP				0.554***（27.510）
控制变量	控制	控制	控制	控制
企业固定效应	控制	控制	控制	控制
年份固定效应	控制	控制	控制	控制
观测个数	24 664	9 038	15 570	16 823
R^2	0.811	0.857	0.813	0.970

、*分别表示显著性水平为 5%和 1%
注：括号内为 t 值

6.5.2　就业创造效应与替代效应

1. 增加就业

就业是影响劳动收入份额的重要因素。为了识别数字化转型对就业的总体影响，表 6.13 以员工人数对数为因变量进行回归。结果显示，数字化转型能够增加全样本和资本技术密集型行业的就业。这说明，总体上就业创造效应超过了替代效应。这与 Akerman 等（2015）、Hjort 和 Pouslen（2019）基于欧洲的数字化转型实证结果是类似的。

表 6.13　数字化转型对就业的影响

变量	员工人数对数		
	（1）全样本	（2）劳动密集型行业	（3）资本技术密集型行业
数字化转型_文本	0.132*（1.948）	−0.080（−0.540）	0.190***（2.788）
控制变量	控制	控制	控制
企业固定效应	控制	控制	控制

续表

变量	员工人数对数		
	（1） 全样本	（2） 劳动密集型行业	（3） 资本技术密集型行业
年份固定效应	控制	控制	控制
观测个数	24 668	9 038	15 574
R^2	0.875	0.894	0.895

*、***分别表示显著性水平为 10% 和 1%

注：括号内为 t 值

2. 就业创造效应、替代效应与岗位类型

数字化转型的就业创造效应和替代效应在哪种岗位上更加明显？根据现有文献（Autor et al.，2003），数字化转型能够增加与数字技术互补的非常规任务岗位，这类任务涉及复杂的认知判断或人际交往过程，包括技术任务、销售任务等；数字化转型会替代常规任务岗位，如技术含量较低的生产任务。CSMAR 数据库中包含了按岗位分类的员工数据，如"生产人员""销售人员"等。根据常规任务和非常规任务的定义，我们把技术类岗位和销售类岗位归类为非常规任务岗位，同时把劳动密集型行业的生产类岗位归类为常规任务岗位[①]。这是因为在劳动密集型行业中，生产活动通常是遵循重复性惯例的简单劳动，如流水线上的初装等。

表 6.14 展示了数字化转型对不同岗位就业的影响。结果表明，在技术岗位和销售岗位方面，数字化转型在全样本中增加了技术人员数量和销售人员数量，其中技术人员数量的增加主要体现在资本技术密集型行业，销售人员数量的增加则在劳动密集型行业和资本技术密集型行业中都有体现。在生产岗位方面，数字化转型显著减少了劳动密集型行业的生产人员数量，而对资本技术密集型行业的生产人员数量没有显著影响。这验证了我们的预期，即数字化转型能够创造非常规任务岗位的就业，替代常规任务岗位的就业。总体来看，替代效应只作用于劳动密集型行业的生产岗位，而就业创造效应在全样本的技术岗位、销售岗位中都有体现。因此，综合所有岗位来看，创造效应超过了替代效应，净效应为正。

---

① 为了平衡不同企业人员统计口径的差别，我们将岗位类别包含"技术""研发""研究"字样的视为技术人员；包含"生产""制造"字样的视为生产人员；包含"销售""营销"字样的视为销售人员。同时，我们还估计了数字化转型对管理人员、服务人员数量的影响，回归系数不显著，为节省篇幅，此处不展示详细结果。

表 6.14　数字化转型对不同岗位就业的影响

变量	技术人员数量			生产人员数量			销售人员数量		
	（1）全样本	（2）劳动密集型	（3）资本技术密集型	（4）全样本	（5）劳动密集型	（6）资本技术密集型	（7）全样本	（8）劳动密集型	（9）资本技术密集型
数字化转型_文本	0.268*** (4.202)	0.200 (1.343)	0.235*** (3.406)	−0.132 (−1.637)	−0.458** (−2.140)	−0.051 (−0.670)	0.343*** (4.496)	0.315** (2.113)	0.260*** (3.165)
控制变量	控制	控制	控制	控制	控制	控制	控制	控制	控制
企业固定效应	控制	控制	控制	控制	控制	控制	控制	控制	控制
年份固定效应	控制	控制	控制	控制	控制	控制	控制	控制	控制
观测个数	20 783	7 206	13 506	18 527	6 151	12 305	19 711	6 413	13 228
R^2	0.857	0.853	0.878	0.891	0.898	0.912	0.882	0.901	0.887

、*分别表示显著性水平为 5%和 1%

注：括号内为 t 值

6.5.3　提高员工自主权

前文中我们发现，数字化转型能够缩小资本技术密集型行业管理层与普通员工之间的收入差距。这是因为，数字化转型能够提高普通员工自主处理问题的能力，从而提高员工相对于管理层的价值。由于 CSMAR 数据库没有直接度量员工自主权的指标，我们使用员工股权激励强度作为员工自主权的代理变量，这是因为，当员工拥有更多自主权时，企业应该会给予员工更多股权激励，以鼓励员工为企业利益而努力工作。具体来说，我们用员工在激励有效期内每年可解锁的限制性股票或行权的股票期权数量与企业总股数的比值衡量员工股权激励强度（姜英兵和于雅萍，2017）。表 6.15 列（1）~列（3）的因变量为员工股权激励强度。为了将员工激励受到的影响从整体股权激励计划中分离出来，我们在控制基准回归所有控制变量的基础上，控制了高管股权激励强度。

表 6.15　数字化转型对员工自主权的影响

变量	（1）全样本	（2）劳动密集型行业	（3）资本技术密集型行业	（4）全样本
	员工股权激励强度	员工股权激励强度	员工股权激励强度	收入差距
数字化转型_文本	0.017** (2.320)	0.012 (1.182)	0.017* (1.854)	
员工股权激励强度				−9.029*** (−19.449)
控制变量	控制	控制	控制	控制

续表

变量	（1） 全样本 员工股权激励强度	（2） 劳动密集型行业 员工股权激励强度	（3） 资本技术密集型行业 员工股权激励强度	（4） 全样本 收入差距
企业固定效应	控制	控制	控制	控制
年份固定效应	控制	控制	控制	控制
观测个数	25 379	9 318	16 006	15 979
R^2	0.711	0.636	0.741	0.744

*、**、***分别表示显著性水平为 10%、5%和 1%

注：括号内为 t 值

　　表 6.15 列（1）~列（3）显示，数字化转型提高了全样本和资本技术密集型行业的员工股权激励强度，这意味着员工自主权得到提高，符合我们的预期。这种效应之所以只在资本技术密集型行业显著，可能是因为，在数字化转型背景下，与劳动密集型行业相比，资本技术密集型行业中的普通员工具备更强的专业知识和技术，这提高了他们对于管理层的相对地位。进一步地，列（4）验证了员工自主权对管理层与普通员工之间的收入差距①的影响。结果显示，员工股权激励强度显著地减小了收入差距②。数字化转型提高员工自主权，进而缩小管理层与普通员工之间的收入差距的效应得到验证。

6.6　本章小结

　　我们使用 2003~2019 年中国 A 股上市公司数据，通过文本分析法构造了企业数字化转型指标，采取计量经济学方法得到以下结论。第一，数字化转型总体上提高了企业的营业总收入和劳动收入份额。具体来说，数字化转型提高了企业的劳动收入和非劳动收入，即实现了"做大蛋糕"的功能；相对来说，劳动收入提高得更多，从而提高了劳动收入份额，即实现了"分好蛋糕"的功能。为了解决内生性问题，我们利用国家信息消费示范城市作为政策冲击，进行了 PSM-DDD 检验，以及使用两种工具变量进行了稳健性检验，主要结论仍然成立。第二，分行业来看，相对于劳动密集型行业，资本技术密集型行业的企业数字化转型提高了企业的劳动收入份额，并缩小了管理层与普通员工之间的收入差距。这说明，企

---

① 为了排除股权激励作为一种激励方式对薪酬激励的影响（即采用更多股权激励后，企业可能相应减少薪酬激励），本次回归中对因变量"管理层与普通员工之间的收入差距"按照双方持有的股权数量进行加权。

② 这一效应在劳动密集型行业、资本技术密集型行业都显著。为节省篇幅，此处不展示。

业数字化转型能够同时促进产业高质量发展和推动共同富裕。分所有制来看，相对于非国有企业，国有企业的数字化转型提高了劳动收入份额。第三，不同数字技术对企业收入分配具有异质性影响。大数据、智能制造、信息化技术能够提高劳动收入份额，互联网商业模式则降低了劳动收入份额。进一步的研究表明，数字化转型改善收入分配的渠道有三个：一是数字化转型具有生产率效应；二是就业创造效应超过了替代效应；三是数字化转型提高了员工自主权。

近年来，学者逐渐关注到数字技术赋能的自动化对收入分配的影响（例如，Autor et al.，2003；Acemoglu and Autor，2011；Acemoglu and Restrepo，2018）。与已有文献相比，本章的贡献主要表现为以下三个方面。

第一，本章全面地分析了不同数字技术对劳动收入分配的总体影响和异质性影响。本章根据不同的数字技术将企业数字化转型分解为四种类型，即大数据、智能制造（自动化或机器人）、信息化和互联网商业模式。近几年国内学者关于数字技术对劳动力市场的影响的研究通常聚焦于工业机器人（Cheng et al.，2019；郭凯明，2019；孔高文等，2020；王泽宇，2020；王林辉等，2020；李磊等，2021；余玲铮等，2021），而对于信息化、大数据等其他数字技术的影响，现有文献较少关注。但数字化转型的内涵远不止工业机器人在生产方面的应用，它还涉及企业组织结构、内部管理、业务流程等多方面的变革（Siebel，2019；戚聿东和肖旭，2020）。本章发现，包括大数据、智能制造、信息化和互联网商业模式在内的数字化转型总体提高了企业的劳动收入份额，但不同数字技术的影响方向和大小具有异质性，其中大数据、智能制造、信息化技术能够提高企业的劳动收入份额，互联网商业模式则降低了企业的劳动收入份额。这表明，将不同类型的数字技术纳入分析是非常有必要的，否则可能会产生与预期相反的政策效果。

第二，本章揭示了数字化转型对企业内劳动收入差距的影响。已有文献通常关注数字技术是否提高了劳动收入在营业总收入中的份额（申广军和刘超，2018；余玲铮等，2021），几乎没有关注劳动收入中管理层收入和普通员工收入之间的差距。管理层与普通员工之间的收入差距，往往是富有人群与普通人群之间收入差距的典型代表（张克中等，2021），是扩大收入分配差距的重要原因，因此受到公众和监管部门的高度关注①。本章发现，数字化转型对提高总体劳动收入份额及缩小管理层与普通员工之间的收入差距的作用，主要体现于资本技术密集型行业。现有文献发现数字技术只是提高了劳动密集型行业的劳动收入份额（金陈飞等，2020），这与本章的发现不同。本章的结论表明，改善收入分配状况和实现经济高质量发展可以并行不悖，因此这一发现具有非常积极的政策含义。

① 我国曾多次发布国有企业高管薪酬管制政策，如《关于进一步规范中央企业负责人薪酬管理的指导意见》（2009 年）、《中央管理企业负责人薪酬制度改革方案》（2014 年）。

　　第三，在机制方面，本章刻画了数字化转型对劳动力市场的不同效应及其发挥作用的条件。现有文献更多关注数字技术对就业的总体影响和对不同学历劳动力的影响（王永钦和董雯，2020；李磊等，2021），而没有分岗位进行探究[①]。但是，根据 Autor 等（2003）、Acemoglu 和 Restrepo（2019），自动化技术与劳动力之间究竟是替代关系还是互补关系，取决于工作岗位类型。本章发现，就业创造效应体现在全样本中，替代效应仅体现在劳动密集型行业中，而且前者的影响超过了后者。在此基础上，本章进一步区分了不同行业中技术、生产、销售等岗位受到的替代或促进作用，丰富了我们对于数字化转型如何影响劳动力市场分工结构的认识。

---

　　① 余玲铮等（2021）发现，机器人更多体现的是任务偏向型技术进步，而非仅以教育衡量的技能偏向型技术进步。

第7章 企业数字化转型与经济政策不确定性感知

7.1 引　言

7.1.1 经济政策不确定性对企业的负面影响

微观主体是根据预期来决策的。对于企业来说，干扰预期形成的主要因素之一是经济政策不确定性。经济政策不确定性是消费者、经理人和政策制定者关于经济政策变化的主观感知（Bloom，2014）。特别是近几年，由于新冠疫情、国际贸易摩擦和地区冲突的影响，国际政治经济形势充满变数，企业面临的经济政策不确定性进一步加剧。近十年来，经济学家高度关注经济政策不确定性。他们发现，总体上经济政策不确定性会抑制企业的投资，减少企业的雇佣和贸易，降低企业的产出，并且可能阻碍长期经济增长（Bloom et al.，2007；Bloom，2014；Baker et al.，2016；Gulen and Ion，2016）[①]。

既然经济政策不确定性总体上会对企业产生负面影响，那么研究如何降低企业的经济政策不确定性感知就是一个非常重要的问题。芝加哥经济学派鼻祖奈特在其经典著作《风险、不确定性和利润》中提出了两种方法（Knight，1921）：第一，因为一类事例中的不确定性要比单个事例中的不确定性更小，所以可以通过扩大业务规模减少不确定性（集中化）；第二，因为不同的人对不确定性的认知和处理能力有差异，所以应该让专业的人来分担风险（专业化）。在现实中，大多数企业都会采取这两种办法降低不确定性感知，但是无数企业仍然因为经济政策不确定性而遭遇了损失。企业是否还有其他办法降低经济政策不确定性感知？这正

---

① 当然，少数企业家通过超常判断力可以利用经济政策不确定性赚取超额利润（Knight，1921），这与经济政策不确定性总体上带来负面影响并不矛盾。

是本章讨论的问题。

7.1.2　数字经济时代的新答案

数字经济时代的来临，为上述问题提供了一个新的答案。以人工智能、区块链、云计算、大数据（即 AI、Blockchain、Cloud computing、Data，合称 "ABCD"）为代表的新一代数字技术日新月异，催生了数字经济这一新的经济形态（戚聿东和肖旭，2020）。通常说的数字经济，包括数字产业化和产业数字化两个方面。在数字经济时代，企业必须使用大数据、人工智能等先进数字技术来改造企业的生产、经营和管理，并且要改变企业的文化和管理理念，这一过程就是企业数字化转型。制造业企业的数字化转型，有时也称为智能制造。我们推测，企业数字化转型能够有效地减少企业的经济政策不确定性感知。

为什么企业数字化转型能够降低经济政策不确定性感知？企业面临的经济政策不确定性归根结底源于两个方面：一是获取的信息有限；二是处理信息的能力有限（Keynes，1936；Bloom，2014）。企业通过数字化转型，引入人工智能、大数据、云计算等数字技术，可以在一定程度上缓解这两个方面的约束。一方面，企业可以利用 ICT 软件（如 ERP 系统）、大数据及物联网技术，在企业内部、企业和供应商之间加强数据整合和数据共享，获得更多信息；另一方面，企业通过各种云平台和人工智能算法，可以有效地提高数据处理能力，更好地预测和满足个性化、多元化需求。管理学者对海尔集团（林琳和吕文栋，2019）、美的集团（肖静华等，2021）、上海林清轩化妆品有限公司（单宇等，2021）等著名制造业企业的案例研究均表明，企业数字化转型能够促使企业更快地调整企业战略布局、聚焦目标客户、维持供应链安全、控制生产成本波动，使企业在各种"黑天鹅事件"的冲击下顽强地生存下来。此外，中国人民大学中小企业发展研究中心（2020）的一项调查报告表明，在新冠疫情期间，企业数字化转型能有效减少预期营业收入的下滑、控制成本、维持更长时间的现金流补血及提高后续创新投入。基于理论分析和案例分析，我们提出本章的主要假说：数字化转型能够降低企业面临的经济政策不确定性。

7.2　理论分析和假说

本节从理论上分析企业数字化转型与经济政策不确定性之间的关系。为了方便论述，我们先讨论经济政策不确定性的定义和原因，然后阐述企业数字化转型影响经济政策不确定性感知的内在机理，并在此基础上归纳出本章的待检验假说。

7.2.1　经济政策不确定性的定义和原因

经典的经济学文献将不确定性分为两类：一类是在客观概率上可以度量的风险；另一类是无法度量的风险，属于主观概率，它被称为奈特意义上的不确定性（Knight，1921），或者"模糊性"（Ellsberg，1961；Machina and Siniscalchi，2014）。然而，在经验研究中无法把风险和不确定性严格分开，因此经济学文献中的不确定性同时包括了风险和模糊性两种类型（Bloom，2014）。近年来，经济学者关注的不确定性主要指经济政策不确定性。对于企业来说，经济政策不确定性是企业关于经济政策的时间、内容和潜在影响等方面的不确定性（Gulen and Ion，2016），它是一种主观感知（Bloom，2014）。这里的经济政策通常包括财政政策、货币政策和管制政策等（Baker et al.，2016）。

专栏 7.1：奈特与不确定性

奈特是美国芝加哥大学的经济学教授，被认为是芝加哥经济学派的创始人之一，也是 20 世纪最有影响力的经济学家之一。他的三个弟子米尔顿·弗里德曼（Milton Friedman）、乔治·斯蒂格勒（George Stigler）和加里·贝克尔（Gary Becker）先后获得了诺贝尔经济学奖。

奈特出生在美国伊利诺伊州的一个农场，1911 年在田纳西州的米利根学院获得学士学位，1913 年在田纳西大学获得硕士学位，1916 年在康奈尔大学获得经济学博士学位。1927 年，奈特从爱荷华大学回到芝加哥大学任教，直到退休。奈特的代表作是其博士论文《风险、不确定性和利润》。在这部后来出版的著作里，奈特首先认为，完全竞争不可能产生利润，但现实并非随时处于完全竞争状态，因此会有正的或者负的利润。为了说明利润的来源，奈特区分了两种不确定性。他将可度量的不确定性称为"风险"，将不可度量的风险称为"不确定性"。因为不确定性表示人们根本无法预知没有发生过的将来事件，它是全新的、唯一的、过去从来没有出现过的。例如，买彩票是一种风险，因为胜负的概率可以计算出来；而技术创新是一种不确定性，因为其成败难以计算出来。奈特认为，在完全竞争条件下，变化不一定会导致利润的产生，因为有些变化可以事先精确地计算到成本中，使成本与产品售价相同，从而不会产生利润；只有不确定性能够将利润与变化联系在一起。因此，利润的真正来源是不确定性。企业家的天职，就是去发现和利用不确定性。奈特提到了两种减少不确定性的方法：一是集中化，通过大规模交易减少偶然事故的风险，如保险行业；二是专业化，因为不同的人对不确定性的感受和承受成本不同，这其实是一种风险的再配置。

需要说明的是，虽然经济政策的变化是客观存在的，但是经济政策的变化对个体造成的冲击是因人而异的。例如，美联储的加息政策不太明朗，债券持有者可能认为这是利空消息，而股票持有者可能认为这是利好消息。因此，经济学者在讨论经济政策不确定性时，实际上是讨论个体对经济政策不确定性的主观感知，而不是政策变动的客观概率分布[①]。当企业家从主观上感受到不确定性时，他不可能改变经济政策，只能通过调整投资、雇佣决策及加快学习来适应环境的变化（Bachmann et al.，2021）。

凯恩斯在其经典著作《就业、利息和货币通论》中总结了个体产生不确定性的三个原因：第一，个体掌握的信息有限；第二，个体的信息处理能力有限；第三，个体间信心的异质性和互动关系会放大群体信心的波动（Keynes，1936）。进一步，Bloom（2014）归纳了导致经济政策不确定性的四种原因：一是负面冲击引起经济衰退和商业活动减少，信息传播受阻；二是在经济衰退时期，政府的经济政策会更加多变，从而更加难以预测；三是企业在经营状况不佳时尝试新想法的成本较低，这会鼓励企业求变，从而加剧经济整体的不确定性；四是个体往往在经济繁荣时对自己的预测更加自信，而在经济衰退时对自己的预测缺乏自信，因此在衰退时期会增加不确定性感受。综合凯恩斯和 Bloom（2014）的分析，我们可以将企业面临的经济政策不确定性产生的原因归为两个方面：①信息有限或者不对称信息，对应凯恩斯的第一、第三个原因和 Bloom（2014）的第一、第二个原因；②信息处理能力有限，对应凯恩斯的第二个原因和 Bloom（2014）的第四个原因。

7.2.2　企业数字化转型影响不确定性感知的理论机制

如前所述，影响企业的经济政策不确定性感知的两个主要因素是信息有限或者不对称信息和信息处理能力有限（Keynes，1936；Bloom，2014）。我们认为，企业数字化转型一方面可以帮助企业减少信息不对称，另一方面可以提高企业的信息处理能力，从而最终降低企业的经济政策不确定性感知。

首先，数字化转型有助于企业获取更多信息，减少信息不对称。数字技术最基本的功能就是传输信息，包括在物与人之间（信息技术）、物与物之间（物联网）、人与人之间（通信技术）传输信息。因此，数字技术作为一种组织管理手段，可以有效地降低信息获取成本和代理成本（Brynjolfsson and McElheran，2016；Goldfarb and Tucker，2019）。Gal 等（2019）基于经济合作与发展组织国家的企业调查数据，发现企业采用了高速宽带和客户关系管理（customer relationship

---

[①] 在本章中，经济政策不确定性和经济政策不确定性感知是等价的。关于经济政策不确定性概念的内涵和度量，可参考 Bloom（2014）和聂辉华等（2020）。

management，CRM）软件后，极大地改善了企业内部、企业与供应商和客户之间信息交换的速度和可靠性，从而显著提高了企业的生产率。具体来说，数字化转型能够降低不同利益相关者之间的信息不对称程度：①数字化转型可以降低银行和企业之间的信息不对称。在传统经济形态下，企业和银行之间存在信息不对称，银行不太了解企业融资项目的真实情况，这会带来逆向选择和道德风险问题（Stiglitz and Weiss，1981）。实行数字化转型之后，企业利用 ERP 软件和大数据平台，可以更好地向银行证明业务流水、财务健康状况和业务前景（张永珅等，2021）。龚强等（2021）发现，区块链的共识机制确保了企业相关信息逼近真实信息，使得银行能够在有效控制风险的情况下为供应链上的企业提供可及性足够高、成本足够低的融资服务。②数字化转型可以降低企业与投资者之间的信息不对称。当存在经济政策不确定性时，信息在资本市场上的传播速度更慢（Kurov and Stan，2018），投资者和企业管理者之间的信息不对称程度会加深（Nagar et al.，2019）。数字化转型企业可以更好地借助数字技术对企业生产和经营信息进行标准化、编码化，使年报的信息更加透明（吴非等，2021b），并且降低企业的信息披露成本，提高信息披露能力（祁怀锦等，2020），从而减少投资者和企业之间的信息不对称。此外，由于数字化转型成为当前企业的热点问题，投资者对于进行数字化转型的企业关注度更高。这种"曝光效应"也有利于减少信息不对称（Liu，2015），从而帮助企业更好地降低经济政策不确定性感知。总之，企业通过减少自己与银行和投资者等利益相关者之间的信息不对称，提高了对投融资和生产决策的可预期性，从而降低了经济政策不确定性感知。

其次，数字化转型有助于提高企业的信息处理能力。在数字经济时代，数据就是信息。企业要在竞争中处于优势地位并且能够取得利润最大化，必须以企业运用大数据分析和人工智能等新科技从而准确把握投资和生产什么及投资和生产多少为前提（何大安，2022）。面对经济政策不确定性，企业尤其需要利用数据提供的精准信息做出科学决策。从技术上讲，企业的信息处理能力主要受限于算力和算法两个因素，而云计算和基于大数据的人工智能可以分别有效缓解企业在算力和算法两个方面的困扰。多数企业进行数字化转型的主要方式是借助平台赋能。平台赋能主要是大型平台企业通过云计算服务为企业提供算力，通过人工智能和大数据技术为企业提供算法优化。例如，阿里巴巴支持的淘工厂平台赋能服装制造企业数字化，其核心理念是将基于人的经验管理转变为基于数据的智能决策，做到用数据管理，从而提高企业在不确定性环境下的决策能力（杨大鹏和王节祥，2022）。从经济效益上讲，一方面，Bloom 等（2014）指出，ICT 使得数据的存储和处理成本更低，因此企业可以获得和处理更多信息。这种技术优势不仅可以提高基层员工的信息收集和处理能力，而且有助于管理者更好地汇总信息并做出决策。例如，企业可以借助 ERP 软件把企业内部不同单位的信息、数据整合到一个统一的系统，为管理层提供实时的决策参考，不仅可以提高信息的处理速度，而且可以提高信息的利用价值。企业数字化转型的本质，就是通过大数据和人工智能等数字技术工具，在一个充满不确定性的世界中寻找确定性。例如，上海林清轩化妆品有限公司与阿里巴巴数据银行合作，前者将海量客户数据传输给后者，后者利用大数据优势把符合标签画像的客户的关联数据提取出来，从而提供精准的客户画像，并最终通过大数据系统进行定向广告投放（单宇等，2021）。另一方面，信息本身具有规模经济。企业数字化转型之后，获得的各类信息越多，处理信息的边际成本就越低，信息带来的价值就越高（Brynjolfsson，1994）。这种规模经济能够提高管理层决策的速度和质量（Gurbaxani and Whang，1991）。企业处理信息的能力越强，对未来的预期就越明确，从而对经济政策不确定性感知就越少。

我们把以上主要观点和背后的渠道分析概括为如下假说。

假说 7.1：企业数字化转型能够降低企业的经济政策不确定性感知。

假说 7.2：企业数字化转型通过减少企业面临的信息不对称，可以降低企业的经济政策不确定性感知。

假说 7.3：企业数字化转型通过提高企业的信息处理能力，可以降低企业的经济政策不确定性感知。

7.3　回　归　分　析

7.3.1　数据来源

本章的研究对象为中国 A 股制造业上市公司，数据来自 CSMAR 数据库。之所以选择制造业企业，是因为相对于服务业来说，制造业作为实体行业，数字化转型的难度更大，企业之间的转型差异也更加明显。这也是研究数字化转型文献的惯常做法（杨德明和刘泳文，2018；黄群慧等，2019）。本章剔除了经营状况异常（ST）的上市公司，并且将所有数值型变量在 1% 水平上进行了截尾处理（Winsorize）。本章研究的时间区间为 2012~2020 年，基准回归分析样本包含 1 598 家制造业上市公司的 9 944 个观测值[①]。

---

① 之所以选择 2012 年作为样本起点，是因为中国从 2012 年开始加大了数字经济建设的步伐（何帆和刘红霞，2019）。例如，2012 年发布的《"十二五"国家战略性新兴产业发展规划》，明确提出了"把握信息技术升级换代和产业融合发展机遇，加快建设宽带、融合、安全、泛在的下一代信息网络，突破超高速光纤与无线通信、物联网、云计算、数字虚拟、先进半导体和新型显示等新一代信息技术"。2012 年底，党的十八大报告提出"推动信息化和工业化深度融合"。

7.3.2　变量定义和描述性统计

本章的被解释变量是企业的经济政策不确定性感知（用 FEPU 表示）。目前的经济学文献主要是度量国家或地区层面的经济政策不确定性（如 Baker et al., 2016），除了聂辉华等（2020），几乎没有文献度量企业层面的经济政策不确定性。为此，本章采用了聂辉华等（2020）构造的企业的经济政策不确定性感知指标，即利用上市公司年报文本，采取 Python 网络爬虫技术和 jieba 分词软件构造了每个企业的经济政策不确定性感知指标（FEPU）。聂辉华等（2020）构造的经济政策不确定性感知指标实际上是将 Baker 等（2016）与 Hassan 等（2019）构造国家或地区层面的方法细化到企业层面。具体做法如下：通过人工阅读总结出一个"经济政策词语"列表和一个"不确定性词语"列表，如果一句话中同时出现"经济政策词语"和"不确定性词语"，就认为这句话是上市公司年报撰写人表述上市公司面临经济政策不确定性的内容，并识别该句子为"经济政策不确定性句子"。年报中涉及政策分析的部分主要是"经营情况讨论与分析"，假设该部分全部词语数量为 M，表示经济政策不确定性句子中包含的不确定性词语数量为 N，那么不确定性词语数量占总词语数量的比例 N/M 就是企业面临的经济政策不确定性（FEPU）[①]。本章使用的词语列表如表 7.1 所示。

表 7.1　词语列表

不确定性词语	政策词语
不确定性、不确定、经营风险、市场风险、信用风险、波动、变化、改变、徘徊、不稳、不稳定性、不稳定、不寻常、错综复杂、非常复杂、纷繁复杂、纷纭复杂、十分复杂、结构复杂、变得复杂、风云变幻、风云突变、矛盾突出、突变、复杂、复杂多变、诡谲多变、阵痛、过渡、问责、整顿、危险、动荡、动荡不安、动荡不定、多变性、振荡下行、震荡、震荡不安、政治波动、难以确定、难以预测、难以预料、难以捉摸、接受考验、混乱、混乱状态、有时、时而、随机	货币政策、从紧政策、节能政策、优惠政策、行业政策、产业政策、宏观政策、经济政策、转让政策、土地政策、国家政策、经济政策、扶持政策、信贷政策、紧缩政策、调控政策、税收政策、刺激政策、政府补助政策、宏观调控政策、最大限度地降低政策、政策走势、政策环境、政策鼓励、中央财政、中央出台、中央关于、中央投资、中央政府、中央预算、中央专项、中央补助、中央委员会、中央政治局会议、中央经济工作会议、中央农村工作会议、国家、国家战略、扩内需、保增长、促发展、法律、法规、法律法规、条例、政策、有关部门、当地政府、政府、政府补助、税收减免、税收优惠、限贷令、限购令、保障房、宏观调控、证监会、银监会、银保监会、发改委、国家政策、政治、军事、人民银行、土地规划、城市规划、土地使用权、央行、试点、相关标准、审批、监管

[①] 如果以句子为单位度量企业面临的经济政策不确定性，得到的指标是高度相关的。

需要说明的是，Baker 等（2016）认为，因为不确定性是一种主观感知，所以任何度量指标都是不完美的，只能寻找代理变量。聂辉华等（2020）从多个方面验证了经济政策不确定性感知指标的有效性，包括东南沿海地区的经济政策不确定性感知相对东北地区更低，房地产行业的经济政策不确定性感知相对食品行业更高，这些特征都符合直觉。在此基础上，本章进一步验证经济政策不确定性感知指标的有效性。Bloom 等（2018）计算了企业的 TFP，然后计算了 TFP 冲击，即控制了企业固定效应和年份固定效应的 TFP 一阶自回归模型的残差。最后，他们用加总的 TFP 冲击的方差作为经济政策不确定性的代理指标，发现该指标和经济政策不确定性指标（EPU）高度相关。用同样的方法，我们计算了行业层面的 TFP 冲击的方差，发现它和经济政策不确定性感知是显著正相关的，说明我们使用的经济政策不确定性感知指标符合理论预期。事实上，从各类文本等非标准数据中提炼相关指标的做法已经在经济学文献中被广泛采用。Baker 等（2016）使用新闻文本构造了宏观层面的经济政策不确定性指标（EPU），并且在稳健性检验中同样使用了上市公司的年报文本。Husted 等（2020）使用与货币政策相关的新闻文本构造了货币政策不确定性指标（MPU）。除了这些宏观经济层面的不确定性指标以外，文本分析法也可以用来衡量微观个体层面的不确定性感知。例如，Baker 等（2016）、Hassan 等（2019）使用盈利预测电话会议文本构造了企业面临的各类政治风险指标。

本章的关键解释变量为企业数字化转型（DT）。参考已有文献的做法（赵宸宇，2021；吴非等，2021b；方明月等，2022），我们用文本分析法，通过数字技术关键词来识别上市公司年报中提及数字技术关键词的频率，作为企业数字化转型程度（详见 3.2.1 小节）。采取这种度量方法的理由如下：第一，这些关键词反映了国家层面对制造业的信息化、智能化和数字化转型的政策导向，因为很多相关的产业政策或者补贴政策都使用了这些关键词（何帆和刘红霞，2019；吴非等，2021b）；第二，数字化转型或智能化是制造业上市公司的业绩亮点，上市公司有很强的意愿在年报中披露，以便获得资本市场的青睐。综合已有文献的做法，我们构建了一个包含数字化基础技术（如"大数据""云计算"）、互联网商业模式（如"电子商务""移动互联网"）和智能制造（如"人工智能""虚拟化"）三个方面的数字化转型词库，总共包含了大约 100 个关键词。我们的研究样本和赵宸宇（2021）一样，都是中国 A 股制造业上市公司，因此我们的词表完全包含了赵宸宇（2021）的词表，在此基础上还额外增加了 13 个关键词（如 ERP、5G、微信、内网等）。

在基准回归中，我们主要使用"数字化转型_词语"作为数字化转型程度的度量指标，它表示上市公司年报文本中数字化转型关键词占"管理层讨论与分析部分"所有词语的比例。在稳健性检验中，我们使用了"数字化转型_句子"作为度量指标，它表示上市公司年报文本中包含了数字化转型的句子占"管理层讨论与分析部分"所有句子的比例，还使用了数字化硬件投资来度量数字化转型程度。

我们从三个方面验证本章的数字化转型指标是否符合实际情况。

第一，彭俞超等（2022）发现，上市公司年报文本中披露的数字化信息能够显著解释下一年的数字化研发水平。参考彭俞超等（2022），我们从上市公司研发投入情况表中筛选出与数字化相关的研发投入条目——研发人员数量占比、研发投入占营业收入比例、资本化研发投入（支出）占研发投入的比例，然后将这三个指标作为被解释变量，将滞后一期的"数字化转型_词语"作为解释变量，发现两者呈显著正相关关系（表7.2）。这说明文本分析法确实能够反映上市公司未来的数字化转型投入。

表 7.2 数字化转型指标与数字化研究支出

变量	（1）研发人员数量占比（%）	（2）研发投入占营业收入比例（%）	（3）资本化研发投入（支出）占研发投入的比例（%）
数字化转型_词语_滞后一期	7.349***	1.036***	1.929***
	（3.69）	（3.46）	（2.98）
杠杆率	0.444	0.096	0.469**
	（1.24）	（0.92）	（2.08）
企业规模	0.105	0.108*	0.249*
	（0.29）	（1.69）	（1.80）
TFP	0.066	0.016	0.031
	（1.05）	（0.90）	（0.83）
净资产收益率	−0.242	−0.817***	−0.659
	（−0.26）	（−3.04）	（−1.13）
企业年龄	0.049	0.003	−0.030
	（0.65）	（0.11）	（−0.48）
前十大股东持股比例	−0.007	−0.001	−0.004
	（−1.35）	（−1.00）	（−1.22）
两权分离率	1.214	0.008	0.246
	（0.74）	（0.02）	（0.23）
市场波动风险	−8.046	−0.556	−0.839
	（−0.75）	（−0.17）	（−0.12）
行业整体风险	3.291	−2.142	−4.226
	（0.48）	（−0.82）	（−0.75）
观测个数	7 865	7 865	7 865
年份固定效应	控制	控制	控制
企业固定效应	控制	控制	控制
聚类层级	地级市	地级市	地级市
R^2	0.103	0.047	0.031

*、**、***分别表示显著性水平为10%、5%和1%

注：括号内为 t 值

第二，我们将企业层面的数据加总，计算了2012~2020年每年平均的数字化转型程度。我们发现，中国 A 股制造业上市公司的数字化转型程度逐年提高，并且这一趋势与埃森哲基于大约 400 家中国企业的数字化转型调研所得到的总体结果是高度一致的[①]。

第三，分行业和分地区的描述性统计表明，高科技企业的数字化转型程度高于其他企业（图 7.1），同时东南沿海地区企业的数字化转型程度高于其他地区企业（图 7.2）。以上结果从不同角度表明，本章的数字化转型程度符合企业实践和经验直觉。

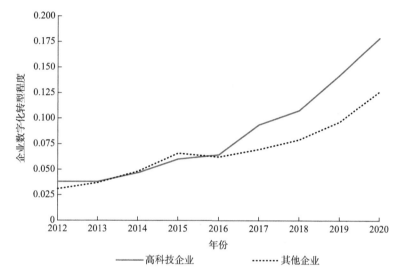

图 7.1　高科技企业和其他企业的数字化转型程度
根据国家统计局的规定，高科技行业包括医药制造、航空航天器及设备制造、电子及通信设备、计算机
及办公设备制造、医疗仪器设备及仪器仪表制造、信息化学品制造

关于本章使用的控制变量，根据 Bloom（2014），我们首先将影响经济政策不确定性的控制变量分为宏观层面和微观层面。在宏观层面，Bloom（2014）认为不确定性的原因主要来自负面事件、宏观经济波动、经济政策多变及商业萧条。因此，我们控制了行业整体风险、股票回报波动率和年份固定效应。在微观层面，Tanaka 等（2020）发现，企业的经济政策不确定性感知受到企业规模、TFP、企业年龄、企业绩效和公司治理等因素的影响。因此，我们控制了企业规模（雇员人数的对数）、TFP、企业年龄、净资产收益率、前十大股东持股比例和两权分离率（度量公司治理）。此外，根据 Hassan 等（2019），我们还控制了那些随时间变化的企业特征（杠杆率），以及不随时间变化的企业固定效应。

---

① 参考埃森哲与国家工业信息安全发展研究中心联合发布的报告《强韧·创新·突破：2020 年中国企业数字化转型指数研究》（https://www.accenture.com/cn-zh/）。

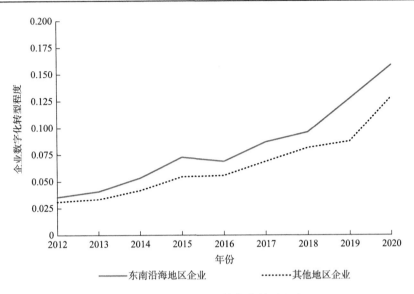

图 7.2　分地区的企业数字化转型程度

实线表示江苏省、上海市、福建省、广东省、浙江省 5 个东南沿海省（市）的企业数字化转型程度均值，
虚线表示其他省（区、市）的企业数字化转型程度均值

在稳健性检验部分，本章还控制了年份×行业固定效应和年份×省份固定效应，以控制其他省份或行业层面随时间变化的潜在影响因素。本章回归分析部分涉及的各类变量及定义如表 7.3 所示。

表 7.3　变量及定义

变量类别	变量名称	变量定义
被解释变量	经济政策不确定性感知	作者根据上市公司年报文本计算（乘以 100）
关键解释变量	数字化转型_词语	根据词语统计的数字化转型程度（乘以 100）
控制变量	杠杆率	总负债/总资产
	企业规模	雇员人数的对数
	TFP	使用 OP 方法测算
	净资产收益率	净利润/股东权益
	企业年龄	当年年份–成立年份+1
	前十大股东持股比例	前十大股东持股数量/股本总数（乘以 100）
	两权分离率	实际控制人拥有上市公司控制权与所有权之差
	市场波动风险	上市公司个股日回报率的年度标准差
	行业整体风险	当年全行业总资产收益率的标准差

　　表 7.4 提供了变量的描述性统计。从表 7.4 可以发现，企业的经济政策不确定性感知差异较大，这说明构造企业层面的经济政策不确定性指标是有意义的。同时，企业数字化转型程度差异也较大，这有利于我们分析企业数字化转型和经济政策不确定性感知之间的关系。注意到，少量样本缺失了企业规模和市场波动风险指标，这可能导致加入控制变量后的有效观测个数 9 814 小于最大样本个数 9 944。

表 7.4　描述性统计

变量	观测值	均值	标准差	最小值	最大值
经济政策不确定性感知	9 944	0.098	0.098	0	0.473
数字化转型_词语	9 944	0.083	0.108	0	0.592
杠杆率	9 944	0.500	0.296	0.061	1.629
企业规模	9 939	7.934	1.078	5.572	10.844
TFP	9 944	12.457	1.006	0	17.313
净资产收益率	9 944	0.074	0.086	−0.319	0.308
企业年龄	9 944	17.522	5.491	5.000	33.000
前十大股东持股比例	9 944	56.227	20.494	0	94.430
两权分离率	9 944	0.047	0.077	0	0.291
市场波动风险	9 819	0.030	0.013	0.014	0.091
行业整体风险	9 944	0.049	0.010	0	0.098

7.3.3　基准回归

　　为了检验企业数字化转型对经济政策不确定性感知的影响，我们构建如下基准回归模型：

$$\text{FEPU}_{it} = \beta_0 + \beta_1 \text{DT}_{it} + \gamma X_{it} + \delta_i + \tau_t + \varepsilon_{it} \tag{7.1}$$

其中，被解释变量 FEPU_{it} 表示企业 i 在第 t 年的经济政策不确定性感知；DT_{it} 表示企业数字化转型；估计系数 β_1 反映了企业数字化转型对经济政策不确定性感知的影响程度，如果显著为负值，则表明企业数字化转型降低了经济政策不确定性感知；X_{it} 为控制变量组；δ_i 表示企业固定效应；τ_t 表示年份固定效应；ε_{it} 表示扰动项。考虑到扰动项的异方差性和序列相关性，我们在回归时使用了在地级市层面聚类的稳健标准误。

　　我们利用模型（7.1）进行回归分析，关键解释变量为"数字化转型_词语"，回归结果如表 7.5 所示。列（1）中，我们控制了年份固定效应和企业固定效应。列（2）加入了全部控制变量，并使用在地级市层面聚类的稳健标准误。列（1）

和列（2）的结果显示，企业数字化转型的估计系数 β_1 为负值，并在 5% 的水平上显著，即企业数字化转型显著降低了经济政策不确定性感知，这验证了假说 7.1。从经济显著性上来看，企业数字化转型程度每上升 1 个标准差（0.108），企业的经济政策不确定性感知会下降 0.003 78（0.108 × 0.035）。样本中企业的经济政策不确定性感知的均值为 0.098，因此这意味着企业数字化转型程度每提高 1 个标准差，企业的经济政策不确定性感知会降低 3.86%。

表 7.5　基准回归结果

变量	FEPU				
	（1）	（2）	（3）	（4）	（5）
数字化转型	−0.034*** （−3.03）	−0.035** （−2.50）		−0.006** （−2.43）	
数字化转型_滞后一期			−0.021* （−1.70）		−0.005** （−2.33）
杠杆率		−0 （−0）	0.009* （1.91）	−0 （−0.04）	0.009* （1.91）
企业规模		0.002 （0.60）	0.005 （1.37）	0.001 （0.48）	0.005 （1.31）
TFP		0 （−0.61）	−0.001 （−1.00）	−0 （−0.58）	−0.001 （−0.98）
净资产收益率		−0.008 （−0.61）	−0.015 （−1.14）	−0.008 （−0.58）	−0.015 （−1.12）
企业年龄		−0.001 （−0.54）	−0.001 （−0.23）	−0.001 （−0.52）	−0.001 （−0.24）
前十大股东持股比例		−0 （−0.04）	−0 （−0.17）	−0 （−0.07）	−0 （−0.16）
两权分离率		0.012 （0.39）	0.023 （0.62）	0.011 （0.38）	0.022 （0.60）
市场波动风险		0.180*** （2.79）	0.239*** （2.81）	0.182*** （2.81）	0.238*** （2.78）
行业整体风险		0.011 （0.08）	0.040 （0.31）	0.007 （0.05）	0.036 （0.28）
年份固定效应	控制	控制	控制	控制	控制
企业固定效应	控制	控制	控制	控制	控制
聚类层级	地级市	地级市	地级市	地级市	地级市
观测个数	9 944	9 814	7 770	9 814	6 490
R^2	0.054	0.055	0.057	0.055	0.699

*、**、***分别表示显著性水平为 10%、5% 和 1%

注：（1）"数字化转型"在列（1）、列（2）表示"数字化转型_词语"，在列（4）表示数字化转型_虚拟变量；（2）在列（3）中所有控制变量均滞后一期；（3）括号内为 t 值

　　在现实中，当企业面临较高的经济政策不确定性时，出于谨慎动机，可能减少数字化转型投资，这会导致反向因果关系。为了缓解可能存在的反向因果关系，在表 7.5 列（3），我们使用滞后一期的以词语衡量的数字化转型程度指标，并对应地将所有控制变量也滞后一期，重复基准回归模型。结果显示，滞后一期的数字化转型的系数仍显著为负值[①]。

　　在列（4），我们根据"数字化转型_词语"的均值，生成数字化转型_虚拟变量。若企业数字化转型程度大于均值，则该变量赋值为 1，否则为 0。结果表明，企业数字化转型的系数显著为负值，即相对于低度转型的企业，高度转型的企业有更低的经济政策不确定性感知，与基准回归的结论具有一致性。在列（5），我们将数字化转型_虚拟变量的滞后项作为关键解释变量，其系数依然显著为负值。

7.4　稳健性检验

　　在前面的分析中，我们发现企业数字化转型会显著降低企业的经济政策不确定性感知。但是，上述回归分析可能存在一些内生性问题：一是测度误差问题，即本章的数字化转型指标可能没有准确地刻画企业数字化转型程度；二是遗漏变量问题，即基准模型可能遗漏了一些同时影响企业数字化转型和经济政策不确定性感知的因素；三是因果互逆问题，即企业有可能在经济政策不确定性感知较高时减少数字化转型。我们尝试通过以下方法来缓解内生性问题。

7.4.1　测度误差问题

　　能否准确度量企业数字化转型程度是经验研究的一个难点。为了尽可能减少测度误差问题，我们使用多种度量企业数字化转型的指标。在表 7.6 列（1），我们使用企业年报文本中数字化转型句子数量占总句子数量（即"数字化转型_句子"）作为企业数字化转型程度的替代指标，重复基准回归模型。结果显示，企业数字化转型程度的系数依然在 1%的水平上显著为负值。

---

　　① 需要补充说明的是，我们在调查中发现，多数企业的数字化转型是渐进的、分步骤的，如先使用 ERP 软件优化采购环节，再考虑使用 CRM 软件改进市场营销。因此，企业即便面临较大的经济政策不确定性或者经济下行，仍然可能加快进行数字化转型。陈楠等（2022）关于企业数字化转型的动机分析也验证了这一点。因此，我们认为这种反向因果关系并不严重。

表 7.6　多种数字化转型指标的回归

变量	FEPU				
	（1）	（2）	（3）	（4）	（5）
数字化转型	−0.132*** (−3.04)	−0.028** (−1.97)	−0.038*** (−2.24)	−0.030** (−2.09)	−0.721* (−1.67)
控制变量	控制	控制	控制	控制	控制
语调				−0.051*** (−5.60)	
平均句子长度				0.447* (1.80)	
年份固定效应	控制	控制	控制	控制	控制
企业固定效应	控制	控制	控制	控制	控制
聚类层级	地级市	地级市	地级市	地级市	地级市
观测个数	9 814	9 814	8 417	9 813	9 814
R^2	0.056	0.055	0.057	0.062	0.055

*、**、***分别表示显著性水平为 10%、5%和 1%

注：括号内为 t 值；控制变量与基准回归相同

　　本章使用的指标没有考虑行业差异，而不同行业之间在数字化转型方面可能有较大差异。为此，我们改用经行业均值调整的指标来衡量企业数字化转型程度。我们根据中国证监会的行业分类，计算每年每个行业所有企业的数字化转型程度均值，然后用每个企业的数字化转型程度减去行业均值，这样调整后的指标反映了企业在行业内的相对数字化转型程度。回归结果见表 7.6 列（2），关键解释变量数字化转型程度的系数依然显著为负值。

　　使用文本分析法计算数字化转型程度可能存在一些担忧：第一，企业可能会策略性地披露数字化转型的信息，如夸大数字化转型程度，以便迎合资本市场。为此，借鉴袁淳等（2021）的做法，我们剔除了样本期内因信息披露问题而受到中国证监会或证券交易所处罚的样本，于是剩下的样本具有更高的信息披露诚信度。表 7.6 列（3）的回归结果表明，主要结果依然成立。第二，本章的被解释变量（经济政策不确定性感知）和关键解释变量（企业数字化转型）都来自上市公司年报文本。理论上，年报文本的内容非常丰富，因此两者并不存在机械的相关性，并且现有文献也使用了这种方法[①]。尽管如此，为了消除这一顾虑，我们在列（4）额外控制了年报的两个文本特征。一是借鉴林乐和谢德仁（2017），使用正面语调和负面语调占总词数比例之差衡量年报文本语调；二是借鉴阮睿等（2021），

――――――――――

　　[①] 例如，Allee 和 DeAngelis（2015）利用上市公司电话会议的文本，研究了文本语调的变化（因变量）和文本其他特征（包括对每股盈利的判断语气，评论环节的正式用词、字数、时长）之间的关系。

使用平均句子长度衡量年报文本可读性。表 7.6 列（3）、列（4）显示，关键系数的符号和方向都没有大的变化。最后，为了进一步回应这个担忧，我们借鉴刘飞（2020）和祁怀锦等（2020）的做法，构造了一个反映数字硬件投资的指标，即企业的硬件固定资产净值与总资产净值的比值。表 7.6 列（5）显示，关键解释变量的系数依然显著为负值。

7.4.2　遗漏变量问题

在基准回归中，我们控制了年份固定效应和企业固定效应。因此，时间趋势和企业层面不随时间变化的因素将不会造成估计偏误。但是，一种可能的担忧是，一些宏观因素对不同省份、行业的影响在不同年份具有差异性，从而对结论产生干扰。我们通过在基准模型中加入省份×年份固定效应、行业×年份固定效应、省份×行业×年份固定效应等高阶固定效应来缓解随时间变化的遗漏变量问题。

在表 7.7 列（1），我们控制了企业固定效应，还控制了年份×省份固定效应、年份×行业固定效应，并将稳健性标准误聚类到地级市层面；在列（2），我们控制了企业固定效应和年份×省份×行业固定效应，并将稳健性标准误聚类到地级市层面。需要说明的是，由于控制变量行业整体风险定义为当年全行业总资产收益率的标准差，行业整体风险与年份×行业固定效应存在多重共线性问题，回归中未加入这一控制变量。在控制了高阶固定效应后，关键解释变量企业数字化转型程度的系数仍然在 5% 的水平上显著为负值，这支持了假说 7.1。

表 7.7　控制高阶固定效应

变量	FEPU	
	（1）	（2）
数字化转型_词语	-0.031^{**} （−2.06）	-0.041^{**} （−2.02）
控制变量	控制	控制
企业固定效应	控制	控制
年份×省份固定效应	控制	未控制
年份×行业固定效应	控制	未控制
年份×省份×行业固定效应	未控制	控制
聚类层级	地级市	地级市
观测个数	9 692	8 230
R^2	0.587	0.671

**表示显著性水平为 5%

注：括号内为 t 值

　　前文我们采用多种方法缓解了遗漏变量偏误问题，接下来我们利用 Oster（2019）提出的修正 AET 检验，测试基准回归中是否存在严重的遗漏变量偏误。AET 检验由 Altonji 等（2005）提出，其基本原理如下：如果遗漏变量与关键解释变量正相关，则通常加入控制变量后，关键解释变量的系数会较加入前有所下降。如果系数下降幅度越小，则说明关键解释变量的系数对控制变量的加入越不敏感，可以推测潜在遗漏变量也不会对结果造成明显干扰；如果系数下降幅度足够小，则可以有较大把握推测潜在遗漏变量问题并不严重。Oster（2019）在 AET 检验基础上进行改进，考虑了加入控制变量后拟合优度的变化，认为如果加入控制变量不能明显改善拟合优度，则意味着通过控制变量推测遗漏变量对结果影响的效力也将大大降低，并给出了关键解释变量系数的一致估计：

$$\beta^* = \tilde{\beta} - \delta \left[\overset{\circ}{\beta} - \tilde{\beta} \right] \frac{R_{\max} - \tilde{R}}{\tilde{R} - \overset{\circ}{R}} \tag{7.2}$$

其中，$\tilde{\beta}$ 为加入控制变量模型估计得到的关键解释变量系数；$\tilde{R}$ 为加入控制变量模型的拟合优度；$\overset{\circ}{\beta}$ 为未加入控制变量模型估计得到的关键解释变量系数；$\overset{\circ}{R}$ 为未加入控制变量模型的拟合优度；$R_{\max}$ 为假想的包含控制变量和遗漏变量模型的拟合优度；δ 为用控制变量推测遗漏变量偏误的系数。在 $\beta^* = 0$ 的假设下可计算出 δ 的大小（δ^*），并进而推断遗漏变量问题的严重程度。本章根据 Oster（2019）的建议，将最大 R^2（$R_{\max}$）设为完整模型 R^2（$\tilde{R}$）的 1.3 倍；此时，如果 $\delta > 1$ 或 $\delta < 0$ 则表明回归模型不存在严重的遗漏变量偏误问题。推断逻辑为，根据加入控制变量与否的回归结果，且假设包含遗漏变量模型的拟合优度是包含全部控制变量模型的 1.3 倍，那么 δ 需要达到 δ^* 的水平才能使关键解释变量 β 的系数变为 0，而这几乎是不可能的。根据 Oster（2019），如果真实的 β 不等于 0，那么计算得到 $\delta > 1$ 或 $\delta < 0$ 的结果极为罕见。

　　本章认为基准模型的遗漏变量问题可能来自企业经营状况及经营环境风险特征，因此选择净资产收益率、TFP、市场波动风险及行业整体风险 4 个变量作为额外的控制变量。完整控制变量为基础回归中的 9 个控制变量，即不包含额外 4 个控制变量的回归模型的关键解释变量系数与拟合优度分别为 $\overset{\circ}{\beta}$ 与 $\overset{\circ}{R}$；包含额外控制变量回归模型的关键解释变量系数与拟合优度分别为 $\tilde{\beta}$ 与 $\tilde{R}$。如果检验通过，则表明潜在遗漏变量对回归结果的影响和上述 4 个控制变量相比是微不足道的，基准模型不存在严重的遗漏变量问题。我们在表 7.8 中计算了 Oster（2019）的修正 AET 检验的统计量。在加入表示企业经营状况和经营环境风险特征的变量后，基准回归的 R^2 由 0.018 上升至 0.055，可见既有的企业控制变量组明显地改进了模型拟合情况。Oster 统计量为 $\delta = -1.000$，说明基准回归模型不存在严重的遗漏变量偏误问题。

表 7.8　Oster（2019）的修正 AET 检验

系数 δ	−1.000
无额外控制变量的 R^2	0.018
有额外控制变量的 R^2	0.055

7.4.3　逆向因果问题 1：工具变量法

在基准模型中，我们用滞后一期的企业数字化转型程度来解释当期的经济政策不确定性感知，一定程度上缓解了时间上的逆向因果问题。为了进一步缓解因果互逆导致的内生性问题，我们使用份额移动法构造工具变量（IV），也称 Bartik 工具变量法。基本思想是，用分析单元初始的份额（外生变量）和总体增长率（共同冲击）模拟出历年的估计值，该估计值和实际值高度相关（满足相关性假设），但是与残差项不相关（满足排除性假设）。它实际上等价于一种广义矩估计方法（generalized method of moments，GMM）。该方法近年来被广泛应用，如 Goldsmith-Pinkham 等（2020）、张吉鹏等（2020）。我们参考沈国兵和袁征宇（2020）的做法，利用中国工业企业数据库中 2004 年企业所在省份的微型计算机数量度量该省的数字化转型程度，并构建该省所有二位数制造业的数字化转型程度占全国的比例作为一个外生的份额，然后将其乘以全国（除该省外）制造业企业数字化转型程度的增长率，构造针对每个企业数字化转型程度的 Bartik 工具。我们使用两阶段最小二乘法回归。表 7.9 列（1）为第一阶段的回归结果。工具变量的系数在 1% 的水平上显著为正值，F 值为 10.71，这符合我们的预期，并且也通过了伪识别检验和弱工具稳健检验。列（2）的结果表明，在控制了可能的内生性问题之后，数字化转型显著降低了企业的经济政策不确定性感知，这与基准回归的方向一致。

表 7.9　工具变量回归

变量	（1）数字化转型_词语	（2）FEPU
工具变量	0.000 2*** （3.27）	
数字化转型_词语		−0.793** （−2.02）
控制变量	控制	控制
年份固定效应	控制	控制
企业固定效应	控制	控制

续表

变量	（1）数字化转型_词语	（2）FEPU
观测个数	9 695	9 695
F test of excluded instruments（排他性检验）	10.71*** [0.001 1]	
Anderson canon. corr. LM（伪识别检验）	12.62*** [0.000 4]	
Anderson-Rubin Wald test（弱工具稳健检验）	7.38*** [0.006 6]	

、*分别表示显著性水平为 5%和 1%

注：圆括号内为 *t* 值，中括号内为 *p* 值

7.4.4　逆向因果问题 2：外生政策冲击

现实中，企业数字化转型往往取决于其所在城市数字经济和数字基础设施的发展程度。为了进一步解决因果互逆问题，我们利用地区数字化政策冲击作为自然实验。为了促进国内信息消费，2016 年工信部在全国确定了 25 个国家信息消费示范城市，进行示范经验推广。我们认为，这一试点政策能够有效地促进当地制造业企业的数字化转型（参考 6.3.5 小节）。

考虑到中国的政策试点在相当程度上具有样本选择效应（Wang and Yang, 2021），并且不同地区的政策试点可能具有不同的效应，我们采取合成双重差分（synthetic difference in differences，SDID）方法进行估计。由 Arkhangelsky 等（2021）提出的这一新方法，实际上是合成控制法和 DID 方法的结合。相对于传统的 DID 方法，它有两点改进：一是 DID 方法只能估计平均处理效应，而 SDID 方法考虑了每个试点地区的政策异质性；二是 DID 方法往往受限于平行趋势检验，而 SDID 方法根据个体和时间两个维度加权，为每个处理组找到一个对照组。

为了使用 SDID 方法，我们先构造了 2012~2020 年的平衡面板数据，它包括 4 410 个观测值和 490 家企业。随后，我们将注册城市位于国家信息消费示范城市的 176 家上市公司视为处理组，并把 2016 年作为政策实施年份。之后，利用 SDID 方法为每家上市公司构造一个"未受政策影响"的对照组。最后，计算处理组和对照组的经济政策不确定性感知（FEPU）差额，从而识别政策对经济政策不确定性感知的影响程度 $\hat{\tau}^{sdid}$。

表 7.10 和图 7.3 分别从数字和图形两个方面展示了国家信息消费示范城市政策对企业的经济政策不确定性感知的估计效应 $\hat{\tau}^{sdid}$。其中，中位数为-0.017，均值为-0.012。对系数的 *t* 检验表明，在 5% 的水平上拒绝 $\hat{\tau}^{sdid}=0$ 的原假设。这说明相对于未受到国家信息消费示范城市政策冲击的上市公司，那些由于政策冲击提

升了数字化转型程度的上市公司显著降低了经济政策不确定性感知。

表 7.10　国家信息消费示范城市的政策效应

估计值	分位数					均值	标准差	最小值	最大值
	10%	25%	50%	75%	90%				
$\hat{\tau}^{sdid}$						−0.012	0.068	−0.29	0.19
	−0.098	−0.045	−0.017	0.028	0.069				

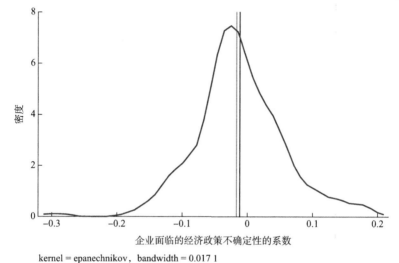

kernel = epanechnikov，bandwidth = 0.017 1

图 7.3　DID 估计的核密度图

黑色竖线表示均值，灰色竖线表示中位数

7.5　企业数字化转型影响经济政策不确定性感知的渠道分析

前面的基准回归和内生性分析从不同的角度验证了本章的主要观点，即假说 7.1。为了更加全面地理解企业数字化转型如何降低企业的经济政策不确定性感知，我们现在讨论背后的影响渠道，并检验假说 7.2 和假说 7.3。

7.5.1　减少信息不对称

假说 7.2 认为，企业数字化转型通过减少企业面临的信息不对称，可以降低企业的经济政策不确定性感知。对于企业的生存和发展来说，最重要的信息不对称是企业和银行之间、企业和投资者之间的信息不对称，因为这两类利益相关者直接决定了企业能否获得足够的资金，从而在经济下行或者面对经济政策不确定性时能否减少担忧和恐慌。因此，下面的渠道分析将先后检验企业数字化转型如何减少企业与银行、企业与投资者之间的信息不对称，并进而降低企业的经济政策不确定性感知。

1. 减少企业与银行之间的信息不对称

为了验证企业数字化转型减少了企业与银行之间的信息不对称，我们考察数字化转型是否提高了企业获得的信用贷款规模。信用贷款是银行向企业发放的无须提供担保的贷款。与需要保证、抵押或质押的担保贷款相比，信用贷款比一般的银行贷款更能体现银行对企业的信用（袁淳等，2010）。表 7.11 的 Panel A 列（1）展示了回归结果，其中被解释变量为信用贷款，它等于企业获得的银行信用贷款除以企业总资产①。关键解释变量"数字化转型_词语"的估计系数显著为正值。这表明企业数字化转型提高了银行贷款的可获得性，从而有助于降低企业的经济政策不确定性感知。

表 7.11　渠道分析

变量	Panel A		
	（1）信用贷款	（2）分析师预测偏差	（3）管理者盈余预测偏差_残差
数字化转型_词语	0.103** (2.03)	−0.021** (−2.34)	−0.169*** (−3.04)
控制变量	控制	控制	控制
年份固定效应	控制	控制	控制
企业固定效应	控制	控制	控制
聚类层级	地级市	地级市	地级市
观测个数	9 814	8 037	5 071
R^2	0.100	0.379	0.025
变量	Panel B		
	（1）FEPU	（2）FEPU	（3）FEPU
信用贷款	−0.008** (−2.30)		
分析师预测偏差		0.090** (2.51)	
管理者盈余预测偏差_残差			0.010* (1.68)
控制变量	控制	控制	控制

---

① 当我们使用银行信用贷款除以贷款总额时，企业数字化转型程度的估计系数依然显著为正值。

变量	Panel B		
	（1）FEPU	（2）FEPU	（3）FEPU
年份固定效应	控制	控制	控制
企业固定效应	控制	控制	控制
聚类层级	地级市	地级市	地级市
观测个数	9 814	8 037	5 075
R^2	0.055	0.055	0.050

*、**、***分别表示显著性水平为 10%、5%和 1%

注：控制变量包括企业杠杆率、企业规模、TFP、净资产收益率、前十大股东持股比例、两权分离率、市场波动风险和行业整体风险

2. 减少企业与投资者之间的信息不对称

为了验证企业数字化转型减少了企业与投资者之间的信息不对称，我们考察企业数字化转型是否提高了分析师对企业盈余预测的准确性。作为资本市场的信息中介，分析师盈余预测可以较好地反映企业面临的信息不对称程度（Atiase and Bamber，1994）。我们参考杨青等（2019），构建了分析师预测偏差指标来度量企业与资本市场之间的信息不对称程度。分析师对盈余预测的偏差越大，表明信息不对称程度越高。对企业 i、年份 t 和分析师 n，我们按式（7.3）计算得到分析师预测偏差指标[①]。

$$分析师预测偏差_{i,t} = \frac{1}{N_{it}} \sum_{n=1}^{N_{it}} |F_{int} - A_{it}| / P_{i(t-1)} \qquad (7.3)$$

其中，N_{it} 表示对 i 企业 t 年每股盈利做出预测的分析师数量；F_{int} 表示 n 分析师对 t 年 i 企业每股盈利的预测值；A_{it} 表示 t 年 i 企业每股盈利的真实值；$P_{i(t-1)}$ 表示上一年年末的股票收盘价。表 7.11 的 Panel A 列（2）展示了回归结果，被解释变量是分析师预测偏差。回归结果显示，企业数字化转型程度的系数在 5%的水平上显著为负值，即企业数字化转型显著降低了分析师预测偏差，减少了企业与投资者之间的信息不对称。

7.5.2　提高企业的信息处理能力

假说 7.3 认为，企业数字化转型通过提高企业的信息处理能力，可以降低企

[①] 对于同一年同一分析师对同一企业有多次预测的情况，我们以分析师在年报披露前最近一次的盈利预测结果为准。

业的经济政策不确定性感知。为了检验假说 7.3，我们用管理者盈余预测的准确性来度量企业的信息处理能力。Trueman（1986）认为，管理者盈余预测向投资者传递了管理者能够发现不断变化的经济状况并根据其调整生产的能力信号。经验证据表明，能力更强的管理者，能够更好地收集和处理与预测相关的信息，从而提高盈余预测准确性（Bamber et al.，2010；Baik et al.，2011）。因此，我们认为管理者盈余预测准确性反映了企业的信息处理能力。

管理者盈余预测数据从万得数据库获得。参考 Bamber 等（2010），我们以管理层在会计年度发布的最后一次盈余预测构建管理者盈余预测偏差指标，它等于（管理者预测的净利润−真实净利润）/真实净利润，然后取绝对值。管理者盈余预测偏差越小，表示企业的信息处理能力越强。同时，考虑到管理者盈余预测偏差可能反映了企业在信息获取或减少信息不对称方面的努力，于是，为了剔除信息不对称的影响，我们先将管理者盈余预测偏差对分析师预测偏差（衡量信息不对称）进行回归，再将得到的残差作为被解释变量进行回归，表 7.11 的 Panel A列（3）展示了回归结果。回归结果显示，企业数字化转型程度的系数在 1%的水平上显著为负值，即企业数字化转型显著降低了管理者盈余预测偏差，提高了企业的信息处理能力。

为了形成一个完整的逻辑链条，在验证了企业数字化转型能够影响信用贷款的可得性、分析师预测偏差和管理者盈余预测偏差之后，我们还需要验证这三个变量能够影响经济政策不确定性感知。为此，我们在表 7.11 的 Panel B 部分以经济政策不确定性感知（FEPU）为因变量，以这三个变量为关键解释变量，并参考基准回归模型控制了企业的财务特征、公司治理、市场风险和行业风险及固定效应，进行回归分析。Panel B 部分的回归结果完全符合预期，即信用贷款越少、分析师预测偏差越大或者管理者盈余预测偏差越大，企业的经济政策不确定性感知就越高。结合 Panel A 部分的回归结果，我们有信心推断，企业数字化转型影响经济政策不确定性感知的两个渠道均被证实，即假说 7.2 和假说 7.3 被证实。

7.6　本　章　小　结

为了考察企业数字化转型在降低经济政策不确定性感知方面的作用，本章使用 2012~2020 年中国 A 股制造业上市公司数据，其中包含 1 598 家企业的 9 944个观测值。首先，我们基于上市公司年报，采用文本分析法构建了企业的经济政策不确定性感知指标（FEPU）及企业数字化转型指标。基准回归分析表明，制造业企业的数字化转型显著降低了企业的经济政策不确定性感知。在稳健性检验中，我们使用了与数字经济有关的固定资产投资占总资产的比重作为企业数字化转型的代理变量，控制了年报特征（语调、句子长度），以及采取一些方法排除了企业在年报中可能存在的策略性报告行为，发现基准回归结果依然成立。其次，为了解决可能存在的内生性问题，我们先后使用了控制高阶固定效应、构建 Bartik 工具变量法、利用外生冲击进行 SDID 检验等多种方法，发现主要结果依然成立。最后，我们揭示了企业数字化转型降低经济政策不确定性感知的两个主要渠道：减少企业面临的信息不对称和提高企业的信息处理能力。

本章对现有文献的贡献主要表现在两方面。

第一，本章揭示了一种新的降低经济政策不确定性感知的途径，拓展了经济政策不确定性文献。最近几年，关于经济政策不确定性的研究方兴未艾。这类文献主要包括两个方面：一是研究经济政策不确定性对微观个体和金融市场产生的影响。对企业来说，经济政策不确定性会抑制投资和雇佣行为，从而降低企业绩效（Bloom et al.，2007；Gulen and Ion，2016；Bloom et al.，2018）；对个体来说，经济政策不确定性上升会导致家户的消费降低，劳动供给减少（Sheen and Wang，2017）；在金融市场上，经济政策不确定性会降低股票收益率（Pastor and Veronesi，2012），延缓信息在市场上的传播速度（Kurov and Stan，2018），加剧投资者和企业内部人之间的信息不对称程度（Nagar et al.，2019）。二是分析经济政策不确定性产生的原因，这包括大宗商品价格冲击（Stein and Stone，2013）和流行病暴发（Altig et al.，2020）等负面事件。本章在两个方面与已有文献不同：一是本章使用了企业的经济政策不确定性感知指标，而已有文献主要使用宏观层面的经济政策不确定性指标（如 Baker et al.，2016）。使用企业层面的度量指标有一个重要优势，它有助于我们全面理解宏观和微观层面的因素如何共同影响企业的经济政策不确定性感知，而宏观层面的度量指标无法区分不同企业的不确定性感受。二是本章从企业数字化转型的角度分析了如何降低企业的经济政策不确定性感知，从而填补了现有文献的空白。从实践价值上说，既然经济政策不确定性会给企业带来总体上的负面影响，那么如何降低这种负面影响就非常重要。

第二，本章发现企业数字化转型能够降低经济政策不确定性感知，从而为数字化转型效应的研究提供了新的发现。近年来，学者主要从三个角度分析了数字技术、ICT 或者数字化转型对企业的影响：一是数字化转型提高了企业的经济效率或财务绩效（详见第 2 章的文献综述）；二是数字化转型影响了企业行为，包括促进了企业的技术创新（Branstetter et al.，2019；Wu et al.，2019；沈国兵和袁征宇，2020）、供应链金融创新（龚强等，2021）和出口（易靖韬和王悦昊，2021）；三是数字化转型改善了公司治理，体现为降低了代理成本（曾建光和王立彦，2015），减少了管理层与投资者之间的信息不对称（祁怀锦等，2020；吴非等，2021b）。本章是第一篇研究企业数字化转型影响经济政策不确定性感知的文章。

因为企业对政策的预期在很大程度上会影响其投资、雇佣和研发等行为（Bloom，2014），所以本章关注企业数字化转型对经济政策不确定性感知的影响，相当于从源头上揭示了企业数字化转型影响行为和绩效的更深层次原因或者机制。在这个意义上，本章与现有文献是互补的，并且将现有研究往前推进了一步。

第 8 章 企业数字化转型与 ESG 绩效

8.1 引　　言

8.1.1 ESG 成为全球企业的主流商务活动

ESG[①]已经成为企业的主流商务活动。即便在中国这样的新兴市场，企业也开始积极地参与 ESG 活动。2021 年中国 A 股上市公司中，有 1 130 家发布了 ESG 报告，而在 2018 年只有 872 家。但是，发布 ESG 报告的上市公司比例只占所有 A 股上市公司的 26.9%（王大地等，2022）。如何让更多上市公司参与 ESG 活动成为研究者和实践者共同面对的难题。现有研究从市场特征、公司治理和领导人特征等多个角度考察了影响企业 ESG 绩效的原因（Gillan et al., 2021），为破解这个难题提供了启迪。但是，至今无人考察企业数字化转型对 ESG 绩效的影响。本章试图填补这一空白。

> **专栏 8.1：什么是 ESG？**
>
> ESG 是 "environmental, social, governance" 的首字母缩写，是一种在投资决策中将环境、社会和治理因素纳入考虑的投资理念，也是衡量上市公司是否具有足够社会责任感的重要标准。2004 年，时任联合国秘书长安南联合来自 9 个国家的 20 家大型金融机构共同签署和发布了《Who Cares Wins》报告。该报告首次将环境、社会和治理因素并列，提出了 ESG 概念，并指导人们如何将 ESG 理念融入投资实践当中。随后，他们在联合国环境规划署金融倡议组织和联合国全球契约的支持下发起设立负责任投资原则组织（Principles for Responsible

---

① 与 ESG 等价的一个概念是企业社会责任（corporate social responsibility, CSR），二者都表示企业将资源投资于公共产品，以将负外部性降低到法律要求的水平以下（Kitzmueller and Shimshack, 2012; Gillan et al., 2021）。

Investment，PRI），并于 2006 年在纽约证券交易所发布"负责任投资原则"，要求签署 PRI 的机构不仅要将 ESG 因素纳入投资决策中，还要推动被投资实体的 ESG 发展。自此之后，可持续发展的观念越来越深入人心，ESG 投资理念也逐渐向全球推广。截至 2022 年 1 月，PRI 的签署方总数超过 4 700 家，资产管理总规模超过 120 万亿美元。

　　ESG 研究的兴起有两大背景。一是经济社会发展带来的一系列环境、社会及治理问题的冲击；二是长期以来企业目标逐步从股东利益最大化向利益相关者利益最大化演进。近年来，学术界开始追随 ESG 实践的步伐，这一研究话题的热度持续上升。在 2015 年前后，国际顶级期刊上开始出现关于 ESG 主题的研究。随后，多个顶级期刊陆续开始征集或刊登 ESG 相关主题的研究。就目前已发表的研究而言，学者大多关注 ESG 投资给投资者带来的投资收益问题，而较少直接讨论公司治理相关话题。但从 ESG 的缘起能够看出，ESG 理念本身就是利益相关者治理推动的结果，其与公司治理之间有着密切的关联。随着未来利益相关者治理研究如雨后春笋般涌现，ESG 这一新兴研究话题势必会拓展公司治理研究的边界。

　　资料来源：姜付秀（2023）

8.1.2　中国企业的数字化转型浪潮

　　随着数字经济的到来，数字化转型已经成为中国经济和中国企业面临的最大挑战或者机遇之一。作为一个发展中国家，中国在数字经济[①]领域后来居上。2020 年中国数字经济的规模达到 5.4 万亿美元，位居世界第二，仅次于美国的 13.6 万亿美元（中国信息通信研究院，2021）。中国数字经济占 GDP 的比重从 2015 年的 27% 增长到 2021 年的 39.8%（中国信息通信研究院，2022）。对于中国企业来说，数字化转型已经成为当前最重要的技术创新之一。数字化转型是指企业利用互联网、大数据、区块链等数字技术降低交易成本、提高生产效率和为客户创造更多价值的过程（Aguiar and Waldfogel，2018；Goldfarb and Tucker，2019）。国际咨询公司埃森哲和国家工业信息安全发展研究中心的调查报告显示，在 2020 年新冠疫情期间，80% 的中国企业部署了远程办公系统，63% 的企业建立了网上销售渠道[②]。

---

　　① Chen（2020）认为，"数字经济"的狭义定义是指 ICT 部门的经济活动，广义定义包括 ICT 生产和数字投入对经济其他部门的综合价值。

　　② Accenture，国家工业信息安全发展研究中心. Acceleration to digital maturity：Accenture Greater China enterprise digital transformation index 2020[R]. https://www.accenture.com/_acnmedia/PDF-135/Accenture-Greater-China-Enterprise-Digital-Transformation-Index-2020.pdf#zoom=50，2020.

8.1.3　数字化转型助推 ESG

数字化转型彻底改变了企业开展业务的方式，改变了企业与消费者、供应商和其他利益相关者的关系，促进了商业模式创新和客户价值创造（Bresciani et al.，2018；Matarazzo et al.，2021）。全球最大的个人计算机企业联想的数字化转型案例为此提供了一个证据。新冠疫情暴发初期，联想被迫关闭了 65.3% 的线下门店，导致销售业绩急剧下滑。之后，联想利用微信小程序帮助 1 000 家线下门店开展线上业务，并利用大数据技术将会员、门店、营销和物流的数据进行整合。借助数字化转型，联想既保障了员工就业，又满足了客户需求[①]。既然数字化转型为利益相关者带来了价值，而维护利益相关者的价值正是 ESG 活动的本质（Edmans，2020），那么我们推测数字化转型会改善 ESG 绩效。

为了验证企业数字化转型和 ESG 绩效之间的关系，本章收集了 2012~2020 年中国 A 股民营上市公司年报和财务数据，并进行严谨的计量经济学分析。

8.2　理论分析和研究假说

8.2.1　企业数字化转型对 ESG 绩效的影响

企业参与的 ESG 包括三个方面，即环境（E）、社会（S）和治理（G）。ESG 的宗旨是，企业不再只强调为股东创造利润，而是与利益相关者（包括员工、客户、供应商、社区和政府）一起努力"做大蛋糕"，实现多赢的过程（Edmans，2020）。数字化转型就是企业使用数字技术来提高管理效率和生产效率，最终改善利益相关者福利的过程。因此，数字化转型会提高 ESG 绩效。我们从以下三个方面进行分析。

1. 数字化转型与代理成本

自从企业实行所有权和控制权分离之后，在企业管理方面最主要的成本之一就是代理成本（Berle and Means，1932）。代理成本主要源于股东和经理人之间的信息不对称（Alchian and Demsetz，1972；Jensen and Meckling，1976）。ICT 和基于互

---

① Accenture，国家工业信息安全发展研究中心. Acceleration to digital maturity：Accenture Greater China enterprise digital transformation index 2020[R]. https://www.accenture.com/_acnmedia/PDF-135/Accenture-Greater-China-Enterprise-Digital-Transformation-Index-2020.pdf#zoom=50，2020.

联网的数字化转型可以减少企业的利益相关者之间的信息不对称和代理成本（Canarella and Miller，2018）。第一，使用信息存储和处理软件（如 ERP）可以更好地收集信息，这提高了工人的生产率（Bloom et al.，2014）。第二，使用内部网（Intranet）或者 CAD 软件，可以减少管理者的协调成本（McElheran，2014），而协调成本的降低显然有助于提高管理者的价值（Garicano，2000）。第三，对于企业的采购和销售部门来说，数字化转型可以有效地减少腐败或商业贿赂（Fan et al.，2021），从而可以更好地保护股东和债权人的利益，提升透明度和可问责性。第四，社交媒体降低了公司治理违规的可能性，如股份稀释、股东剥夺权利（Dyck et al.，2008）或违反信息披露规则（Kouwenberg and Phunnarungsi，2013）。总之，数字化转型有利于减少经理层和员工、外部投资者和经理层之间的信息不对称，从而降低代理成本，完善公司治理，并最终提高企业在公司治理（G）方面的得分。

2. 数字化转型与商誉

除了减少信息不对称，数字化转型给企业管理带来的好处还包括降低信息验证成本（Goldfarb and Tucker，2019）。对电子商务的研究表明，企业向消费者提供的在线反馈系统（online feedback system）可以在各种环境中提供可靠的质量信号（Cabral and Hortacsu，2010），从而在远程交易中与消费者建立信任关系。此外，在线反馈系统不仅有效促成了互联网情景下的市场交易，还减少了线下场景的验证成本（Luca，2016）。因此，数字化转型企业可以改善企业在消费者心中的商誉。并且社交媒体在提高利益相关者参与度方面发挥着至关重要的作用，因为它们能够促使企业和利益相关者之间进行直接、双向的对话（Schultz et al.，2013）。我们认为，借助数字化转型的传播手段（如企业网站、社交媒体账号），企业可以更好地向社区、政府宣传自己在环境保护、慈善和扶贫方面的成就，从而提高企业的商誉，提高企业在社会方面（S）的得分。

3. 数字化转型与环境绩效

近年来，学者已经关注到数字化转型对环境绩效（E）的影响渠道。一方面，数字化转型可以帮助企业控制污染排放。数字技术的应用可以被视为解决动态环境问题的有效方式，如空气污染、碳排放、废水处理和气候变化（Kanabkaew et al.，2019；Ha，2022）。另一方面，数字化转型可以提高能源使用效率，实现可持续发展。例如，在节能或可再生能源消费方面，企业可以通过应用数字技术实现智能和可持续制造。因此，从理论上讲，数字化转型可以改善企业在环境方面（E）的得分。

基于以上三个方面的理论分析，我们将研究思路概括为图 8.1，并得到如下假说。

假说 8.1：企业数字化转型会提高 ESG 绩效。

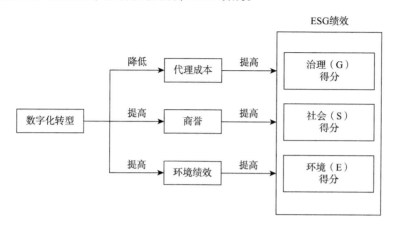

图 8.1　企业数字化转型和 ESG

8.2.2　政治关联的作用

企业数字化转型对 ESG 的影响，可能受到企业特征和外部环境的影响。我们分析政治关联带来的异质性。一方面，企业通过政治关联可以获得一些优惠政策，包括更高的收购价格（Faccio et al.，2006）和更低的融资成本（Li et al.，2008），从而提升企业价值。另一方面，有政治关联的企业在环境管制方面会得到一些优待。Correia（2014）发现，政治关联企业受到的管制负面冲击较低。Xiao 和 Shen（2022）巧妙地利用一次外生冲击，发现失去了政治关联的企业在环境评分方面有明显改善。上述研究表明，政治关联会给企业带来环境管制的缓冲效应，从而缺乏改善 ESG 绩效的激励。因此，有政治关联的企业更有可能将数字技术用于非 ESG 方面，如提高财务绩效。因此，我们推测，对于有政治关联的企业来说，数字化转型不会对 ESG 绩效产生正效应；相反，对于没有政治关联的企业来说，数字化转型会对 ESG 绩效产生正效应。

假说 8.2：数字化转型对 ESG 绩效的正效应对于没有政治关联的企业更突出。

8.2.3　制度质量的作用

我们分析制度环境带来的异质性。制度通常包括两个维度：一是产权制度，它度量政府对企业和居民的保护程度；二是契约制度，它度量企业或居民之间的契约实施水平（Acemoglu and Johnson，2005）。制度经济学的文献已经充分证明，制度是长期经济增长的根本因素，因为制度决定了经济主体的投资激励（North，

1990；Acemoglu et al.，2005）。只有在高制度质量地区，企业才能形成稳定的预期，才有激励投资于技术创新并获得长期回报。相反，在低制度质量地区，企业可能更有激励投资于政治关联来获得短期收益。数字技术的使用同样依赖于制度环境。一方面，数字技术无论是作为一种硬件设备还是知识产权（软件），本身也需要政府保护其所有权、使用权和收益权，否则就无法提高企业的管理效率和生产效率，也就不可能对 ESG 绩效产生正面效应。另一方面，数字化转型作为一种技术创新，需要企业一开始投入大量资金，具有较大的失败风险[①]。因此，相对于一般的技术创新，数字化转型可能更需要稳定的、可预期的制度环境。Fan 等（2021）发现，在那些政治制度更好的国家，或者是在那些产权保护更好的国家，ICT 的反腐功能更加突出。这与我们的推测是一致的。

假说 8.3：数字化转型对 ESG 绩效的正效应对于高制度质量地区的企业更突出。

8.3 数据和方法

8.3.1 数据和样本

本章的研究样本是中国民营 A 股上市公司[②]。之所以选择民营企业样本，是因为国有企业依赖行政垄断的特征，对经济效率不敏感。ESG 得分数据来自彭博数据库，数字化转型程度和企业财务数据来自 CSMAR 数据库。参照多数文献使用该数据库的惯例，剔除了金融类上市公司和经营状况异常（ST）的上市公司，并对连续变量的上下 1% 进行缩尾处理，以缓解极端值的影响。具体而言，本章基于上市公司年报，使用文本分析法构造了企业数字化转型指数，在此基础上匹配相关数据库并剔除了缺乏 ESG 得分的上市公司。一些上市公司的 ESG 得分缺失是因为这些上市公司未发布 ESG 报告。最终，我们得到了一个非平衡的公司–年份面板数据，包括 2012~2020 年 394 家中国民营上市公司的 2 776 个观测值[③]。

本章的变量定义和数据来源详见表 8.1。

---

① 麦肯锡的一篇报告发现，数字化转型是一项风险很高的投资，以至于大部分企业还没有成功（Bughin et al.，2015）。

② 本章将国有企业定义为其最终控制人或最大股东为政府的企业。

③ 由于 ESG 得分数据缺失，一些样本被剔除，因此，我们的样本仅包括 394 家中国民营上市公司。同时，本章将研究起始年份设置为 2012 年，因为最早的彭博 ESG 得分来自 2012 年。

表 8.1 变量定义和数据来源

变量	定义	数据来源
A 部分：ESG 得分和企业数字化转型程度		
ESG_score	ESG 得分，彭博 ESG 得分	彭博数据库
Digitization	数字化转型程度，作者根据上市公司年报文本计算，等于上市公司年报"管理层讨论与分析"部分数字化关键词占总词数的比重	作者计算
B 部分：控制变量		
Size	企业规模，员工总数的自然对数	CSMAR 数据库
Age	企业年龄，企业上市的年数	CSMAR 数据库
Dividends	股息，现金红利除以总资产	CSMAR 数据库
Leverage	杠杆率，总负债除以总资产	CSMAR 数据库
ROA	资产回报率，净利润除以总资产	CSMAR 数据库
Cash	现金，现金余额除以总资产	CSMAR 数据库
Largest	第一大股东持股比例	CSMAR 数据库
Top10	前十大股东持股比例	CSMAR 数据库
Boardnum	董事会人数	CSMAR 数据库
Inboardratio	独立董事比例，独立董事人数除以董事会总人数	CSMAR 数据库
Duality	两职合一，虚拟变量，当董事长兼任 CEO 时取值为 1，否则取值为 0	CSMAR 数据库
C 部分：其他变量		
Digi_fix	与数字化转型相关的固定资产投资（办公电子设备和自助服务设备）除以总资产	作者计算，iFind 数据库
Digi_int	与数字化转型相关的无形资产投资（软件净值）除以总资产	作者计算，iFind 数据库
ESG_Rank	将样本对 ESG 得分由低到高排序分为 100 组，为每组赋值 1~100，赋值越高意味着 ESG 得分越高	彭博数据库
Log（ESG）	彭博 ESG 得分的对数	彭博数据库
HZ_Rate	虚拟变量，当华证[1] ESG 评级为 CCC 或 CC 或 C 时等于 0，否则等于 1	华证
HX_Rate	虚拟变量，当和讯[2] CSR 评级为 D 或 E 时等于 0，否则等于 1	和讯
Femceo	虚拟变量，当 CEO 是女性时等于 1，否则等于 0	CSMAR 数据库
Ceoage	CEO 年龄的自然对数	CSMAR 数据库
Environ_score	彭博环境得分	彭博数据库
Govnce_score	彭博治理得分	彭博数据库
Social_score	彭博社会得分	彭博数据库

续表

变量	定义	数据来源
C 部分：其他变量		
Agency	管理费用比例，管理费用除以销售额	CSMAR 数据库
Posinews	正面新闻数量，正面新闻数量的自然对数	CFND[3]
Posiratio	正面新闻曝光率，正面新闻数量除以新闻总数	CFND

1）上海华证指数信息服务有限公司，简称华证；2）和讯信息科技有限公司，简称和讯；3）CFND：Financial News Database of Chinese Listed Companies，中国上市公司财经新闻数据库

8.3.2 企业 ESG 绩效的测度

本章使用反映企业 ESG 活动参与度的 ESG 得分（ESG_score）来衡量企业 ESG 绩效。ESG 得分来源于彭博数据库，该数据库已在 ESG/CSR 文献中被广泛使用（Buchanan et al.，2018；Avramov et al.，2022）。彭博 ESG 数据来源于企业文件，包括企业社会责任报告、年度报告、企业网站和彭博社专有调查。彭博 ESG 得分涵盖了 ESG 的环境（Environ_score）、社会（Social_score）和治理（Govnce_score）3 个维度，各约占 33% 的权重[1]。例如，环境维度涵盖 7 个主题，包括空气质量、气候变化、生态和生物多样性影响、能源、材料和废物、供应链、水，每个主题的权重约为 4.75%。每个主题包含多个字段[2]。彭博 ESG 得分的组成部分及权重见表 8.2。与其他 ESG/CSR 评级不同，彭博 ESG 得分也针对不同的行业部门。在这种情况下，每个企业仅根据与其行业相关的数据进行评估。

表 8.2 彭博 ESG 得分的组成部分及权重

二级指标（权重）	三级指标（权重）
环境（33.32%）	空气质量（4.78%）
	气候变化（4.70%）
	生态和生物多样性影响（4.79%）
	能源（4.73%）
	材料和废物（4.74%）
	供应链（4.79%）
	水（4.79%）

① 本章在渠道分析部分使用这 3 个维度作为启发性结果。
② 例如，空气质量主题（环境维度的组成部分之一）由 5 个领域组成，即氮氧化物排放、挥发性有机化合物排放、一氧化碳排放、颗粒物排放和二氧化硫/硫氧化物排放。

续表

二级指标（权重）	三级指标（权重）
社会（33.26%）	社区和消费者（5.53%）
	多样性（5.49%）
	道德与合规（5.57%）
	健康与安全（5.58%）
	人力资本（5.55%）
	供应链（5.54%）
治理（33.42%）	审计风险与监督（4.18%）
	董事会组成（4.17%）
	薪酬（4.17%）
	多样性（4.18%）
	独立性（4.18%）
	提名与治理监督（4.18%）
	可持续性治理（4.18%）
	任期（4.18%）

在稳健性检验中，本章构建了 ESG 绩效的 4 个替代指标。第一，参照 Kong 等（2021）的做法，我们先对 ESG_score 进行排序，并根据排序将样本分为 100 组。然后构造范围为 1~100 的离散变量（ESG_Rank）作为新的因变量；较高的 ESG_Rank 意味着较高的 ESG 绩效。第二，使用 ESG 得分的自然对数（Log（ESG））作为 ESG 绩效的替代指标。第三，使用华证 ESG 评级数据。华证 ESG 评级分为 AA、A、BBB、BB、B、CCC、CC、C 8 类。我们定义虚拟变量 HZ_Rate，如果华证 ESG 评级为 CCC、CC 或 C，那么 HZ_Rate 赋值为 0，否则为 1。第四，使用和讯 CSR 评级数据。和讯 CSR 评级分为 A、B、C、D、E 5 类。我们定义虚拟变量 HX_Rate，如果和讯 CSR 评级为 D 或 E，那么 HX_Rate 赋值为 0，否则为 1。

不可否认，一些上市公司在发布 ESG 报告时可能会采取战略性行动，如夸大或隐藏一些重要信息。然而，本章认为中国上市公司缺少在其 ESG/CSR 报告中进行系统性造假或歪曲的动机。原因在于：第一，现有研究表明 ESG 与上市公司财务绩效之间的关系是混合的（Gillan et al.，2021），基于中国上市公司的研究也表明 ESG 披露导致上市公司营利能力下降（Chen et al.，2018）。因此，上市公司在 ESG 方面的造假不一定导致财务绩效的改善。第二，除少数重污染行业外，中国上市公司自愿披露 ESG 报告，这削弱了上市公司造假的激励。

8.3.3 企业数字化转型的测度

本章的核心解释变量是企业数字化转型。如前所述，数字化转型是一个涉及内部管理、组织结构、销售系统和企业文化等方面的转型过程（Siebel，2019）。因此，数字化转型程度很难通过上市公司披露的财务指标来衡量。然而，由于数字化转型是上市公司绩效的亮点，为获得投资者的青睐，上市公司具有在年报中披露数字化转型的强劲动力。因此，可以通过对上市公司年报进行文本分析来构造企业数字化转型指标。具体来说，我们先从 Siebel（2019）、Ratajczak-Mrozek 和 Marszałek（2022）等数字化转型的代表性文献及 2012~2020 年中国数字经济政策文件中挑选关键词，构建数字化转型关键词词库，大约包含 100 个关键词。然后，我们使用 Python 收集上市公司年报文本，使用正则表达式提取"管理层讨论与分析"（MD&A）部分的内容。最后，根据数字化转型关键词词库计算关键词的词频（详见 3.2.1 小节）。

本章使用企业数字化转型的两个替代变量来进行稳健性检验。参考 Brynjolfsson 和 Hitt（2002）的做法，我们使用企业的 ICT 投资作为企业数字化转型变量的替代指标。具体而言，我们基于 ICT 投资的性质构建了 Digi_fix 和 Digi_int 两个指标。Digi_fix 为企业与数字化转型相关的固定资产投资占总资产的比例，以办公电子设备投资加上自助服务设备投资来衡量。Digi_int 为企业与数字化转型相关的无形资产投资占总资产的比例，以软件净值来衡量。

8.3.4 计量模型

为了衡量企业数字化转型对 ESG 绩效的影响，本章构建了如下计量模型：

$$\text{ESG\_score}_{it} = \alpha + \beta \text{Digitization}_{i(t-1)} + \gamma X_{i(t-1)} + \tau_i + \delta_t + \varepsilon_{it} \qquad (8.1)$$

其中，i 表示企业；t 表示年份；被解释变量 ESG_score 为 ESG 得分。核心解释变量为企业数字化转型程度。我们将企业数字化转型程度滞后一期，以缓解潜在反向因果关系的干扰。系数 β 表示滞后一期的企业数字化转型程度对 ESG 得分的影响程度。X 为一组企业层面的控制变量；我们将所有控制变量滞后一期，以减轻企业特征对 ESG 绩效的影响（Giuli and Kostovetsky，2014）。此外，本章控制了企业固定效应 τ 和年份固定效应 δ，ε 表示残差项。

参考现有文献（Giuli and Kostovetsky，2014；Ferrell et al.，2016；Cronqvist and Yu，2017；Kong et al.，2021），本章选取了以下控制变量：①企业规模（Size）；②企业年龄（Age）；③股息（Dividends）；④杠杆率（Leverage）；⑤资产同报率

（ROA）；⑥现金（Cash）；⑦第一大股东持股比例（Largest）；⑧前十大股东持股比例（Top10）；⑨董事会人数（Boardnum）；⑩独立董事比例（Inboardratio）；⑪两职合一（Duality）。

此外，为了排除企业数字化转型对 ESG 绩效影响的其他解释，本章在稳健性检验中进一步控制了女性 CEO 虚拟变量（Femceo）和 CEO 年龄（Ceoage）两个变量。Femceo 为虚拟变量，如果上市公司在某一年度有女性担任 CEO，则该变量取值为 1，否则为 0。Ceoage 用 CEO 年龄的自然对数来衡量。

8.3.5　描述性统计

本章主要变量的描述性统计参见表 8.3。其中，企业 ESG 得分的均值和标准差分别为 19.888 和 6.010。企业数字化转型程度的均值和标准差分别为 0.084 和 0.108，可见企业的数字化转型经历了较为明显的变动。

表 8.3　描述性统计

变量	变量名称	观测值	均值	标准差	最小值	最大值
ESG_score	ESG 得分	2 776	19.888	6.010	5.785	60.744
Digitization	企业数字化转型程度	2 776	0.084	0.108	0	0.573
Size	企业规模	2 776	8.312	1.110	4.205	12.342
Age	企业年龄	2 776	17.647	5.685	5	32
Dividends	股息	2 776	0.029	0.020	0.001	0.115
Leverage	杠杆率	2 776	0.437	0.183	0.064	0.849
ROA	总资产回报率	2 776	0.053	0.052	−0.134	0.210
Cash	现金	2 776	0.145	0.107	0.014	0.529
Largest	第一大股东持股比例	2 776	31.766	14.683	7.630	72.630
Top10	前十大股东持股比例	2 776	57.093	15.886	12.720	92.330
Boardnum	董事会人数	2 776	8.635	1.628	4	18
Inboardratio	独立董事比例	2 776	0.374	0.054	0.182	0.667
Duality	两职合一	2 776	0.280	0.449	0	1

图 8.2（a）和 8.2（b）分别描述了企业 ESG 得分和企业数字化转型程度的时间趋势。图 8.2（a）显示，2012~2020 年企业 ESG 得分稳步增长。图 8.2（b）中的实线表示每年的企业平均数字化转型程度（相对于 2012 年），呈现出快速增长的趋势。其中，2020 年企业平均数字化转型程度约为 2012 年的 4.5 倍。图 8.2（b）

中的虚线表示每年的中国平均数字经济规模①（相对于 2012 年）。如图 8.2 所示，企业数字化转型与中国数字经济规模的时间趋势高度相似，这表明本章对企业数字化转型指标的度量是合理的。

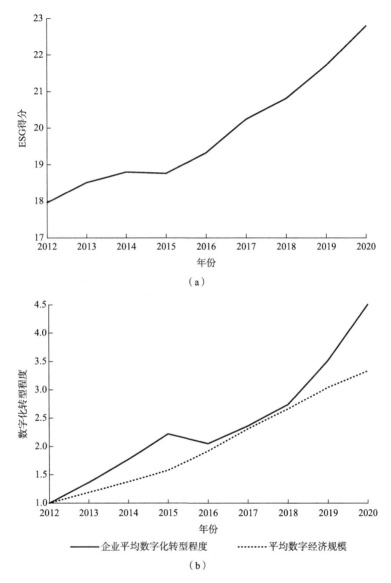

（a）

（b）

图 8.2　企业 ESG 得分和企业数字化转型程度的时间趋势

将 2012 年企业平均数字化转型程度（0.034）标准化为 1，每年的企业平均数字化转型程度除以 0.034，基于这一处理后的数据绘制图 8.2（b）

① 数字经济规模数据来自中国信息通信研究院（2022）。

8.4　回　归　结　果

8.4.1　基准回归

表 8.4 是我们的基准回归结果，检验了企业数字化转型程度与企业 ESG 得分之间的关系。表 8.4 列（1）控制了企业固定效应，列（2）同时控制了企业和年份固定效应。在列（2）中，单变量回归的结果表明，滞后一期的企业数字化转型程度的估计系数 β 为 3.028（t 统计量为 2.63）。在样本期间，ESG 得分的增加有多大比例可归因于企业数字化转型程度的提升？2012 年，ESG 平均得分为 17.948。2020 年，ESG 得分已增至 22.789 分，增加 4.841 分，增幅为 27%。在样本期间，企业平均数字化转型程度从 0.034 增加到 0.157[①]。因此，企业数字化转型程度的提升可解释这一时期 ESG 得分增加的 7.69%［=（0.157−0.034）×3.028/（22.789−17.948）］。在表 8.4 的列（3）中，我们加入了企业层面的控制变量进行回归，以排除其他企业特征对回归结果的影响，回归结果仍然显著。回归结果表明，企业数字化转型会提高 ESG 绩效，这验证了假说 8.1。

表 8.4　基准回归：企业数字化转型程度对 ESG 得分的影响

变量	ESG_score		
	（1）	（2）	（3）
L.Digitization[1)]	9.890***	3.028***	2.564**
	（8.40）	（2.63）	（2.23）
L.Size			0.932***
			（4.56）
L.Age			0.248
			（0.43）
L.Dividends			−6.415
			（−1.23）
L.Leverage			2.844***
			（3.05）
L.ROA			2.837
			（1.40）
L.Cash			1.803*
			（1.75）

① 2012 年企业平均数字化转型程度为 0.034，2020 年企业平均数字化转型程度为 0.157。

变量	ESG_score		
	（1）	（2）	（3）
L.Largest			0.041*** （2.63）
L.Top10			0.018 （1.48）
L.Boardnum			−0.032 （−0.34）
L.Inboardratio			−2.200 （−0.90）
L.Duality			0.348 （1.35）
观测个数	2 251	2 251	2 251
企业固定效应	控制	控制	控制
年份固定效应	未控制	控制	控制
R^2	0.037	0.190	0.218

*、**、***分别表示显著性水平为 10%、5%和 1%

1）变量 L.Digitization 中的 "L." 表示滞后一期，余同

注：括号内为 t 值

表 8.4 还显示，企业规模、杠杆率和第一大股东持股比例与企业 ESG 得分呈显著正相关关系，这意味着企业规模越大、股权越集中，越积极参与 ESG 活动。该发现与现有文献 Deng 等（2013）、Cronqvist 和 Yu（2017）一致。

8.4.2　稳健性检验

为确保回归结果的稳健性，本章进行了一系列稳健性检验：①使用企业数字化转型的其他度量指标；②使用 ESG 绩效的其他度量指标；③加入其他控制变量；④采用 DID 模型；⑤使用 Bartik 工具变量法。

1. 企业数字化转型的其他度量指标

在基准回归中，本章使用文本分析法计算的企业数字化转型程度作为核心解释变量。为了检验结果的稳健性，本章还使用了企业数字化转型程度的两个替代指标，即 Digi_fix 和 Digi_int。我们将 Digi_fix 定义为企业与数字化转型相关的固定资产投资占总资产的比例，将 Digi_int 定义为企业与数字化转型相关的无形资产投资占总投资的比例。然后用两个滞后一期的新指标（L.Digi_fix 和 L.Digi_int）来衡量基准回归模型中的企业数字化转型程度。表 8.5 的回归结果显示，L.Digi_fix

和 L.Digi_int 都与 ESG_score 显著正相关，结果与基准回归保持一致。

表 8.5　使用企业数字化转型其他指标的回归结果

变量	ESG_score	
	（1）	（2）
L.Digi_fix	136.936***	
	（3.20）	
L.Digi_int		70.450**
		（2.05）
L.Size	0.885***	0.928***
	（4.30）	（4.52）
L.Age	0.165	0.200
	（0.29）	（0.35）
L.Dividends	−6.860	−6.601
	（−1.32）	（−1.27）
L.Leverage	3.029***	2.861***
	（3.25）	（3.06）
L.ROA	2.704	3.092
	（1.34）	（1.53）
L.Cash	1.940*	1.823*
	（1.88）	（1.76）
L.Largest	0.037**	0.039**
	（2.38）	（2.50）
L.Top10	0.016	0.018
	（1.32）	（1.48）
L.Boardnum	−0.013	−0.028
	（−0.14）	（−0.30）
L.Inboardratio	−2.305	−2.229
	（−0.94）	（−0.91）
L.Duality	0.385	0.353
	（1.48）	（1.36）
观测个数	2 241	2 241
企业固定效应	控制	控制
年份固定效应	控制	控制
R^2	0.220	0.217

*、**、***分别表示显著性水平为 10%、5%和 1%

注：括号内为 t 值

2. ESG 绩效的其他度量指标

为了检验基准回归结果的稳健性，本章采用 4 种 ESG 绩效的度量方式，形成 4 个变量，即 ESG_Rank、Log（ESG）、HZ_Rate 和 HX_Rate。具体而言，变量

ESG_Rank 的构建方法是对 ESG_score 进行排序，并将样本分成 100 组，分别为每组分配 1~100 的值。ESG_Rank 越高，意味着 ESG 绩效越高。Log（ESG）为 ESG_score 的自然对数。HZ_Rate 是一个虚拟变量，如果华证 ESG 评级为 CCC 或 CC 或 C，则 HZ_Rate 等于 0，否则为 1。类似地，如果和讯 CSR 评级为 D 或 E，则虚拟变量 HX_Rate 为 0，否则为 1。本章使用这 4 个指标替换被解释变量 ESG_score，回归结果见表 8.6。由于 HZ_Rate 和 HX_Rate 是虚拟变量，本章在列（3）和列（4）中运行 Logit 回归，仅控制年份固定效应。回归结果显示，列（1）~列（4）中的滞后一期的企业数字化转型程度的系数显著为正值，与基准回归结果一致。

表 8.6　使用 ESG 绩效其他度量指标的回归结果

变量	（1）ESG_Rank	（2）Log（ESG）	（3）HZ_Rate	（4）HX_Rate
L.Digitization	17.193*** （3.45）	0.135*** （2.79）	1.136* （1.78）	1.880** （2.22）
L.Size	3.697*** （4.16）	0.042*** （4.85）	0.156*** （2.91）	0.115 （1.30）
L.Age	−0.820 （−0.33）	−0.003 （−0.13）	0.010 （1.00）	0.062*** （4.25）
L.Dividends	−26.708 （−1.18）	−0.332 （−1.51）	−3.829 （−1.24）	−1.526 （−0.41）
L.Leverage	1.894 （0.47）	0.086** （2.19）	−0.475 （−1.35）	−0.707 （−1.35）
L.ROA	8.724 （0.99）	0.083 （0.97）	9.294*** （7.03）	1.315 （0.75）
L.Cash	3.135 （0.70）	0.053 （1.21）	0.769 （1.28）	−0.918 （−1.31）
L.Largest	0.288*** （4.26）	0.002*** （3.22）	0.005 （1.07）	−0.009 （−1.38）
L.Top10	0.105** （2.01）	0.001* （1.73）	−0.004 （−0.93）	−0.004 （−0.63）
L.Boardnum	0.297 （0.73）	−0.001 （−0.23）	0.024 （0.59）	−0.043 （−0.84）
L.Inboardratio	−5.655 （−0.53）	−0.093 （−0.90）	3.821*** （3.15）	0.373 （0.26）
L.Duality	0.755 （0.67）	0.015 （1.33）	−0.253** （−2.11）	−0.071 （−0.43）
观测个数	2 251	2 251	2 239	2 036
企业固定效应	控制	控制	控制	控制
年份固定效应	控制	控制	未控制	未控制
R^2	0.240	0.243	0.057	0.312

*、**、***分别表示显著性水平为 10%、5%和 1%

注：括号内为 t 值

3. 加入其他控制变量

为了缓解遗漏变量对回归结果的干扰，本章在基准回归模型的基础上，控制了影响 ESG/CSR 的其他控制变量——CEO 性别和年龄变量（Cronqvist and Yu，2017）。本章构建虚拟变量 Femceo，如果企业在某一年有女性担任 CEO，则该变量为 1，否则为 0。变量 Ceoage 表示的是 CEO 年龄的自然对数。表 8.7 列（1）表明，滞后一期的企业数字化转型程度系数在 5% 的水平上显著为正值。现有研究表明，ESG 绩效与行业特征相关（Giuli and Kostovetsky，2014；Cronqvist and Yu，2017），因此，在表 8.7 列（1）回归的基础上，控制年份×二位数行业①固定效应，结果列于表 8.7 列（2），我们发现滞后一期的企业数字化转型程度的系数仍然显著为正值，表明本章的结果具有高度的稳健性。

表 8.7 加入其他控制变量的回归结果

变量	ESG_score	
	（1）	（2）
L.Digitization	2.713** （2.32）	3.377** （2.51）
L.Size	0.955*** （4.54）	0.922*** （4.10）
L.Age	0.418 （0.70）	0.980 （1.59）
L.Dividends	−6.784 （−1.28）	−4.130 （−0.73）
L.Leverage	2.685*** （2.77）	3.591*** （3.38）
L.ROA	3.015 （1.40）	2.526 （1.09）
L.Cash	1.990* （1.89）	2.030* （1.75）
L.Largest	0.042*** （2.64）	0.037** （2.12）
L.Top10	0.019 （1.57）	0.019 （1.38）
L.Boardnum	−0.041 （−0.43）	0.078 （0.76）
L.Inboardratio	−2.020 （−0.80）	0.055 （0.02）

---

① 二位数行业的分类基于中国证监会行业代码。

续表

变量	ESG_score	
	（1）	（2）
L.Duality	0.322 （1.13）	0.490 （1.63）
L.Femceo	0.434 （1.06）	0.113 （0.26）
L.Ceoage	0.307 （0.38）	−0.214 （−0.25）
观测个数	2 189	2 076
企业固定效应	控制	控制
年份固定效应	控制	控制
年份×二位数行业固定效应	未控制	控制
R^2	0.218	0.845

*、**、***分别表示显著性水平为 10%、5%和 1%

注：括号内为 t 值

4. DID 模型

企业数字化转型程度取决于城市数字经济和数字基础设施的发展程度。为了进一步解决遗漏变量和反向因果关系问题，本章使用区域数字化转型政策冲击作为准自然实验来缓解内生性问题。

为推进大数据建设，2016 年 2 月，国家发展和改革委员会、工信部、国家互联网信息办公室同意在贵州省建设国家大数据综合试验区。2016 年 10 月，三部门同意推进国家大数据综合试验区扩展至北京、天津、河北、珠江三角洲①、上海、河南、重庆、沈阳和内蒙古 9 个地区。

作为数字技术的重要组成部分，大数据在推动企业数字化转型方面发挥着至关重要的作用。因此，本章认为，国家大数据综合试验区政策可以通过以下三种渠道有效促进本地企业数字化转型：第一，试验区地方政府将大力发展大数据产业，完善数字经济基础设施，为企业数字化转型提供坚实基础；第二，试验区地方政府将在土地、融资、人才和资产评估方面为企业数字化转型提供优惠政策或财政补贴，这直接加速了企业数字化转型的进程；第三，试验区地方政府将促进电子政务和政府数据共享，这为企业数字化转型提供了推动力②。

---

① 珠江三角洲包括广州、佛山、肇庆、深圳、东莞、惠州、珠海、中山和江门 9 个城市。

② 中共河南省委 河南省人民政府关于加快建设国家大数据综合试验区的若干意见[EB/OL]. http://newpaper. dahe.cn/hnrb/html/2017-07/05/content_161715.htm, 2017-05-10.

本章构建 DID 模型对此进行检验：

$$ESG\_score_{it} = \alpha + \lambda(Treat_i \times Post_t) + \gamma X_{it} + \tau_i + \delta_t + \varepsilon_{it} \qquad (8.2)$$

其中，i 表示企业；t 表示年份；对于处理组（包括位于贵州、北京、天津、河北、珠江三角洲、上海、河南、重庆、沈阳和内蒙古的企业），$Treat_i$ 等于 1，其他企业为 0；政策年份为 2017 年，如果 t 年晚于 2017 年或为 2017 年当年，$Post_t$ 等于 1，否则为 0；系数 λ 表示国家大数据综合试验区政策对企业 ESG 绩效的平均效应；X 表示与式（8.1）相同的控制变量；τ 和 δ 分别表示企业和年份固定效应；ε 为残差项。

DID 模型的回归结果参见表 8.8，列（1）为控制企业和年份固定效应的单变量回归结果，列（2）在列（1）的基础上增加了控制变量。回归结果显示，Treat × Post 的估计系数为 1.349，在 1% 的水平上显著。这意味着，与未受政策影响的上市公司相比，那些因受政策冲击而加强数字化转型的上市公司显著提高了 ESG 绩效。

表 8.8　DID 模型的回归结果

变量	ESG_score	
	（1）	（2）
Treat × Post	1.289*** （4.99）	1.349*** （5.22）
控制变量	未控制	控制
观测个数	2 776	2 776
企业固定效应	控制	控制
年份固定效应	控制	控制
R^2	0.220	0.245

***表示显著性水平为 1%

注：括号内为 t 值

模型（8.2）识别的是国家大数据综合试验区政策对处理组企业的平均效应。在实践中，这一政策冲击的影响很可能在政策启动两三年后更加显著，即可能存在政策时滞效应。因此，本章允许更灵活地设定，并评估这一政策的动态效果。模型（8.3）包括回归中处理组虚拟变量和所有年份虚拟变量之间的交互项。通过这种方式，可以检验时间趋势是否重要。模型如下：

$$ESG\_score_{it} = \alpha + \sum_{t=2013}^{2016} \beta_t(Treat_i \times Before_t) + \mu(Treat_i \times Current_{2017})$$
$$+ \sum_{t=2018}^{2020} \omega_t(Treat_i \times After_t) + \gamma X_{it} + \tau_i + \delta_t + \varepsilon_{it} \qquad (8.3)$$

我们将样本的起始年份（2012 年）作为基准年，Before$_t$ 是政策前 t 年（t=2013 年、2014 年、2015 年、2016 年）的虚拟变量，Current$_{2017}$ 代表政策年（2017 年）的虚拟变量。After$_t$ 表示政策后 t 年（t=2018 年、2019 年、2020 年）的虚拟变量。其他变量的定义与模型（8.2）相同。

回归结果见表 8.9，列（1）回归中不包含控制变量，列（2）回归中添加了所有控制变量。可以看到，Treat×Before$_t$ 的交互项系数均不显著，而 Treat×Current$_{2017}$ 和 Treat×After$_t$ 的交互项系数显著为正值且依次递增，可见国家大数据综合试验区政策冲击的影响在政策年后逐渐增强，与我们的预期一致。

表 8.9　平行趋势检验：动态效应

变量	ESG_score	
	（1）	（2）
Treat×Before$_{2013}$	0.230 （0.31）	0.229 （0.33）
Treat×Before$_{2014}$	0.303 （0.37）	0.174 （0.22）
Treat×Before$_{2015}$	0.907 （1.59）	0.889 （1.49）
Treat×Before$_{2016}$	1.074 （1.46）	0.984 （1.30）
Treat×Current$_{2017}$	1.304** （2.22）	1.225* （2.01）
Treat×After$_{2018}$	1.737** （2.57）	1.714** （2.42）
Treat×After$_{2019}$	1.765*** （2.82）	1.823** （2.70）
Treat×After$_{2020}$	3.136*** （3.76）	3.197*** （3.63）
控制变量	未控制	控制
观测个数	2 776	2 776
企业固定效应	控制	控制
年份固定效应	控制	控制
R^2	0.225	0.240

*、**、***分别表示显著性水平为 10%、5%和 1%

注：括号内为 t 值

我们将表 8.9 的结果以图 8.3 的形式更为直观地呈现。图 8.3 中，黑色虚线表示 95%的置信区间。可以看到，在 2017 年国家大数据综合试验区政策出台之前，这一政策对企业 ESG 绩效没有显著影响。2017 年政策实施后，这一政策对企业 ESG 绩效存在显著的积极影响，且影响逐年扩大。此外，表 8.9 和图 8.3 表明模型通过平行趋势检验，DID 模型应用的前提条件得到满足。

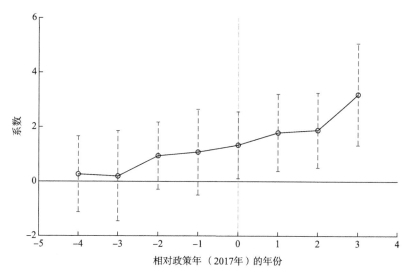

图 8.3　国家大数据综合试验区政策的动态效应

黑色虚线代表 95%的置信区间；灰色虚线代表政策年（2017 年）的分界线

5. Bartik 工具变量法

为了进一步缓解内生性干扰，本章使用份额移动法构建了一个工具变量（IV），该方法也被称为 Bartik 工具变量法（Bartik，1991）。Bartik 工具变量法已在文献中被广泛使用（Goldsmith-Pinkham et al.，2020）。它的基本原理是，使用分析单元（内生变量）的初始份额和总体增长率的乘积来模拟历年的估计值。其中，分析单元的初始份额衡量了对共同冲击的不同外生反应。分析单元的总体增长率代表了共同冲击。本章使用样本初始年（2012 年）企业所在二位数行业数字化转型程度的样本均值作为初始份额（外生变量），使用全行业数字化转型程度的年增长率作为总体增长率。Bartik 工具变量与内生变量高度相关，与残差项无关。为了缓解内生性问题，本章剔除了 2012 年的样本。

表 8.10 报告了 Bartik 工具变量两阶段最小二乘法回归结果。列（1）显示了第一阶段的回归结果，Bartik 工具变量的系数为 0.817，在 1%的水平上显著为正值，F 值为 80.93，排除了弱工具变量问题[1]。列（2）表明，在考虑到可能的内生

---

[1] 在第一阶段回归中，IV 的加入使得 R^2 增加了 40.76%，F 值增加了 40.29%。这同样表明不存在弱工具变量问题。

性问题后，企业数字化转型显著提高了 ESG 绩效，与基准回归的结论一致。

表 8.10　　Bartik 工具变量回归

变量	第一阶段 （1）L.Digitization	第二阶段 （2）ESG_score
L.IV	0.817*** （9.00）	
L.Digitization		10.857** （1.97）
控制变量	控制	控制
观测个数	1 887	1 887
企业固定效应	控制	控制
年份固定效应	控制	控制

、*分别表示显著性水平为 5%和 1%

注：括号内为 t 值；F 值=80.93

8.5　政治关联和制度质量的调节效应

8.5.1　政治关联的调节效应

基准回归结果显示企业数字化转型可以显著提高 ESG 绩效。接下来，我们进一步探讨企业数字化转型对 ESG 绩效的影响在政治关联和制度质量方面的异质性。

假说 8.2 认为数字化转型对 ESG 绩效的正效应对于没有政治关联的企业更突出。为了验证假说 8.2，我们根据政治关联情况将企业分为两组。当董事长或 CEO 曾担任党代表、全国人大代表、全国政协委员，或曾在政府或军队任职时，将企业归为有政治关联的企业；否则归为没有政治关联的企业。

然后，我们进行分组回归，结果如表 8.11 所示。列（1）只包含有政治关联的企业，可以看到，滞后一期的企业数字化转型程度的回归系数不显著。列（2）只包含没有政治关联的企业，可以看到，估计系数在 1%的水平上显著为正值。研究结果表明，没有政治关联的企业数字化转型可以更好地提高 ESG 绩效。可能的解释是，有政治关联的企业享受优惠政策，因此缺乏改善 ESG 绩效的激励措施。由此，假说 8.2 得到证实。

表 8.11　异质性分析

变量	ESG_score			
	（1） 有政治关联	（2） 没有政治关联	（3） 高制度质量	（4） 低制度质量
L.Digitization	0.631 （0.36）	6.033*** （3.30）	3.121*** （2.69）	0.894 （0.17）
控制变量	控制	控制	控制	控制
观测个数	999	1 028	1 928	323
企业固定效应	控制	控制	控制	控制
年份固定效应	控制	控制	控制	控制
R^2	0.214	0.216	0.220	0.346

***表示显著性水平为 1%

注：括号内为 t 值

8.5.2　制度质量的调节效应

假说 8.3 认为数字化转型对 ESG 绩效的正效应对高制度质量地区的企业更突出。为了验证假说 8.3，我们根据省级市场化指数将所有省份分为两组——高制度质量地区和低制度质量地区（樊纲等，2011）。为了缓解内生性问题，我们采用样本期前五年（即 2007~2011 年）省级市场化指数的平均值，如果一个地区的市场化指数高于平均值，则该地区被归为高制度质量地区；否则为低制度质量地区。

在此基础上，我们进行分组回归，结果见表 8.11。列（3）只包含高制度质量地区的企业样本，容易发现，滞后一期的企业数字化转型程度的系数在 1% 的水平上显著为正值，而列（4）针对低制度质量地区的回归系数不显著。这表明，企业数字化转型可以显著提高高制度质量地区的企业 ESG 绩效。一种可能的解释是，高制度质量地区的企业拥有稳定的预期，并有投资 ESG 等长期项目的激励。据此，假说 8.3 得到证实。

8.6　企业数字化转型影响 ESG 绩效的渠道分析

基准回归显示企业数字化转型可以显著提高 ESG 绩效。在本节中，我们先讨论企业数字化转型与 E/S/G 得分之间的关系，然后进一步探讨导致 ESG 绩效提高的两个潜在渠道。具体而言，企业数字化转型通过降低代理成本和提高商誉来提高 ESG 绩效。

8.6.1   企业数字化转型对 ESG 分项的效应

在分析渠道之前，一个有趣的问题待解释：企业数字化转型具体影响 E、S 和 G 得分的哪一个？彭博 ESG 得分由三个维度组成：环境得分（Environ_score）、社会得分（Social_score）和治理得分（Govnce_score），各约占 33% 的权重。彭博 ESG 得分的详细构成和权重见表 8.2。本节将彭博 ESG 得分的三个子得分分别作为被解释变量，将滞后一期的企业数字化转型程度作为核心解释变量，探讨企业数字化转型对 E、S、G 得分的影响。

回归结果见表 8.12。列（1）显示滞后一期的企业数字化转型程度的回归系数不显著，这表明数字化转型不能提高企业的环境得分（E）。列（2）和列（3）中，滞后一期的企业数字化转型的回归系数分别在 10% 和 5% 的水平上显著为正值，这表明数字化转型主要提高了企业的社会（S）得分和治理（G）得分。

表 8.12   企业数字化转型对 E、S、G 的影响

变量	（1）Environ_score	（2）Social_score	（3）Govnce_score
L.Digitization	1.163 （0.68）	2.596* （1.66）	1.646** （1.96）
控制变量	控制	控制	控制
观测个数	1 961	2 241	2 251
企业固定效应	控制	控制	控制
年份固定效应	控制	控制	控制
R^2	0.162	0.093	0.178

*、**分别表示显著性水平为 10% 和 5%

注：括号内为 t 值

8.6.2   企业数字化转型降低代理成本

数字化转型提高企业 ESG 绩效的第一个渠道是降低企业内部的代理成本。本章认为企业数字化转型有助于减少外部投资者与管理层、管理层与员工之间的信息不对称，从而降低代理成本，改善公司治理，最终提高 ESG 得分。

因此，本章构建了衡量企业代理成本的代理变量——管理费用比例（Agency）。被解释变量是代理成本，核心解释变量是滞后一期的企业数字化转型程度。回归结果见表 8.13 中 Panel A 部分的列（1），估计系数显著为负值，表明企业数字化转型显著降低了代理成本。进一步，使用 ESG 得分作为被解释变量，代理成本作

为核心解释变量。回归结果见表 8.13 中 Panel B 部分的列（1），估计系数显著为负值，表明降低代理成本可以显著提高企业 ESG 绩效。

表 8.13　渠道分析：代理成本和商誉

Panel A

变量	（1）Agency	（2）Posinews	（3）Posiratio
L.Digitization	−0.110*** （−8.78）	0.419** −2.05	0.071* −1.65
控制变量	控制	控制	控制
观测个数	2 241	2 251	2 251
企业固定效应	控制	控制	控制
年份固定效应	控制	控制	控制
R^2	0.249	0.373	0.137

Panel B

变量	（1）ESG_score	（2）ESG_score	（3）ESG_score
Agency	−7.444*** （−3.82）		
Posinews		0.544*** （−4.56）	
Posiratio			1.653** （−2.53）
控制变量	控制	控制	控制
观测个数	2 761	2 773	2 773
企业固定效应	控制	控制	控制
年份固定效应	控制	控制	控制
R^2	0.231	0.242	0.238

*、**、***分别表示显著性水平为 10%、5%和 1%
注：括号内为 t 值

8.6.3　企业数字化转型提高商誉

企业数字化转型改善 ESG 绩效的第二个渠道是提高企业商誉。我们认为通过数字通信工具，企业可以更好地向社区和政府传达其在环境保护、慈善和助困方面的成就，从而提高商誉，进而提高 ESG 绩效。具体而言，本章使用媒体曝光度来衡量企业商誉，构建了两个指标，即正面新闻数量（Posinews）和正面新闻曝光率（Posiratio）。

媒体曝光度数据来自 CFND 的在线财经新闻。该数据库包括 400 多家来自中国的重要网络媒体[①]的新闻报道数据。CFND 提供新闻情绪指标（包括正面、中性和负面）。本章旨在探究企业数字化转型是否提高了正面新闻曝光率，因此，我们定义了反映正面新闻曝光率的两个指标，将指标 Posinews 定义为正面新闻数量的自然对数，将指标 Posiratio 定义为正面新闻数量除以新闻总数。进一步地，将 Posinews 和 Posiratio 作为被解释变量，企业数字化转型程度作为核心解释变量，并重复上文的回归。回归结果见表 8.13 中 Panel A 部分的列（2）和列（3），估计系数显著为正值，表明企业数字化转型增加了正面媒体曝光度[②]。在此基础上，我们将 ESG 得分作为被解释变量，将 Posinews 和 Posiratio 作为核心解释变量。回归结果见表 8.13 Panel B 部分的列（2）和列（3），Posinews 和 Posiratio 的估计系数均显著为正值。这表明企业数字化转型通过增加正面媒体曝光度，改善了企业 ESG 绩效。

8.6.4　企业数字化转型改善环境绩效

本章探究环境绩效是否可以作为企业数字化转型影响 ESG 绩效的另一渠道。为此，我们构建了四个衡量企业环境绩效的代理变量。将变量 Airpollution 定义为企业总空气污染排放量的自然对数，将变量 Waterpollution 定义为企业水污染排放量的自然对数，将变量 Power 定义为企业总能耗的自然对数，Penalize 是一个表示企业是否因环境过失而受到处罚的虚拟变量。

我们将上述四个代理变量作为被解释变量，滞后一期的企业数字化转型程度作为核心解释变量，回归结果见表 8.14。其中，列（1）~列（4）中滞后一期的企业数字化转型程度的系数均为负值，但不显著，这表明环境绩效的改善不是数字化转型提高企业 ESG 绩效的主要渠道[③]。一个可能的解释是，多数企业数字化转型的主要目的是在竞争激烈的市场中生存，因此企业主要将数字技术应用于提高财务绩效，包括之前提到的降低代理成本和提高声誉。相比之下，使用数字技术减少污染并不一定会在短期内增加企业利润。事实上，基于中国上市公司的研究表明，企业数字化转型的主要目的是改善财务绩效（赵宸宇等，2021）。

[①] 包括和讯网、新浪财经、东方财富、腾讯财经、网易财经、凤凰财经、中国经济网、搜狐财经、金融板块、华讯财经、FT 中文网、全景网、中金在线、中国证券网、证券之星、财新网、冲浪新闻、第一财经、21CN 财经频道和财经网。

[②] 当使用新闻总数的自然对数作为被解释变量时，回归系数为正值但不显著。

[③] 在本章使用的数据库中，只有 56 个样本报告了能耗数据，通过小样本回归分析，我们发现企业数字化转型对能耗没有显著影响。尽管表 8.14 列（4）中的回归结果在 10%的水平上显著，但当使用 Penalize 作为核心解释变量和 ESG_score 作为被解释变量进行回归时，结果不显著。

表 8.14　渠道分析：环境绩效

变量	（1）Airpollution	（2）Waterpollution	（3）Power	（4）Penalize
L.Digitization	−1.580 （−1.00）	−1.569 （−0.76）	−8.174 （−0.24）	−7.355[*] （−1.82）
控制变量	控制	控制	控制	控制
观测个数	352	402	56	1 170
企业固定效应	控制	控制	控制	未控制
年份固定效应	控制	控制	控制	控制
R^2	0.428	0.078	0.733	0.137

*表示显著性水平为 10%

注：括号内为 t 值

8.7　本　章　小　结

我们基于上市公司年报，采取文本分析法测度了每个企业的数字化转型程度，然后将其与彭博 ESG 得分匹配。基准回归分析表明，企业数字化转型显著提高了 ESG 得分。平均而言，企业数字化转型程度每提高 1 个标准差，ESG 得分将提高 15.33%（=3.050/19.888）。当我们使用数字固定资产比值（Digi_fix）和数字无形资产比值（Digi_int）度量企业数字化转型程度时，基准回归结果依然稳健。

在异质性分析部分，我们发现，相对于有政治关联的企业，没有政治关联的企业数字化转型对 ESG 绩效的正效应更加突出。因为有政治关联的企业缺乏利用数字技术改善 ESG 绩效的激励，更可能将数字技术用于改善财务绩效。我们还发现，相对于低制度质量地区的企业，高制度质量地区的企业数字化转型对 ESG 绩效的正效应更加突出。这表明，数字技术和制度环境在某种程度上是互补的。

我们揭示了企业数字化转型影响 ESG 绩效的两种渠道：第一，数字化转型有助于企业降低代理成本，即通过提高治理水平提高了治理（G）得分；第二，数字化转型有助于企业增加媒体曝光度，即通过提高企业商誉提高了社会（S）得分。此外，我们没有发现企业数字化转型显著地减少了环境污染或者提高了能源使用效率，即企业数字化转型没有改善环境（E）得分。

本章在以下三个方面为现有文献做出了贡献。

第一，本章从技术创新的角度揭示了影响 ESG 绩效的原因。近年来，学者从不同的角度考察了影响企业 ESG 参与或 ESG 绩效的因素（Gillan et al., 2021），包括国家层面的经济发展水平、文化和制度（Cai et al., 2016b）、法律起源（Liang and Renneboog，2017），企业层面的股权结构（El Ghoul et al.，2016）和大股东特征（Borghesi et al.，2014），以及 CEO 的个人特征（Borghesi et al.，2014；Hegde and Mishra，2019）和 CEO 的薪酬结构（Ferrell et al.，2016）。然而，还没有学者专门分析技术创新与 ESG 绩效的关系。因此，本章旨在通过识别企业数字化转型和 ESG 绩效的因果关系，为 ESG 文献提供新的视角。

第二，本章丰富了数字技术影响企业行为的文献。经济学者发现，ICT、软件和大数据等数字技术的使用会促使企业加大研发力度（Branstetter et al.，2019；Wu et al.，2019），扩大投资规模（DeStefano et al.，2018）及改变组织结构（Bloom et al.，2014）。与上述文献不同，本章发现数字化转型提高了企业 ESG 参与。这意味着数字化转型不仅会改变企业的内部行为，还会改变企业与外部利益相关者有关的行为。此外，本章对企业数字化转型的度量范围更广，不仅包括了 ICT、大数据等数字技术，也包括了机器人或人工智能等新型自动化技术（Acemoglu and Restrepo，2018）。

第三，本章与近年来迅速增加的对波特假说的经验研究有关。波特假说认为，严格的环境管制政策会促使企业进行技术创新，并且技术创新会改善环境绩效和经济绩效（Porter，1991；Jaffe and Palmer，1997）。然而，波特假说在经验证据上仍然存在争议（Ambec et al.，2013；Martínez-Zarzoso et al.，2019）。并且，已有的经验研究主要关注环境管制对企业创新的影响（Martínez-Zarzoso et al.，2019；Wang et al.，2019），或环境管制对生产率的影响（Berman and Bui，2001；Albrizio et al.，2017）。与上述文献不同，本章分析了数字化转型这一技术创新对环境绩效的影响。我们发现，企业数字化转型能够提高 ESG 的总体绩效，但并未显著减少环境污染和提高能源使用效率。这说明，技术创新并不一定提高环境绩效，这取决于技术创新的使用方向。

第9章 企业数字化转型的案例分析

9.1 引　言

本书的主要目的，是分析中国企业数字化转型的状况、动因和影响。本书第3章通过上市公司数据和中小微企业数据，刻画了中国企业数字化转型的状况，第4章从企业高管特征的视角揭示了中国企业数字化转型的驱动因素，第5~8章分别从市场绩效、劳动收入份额、经济政策不确定性感知、ESG绩效的角度讨论了企业数字化转型的影响。前面这些内容都采用了定量分析的方法，可以比较严谨地捕捉大样本特征。然而，要深入、全面地了解企业数字化转型，还必须借助定性分析方法，这样才能抓住被统计数据忽视的细节及更好地理解背后的逻辑。

为此，本章采取案例分析法，从一个不同的视角透视企业数字化转型的成败。并且，为了形成对比，我们先介绍美国通用电气的数字化转型案例[①]，然后介绍蒙牛的数字化转型案例[②]。

两个案例中，前者代表跨国公司，在中国也有庞大的业务，属于制造业企业，其数字化转型被认为是失败的；后者代表民族企业，同时也属于世界500强企业，并且在海外上市，属于农业企业，其数字化转型之路被认为是成功的。

我们认为，这两个案例不仅各自具有典型代表意义，而且两者的对比也能提供很多启迪。当然，无论成功还是失败，它们都为中国企业的数字化转型提供了宝贵的经验和教训。

[①] 通用电气的案例参考了Moazed（2018）、中田敦（2018）、李圆和徐达（2018）、贺宗春（2022）。
[②] 蒙牛的案例参考了赵骄阳（2021）、徐凤（2022），以及蒙牛的可持续发展报告和官网资料。

9.2　通用电气数字化转型：从轰轰烈烈到黯然收场

9.2.1　通用电气概况

通用电气是一家创立于美国的高科技工业公司，距今已有 130 多年的历史。通用电气以照明业务起家，集团前身是发明家托马斯·爱迪生创立的爱迪生电灯公司，爱迪生凭借自身在白炽灯上的发明开启了电气时代，也推进了电力商业化的进程。凭借电力业务，爱迪生电灯公司于 1880 年在美国纽约证券交易所上市，1892 年爱迪生电灯公司和汤姆孙-豪斯顿电气公司合并，并正式更名为通用电气。

在一百多年的发展过程中，通用电气的业务版图不断扩大，在传奇经理人杰克·韦尔奇（Jack Welch）的带领下，通用电气的业务逐渐涉及水力发电、燃气轮机、喷气发动机、风力涡轮机、工业互联网、医疗健康、材料科学甚至金融领域，金融业务也一度成为集团最大的收益板块。但在遭遇 2008 年金融危机以后，通用电气逐渐剥离自己的金融业务，回归到自身制造业业务领域。

通用电气已经形成了主要的四大业务板块，即医疗保健、航天、可再生能源及电力业务，并在全世界拥有超过 17 万名员工，业务覆盖全球 170 个国家和地区。但在业绩方面，通用电气近两年的表现却不尽如人意。受累于在新能源业务方面的表现，2022 年公司继 2021 年后再度亏损，业绩的下降也影响了企业排名。在世界 500 强排名方面，通用电气的排名逐年下降，2022 年通用电气在全球 500 强企业中排名第 165，较 2021 年继续下跌 41 名。为了挽回颓势，实现更大的专注度、量身定制的资本配置和战略灵活性，实现长期增长，为客户、投资者和员工创造价值，2021 年底，通用电气宣布将按照航空业务，医疗保健业务，可再生能源、电力和数字化业务的形式将业务模块进行独立拆分，组建三家独立的专注于航空、医疗和能源增长板块的上市公司，并分别命名为 GE Aerospace、GE HealthCare 及 GE Vernova。在实现医疗保健业务和可再生能源、电力和数字化业务的独立拆分后，通用电气将以 GE Aerospace 的名字专注于航天业务领域。2023 年初，通用电气已经完成了医疗保健业务的独立拆分，并实现了 GE HealthCare 的独立上市。目前关于可再生能源、电力和数字化业务的剥离正在推进中，预计将在 2024 年完成。未来，通用电气的数字化业务将作为 GE Vernova 的一部分继续存在和发展。

9.2.2　通用电气的数字化转型之路

1. 起步阶段（2011~2012 年）：数字化转型之路开启

通用电气的数字化变革之路起始于 2011 年。当时，通用电气面临着内部和外部的双重压力。一方面，由于工业生产效率乏力、产能过剩和利润空间被压缩，通用电气生产和经营的压力越来越重，营业收入也自 2008 年开始接连下滑，急需在现有环境下寻找新的增长点；另一方面，通用电气也面临着激烈的外部竞争，这些强有力的外部竞争者一部分来自传统工业企业，更来自与互联网相关的企业，如思科、微软、IBM（International Business Machines Corporation，国际商业机器公司）等。这些数字化、信息化的企业带来了新的运作方式，也对通用电气的传统业务模式产生了不小的冲击。在这样内忧外患的背景下，通用电气宣布进行数字化探索和转型。2011 年，通用电气时任 CEO 杰夫·伊梅尔特提出了到 2020 年通用电气要成为全球"十大软件公司"的数字化目标，并在美国硅谷成立了数字软件中心，即通用电气软件（GE Software），同时任命原思科副总裁比尔·鲁赫（Bill Ruh）为通用电气软件的负责人。

2012 年，通用电气软件以"数字化聚焦和孵化"为主题，创新性地提出了"工业互联网"这一概念，开启了工业企业数字化转型的浪潮。通用电气提出聚焦 1% 的力量，即在工业领域哪怕只提升"1%"的效率，都会取得巨大效益。为了推进通用电气的数字化进程，通用电气开始全面向硅谷的创业企业学习其精益创业和敏捷迭代的工作方式，并开发出通用电气版的精益创业方法论"Fast Works"，在公司内选择了 100 个试点项目进行实践，其中包括新医疗器械开发、新燃气轮机开发等，率先在工业企业内部开启数字化变革。

2. 实践阶段（2013~2014 年）：扎根通用电气，Predix 的内部实践

2013 年，在通用电气软件"从孵化到实行的转型之年"的年度主题背景下，通用电气推出了工业互联网平台"Predix"。该平台是基于云的操作系统平台，通用电气软件意图通过 Predix 整合各类工业场景，打造工业领域的"iOS+Apple Store"全应用平台，为各类工业场景提供数字化解决方案。

到了 2014 年，Predix 积累了 40 多种数据与分析解决方案，为工业设备的管理提供技术支持。通用电气想要通过 Predix 进一步强化自身的工业平台服务型企业的属性，扩大自身工业互联网平台领域的影响力，因此将自己的年度主题定为"行业平台公司"。同时，为了进一步推动自身的数字化进程，通用电气在各业务部门开设了 CDO 职位，并开始招聘产品经理，以期为客户提供更为精确的数字化

服务的软件开发。2014 年，通用电气发布了一份新闻稿，称其通过生产力解决方案创造了超过 10 亿美元的收入，并在其中突出了 Predix 的作用。

　　尽管目标宏伟，但通用电气软件却是作为一家内部开发商店创立的。Predix 仅对通用电气内部业务部门使用，为内部团队提供数字化服务，通用电气软件也作为支持性部门为内部其他业务部门的数字化升级提供帮助。通用电气拥有一系列业务部门，如通用电气航空、通用电气运输、通用电气电力等，这些业务单元都有信息技术发展需求。因此，它们利用通用电气软件的资源进行数字化创新。是否采用数字化变革主要由这些部门的 CEO 和高管决定。因此，与其说通用电气软件是通用电气数字化转型大刀阔斧改革的推动者，不如说是数字化变化的支持方。通用电气软件产生的大部分收入来自通用电气其他业务部门，而非外部客户。

　　3. 转型阶段（2015~2017 年）：升级通用电气数字，拥抱外部需求

　　2015 年，为了提升自己在数字工业领域的竞争力，寻求更大的数字化机会，通用电气开始将目标扩大至外部，开始向外部工业企业销售其服务，主动提出帮助它们完成数字化转型之旅。同时，通用电气软件也变更为通用电气数字（GE Digital），并推出了全新的面向外部用户的 Predix 2.0，允许外部用户的系统接入 Predix 平台，同时推出了新的数字化软件 Digital Twin。图 9.1 展示了通用电气数字与其他部门的关系。

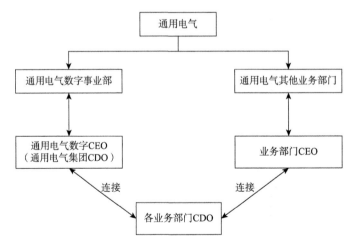

图 9.1　通用电气数字与通用电气其他业务部门的关系

　　2016 年，通用电气进一步强化自身的工业互联网平台属性，对自己的数字化业务进行快速扩张。通用电气收购了多家数字化公司，并进行人才招聘，以丰富

自己的人才数量。有报道称通用电气数字在硅谷的办公室有 1 500 多名员工。同时，为了更好地适应数字化的工作风格，通用电气也在公司制度和文化方面进行了革新。通用电气废除了原有的严苛的人事评价制度，转而采取更为人性化的绩效管理制度，同时在公司内部培养更加宽容和开放的公司文化和氛围。在资金投入方面通用电气毫不吝啬，据统计通用电气对数字化转型的相关研发投入更是高达 55 亿美元。

2017 年上半年，通用电气保持了高速扩张势头，内外同时发力。在组织内部，通用电气数字事业部合并了各事业部软件开发团队和信息部门的同事，同时从外部进行大量的数字化人才招聘，在硅谷大量招募软件工程师、数据专家、设计师等科技人才，员工人数最高达到 2.8 万人，成为通用电气数字化转型的中坚力量。

连年的战略倾斜和高额投入并没有给通用电气带来预期效果和收益。一方面，通用电气数字是作为一个独立的业务部门成立的，也和公司其他制造业务互联互通，其目的是让通用电气数字从内部的数字化支持部门、成本中心，转变为数字化业务部门、利润中心。它的成立使得通用电气数字拥有了更多的自主权，但同时，通用电气数字也由此背负了业绩指标，不得不对业绩做出季度承诺。这笔收入与它和通用电气内部业务部门及与外部软件公司的一次性合作关系有关。这导致通用电气数字在与新合作伙伴合作时，会更加关注于创造的短期收入，而非长期价值。这与企业数字化的目标和追求是相悖的。通用电气希望让 Predix 成为第三方开发商真正的开发平台，但面对成千上万的工业应用场景，Predix 显然很难以第三方平台的身份做到完全覆盖，这也使得几乎所有围绕 Predix 构建的软件都来自通用电气自己的业务部门或付费合作伙伴，难以实现通用电气实现建成覆盖工业的互联网平台的目标。从结果来看，通用电气数字化转型也未能止住其营业收入和市值下滑的颓势。在通用电气数字收益方面，2017 年，通用电气数字部门营业收入约为 5 亿美元，2020 年增长至 10 亿美元，与当初制订的"2020 年数字化收入达到 150 亿美元"的目标还存在着数量级上的差距。

4. 聚焦阶段（2017 年至今）：动荡中艰难发展，转换思路聚焦具体业务

在 6 年多的数字化进程中，通用电气为了数字化转型投入了巨额成本，但收效甚微。通用电气数字一直处于入不敷出的状态，数字化业务并没有取得突出的进步。2017 年 6 月，CEO 杰夫·伊梅尔特退休，新任 CEO 弗兰纳里实行"瘦身"计划，开始减缓通用电气的数字化扩张进程，并提出出售通用电气数字。2018 年 10 月，通用电气再次换帅，卡尔普（Culp）接替弗兰纳里成为新任 CEO，通用电气数字开始了进一步的组织变革。卡尔普致力于采用聚焦业务的形式，用数字化

手段推动能源行业效率提高。他改变通用电气数字化进程中原有的平台模式导向，将通用电气数字业务部的智能平台业务出售给艾默生（Emerson），使通用电气数字更加聚焦于业务本身。在以后的时间里，通用电气数字的职责和功能更多是为具体业务赋能，为通用电气和相关企业针对不同的行业和业务提供定制的个性化解决方案，并推出针对性的软件服务和解决方案。2021 年，通用电气宣布按照业务进行拆分上市，通用电气数字将与电力、新能源业务共同组成新的公司——GE Vernova，继续推进能源行业的数字化转型。

9.3　蒙牛数字化转型：业务与数字化完美融合

9.3.1　蒙牛概况

蒙牛于 1999 年成立于内蒙古自治区，总部位于呼和浩特市。2004 年，蒙牛在香港上市，成为中国乳制品行业发展的龙头企业。2022 年，蒙牛位列全球乳业七强，凭借 15%品牌价值增速位居中国乳业第一。

蒙牛致力于打造丰富的乳制产品矩阵，包括液态奶、冰淇淋、奶粉等品类，为中国和全球消费者提供营养健康、安心美味的乳制品。蒙牛现有特仑苏、纯甄、冠益乳等明星品牌，在高端纯牛奶、低温酸奶、高端鲜奶、奶酪等领域的市场份额处于领先地位。

蒙牛产品不仅在国内市场占有极大的份额，在东南亚、大洋洲、北美等十余个国家和地区市场也颇受欢迎。蒙牛在国内有生产基地 40 余座，在新西兰、印度尼西亚、澳大利亚建有海外生产基地，全球工厂总数达 68 座，年产能超过 1 000 万吨。蒙牛积极推进优质资源整合，先后对现代牧业（集团）有限公司、中国圣牧有机奶业有限公司等大型牧业集团进行战略投资。目前，蒙牛在国内拥有合作牧场 1 000 余家，日均收奶达到 2 万吨以上，生鲜乳百分之百来自规模化、集约化牧场。2022 年，蒙牛实现全年收入 925.9 亿元，经营利润为 54.2 亿元[①]。

9.3.2　蒙牛数字化转型历程

伴随着数字化时代的到来，各行各业都在马不停蹄地踏上数字化转型的列车，零售行业也进入全新的发展阶段，蒙牛作为我国乳业的龙头企业，同样在不

---

① 资料来源：蒙牛官网。

断探索依靠数字化转型谋求自身高质量发展。2020 年，蒙牛推动了整个集团的数字化战略转型，成立了集团数字化转型办公室，由总裁卢敏放负责。

1. 起步阶段（2013~2016 年）：数字化转型"萌芽"

数字化转型对于蒙牛来说并不陌生，蒙牛早在 2013 年前就开始使用 ERP 系统，这只是最初信息化探索的阶段。2013~2016 年是蒙牛探索生产和营销端的数字化改革的初步阶段，在此期间蒙牛全部上线了 ERP 系统，并先后推广使用了财务共享、人力资源管理、质量管理等数字化系统，为后续实行数字化转型奠定了有力基础。

2. 实践阶段（2016~2018 年）：数字化转型"成长"

数字技术如何赋能传统企业，数字化转型如何助力企业高质量发展是每家企业都在探索的问题，不同企业有不同的答案。这一阶段，蒙牛不断试验如何将数字技术与企业生产经营有效结合。2016 年，蒙牛引入商业智能（business intelligence，BI）平台，建立商业智能分析体系；2017 年，建设智慧工厂进行产品生产、质检的数字化建设；2018 年，引入大数据系统并建立决策支持系统。

3. 关键阶段（2019 年至今）：数字化转型"成熟"

2019 年以来，蒙牛的数字化转型进入全面改革深水区。2020 年，蒙牛推动了整个集团的数字化转型战略，由总裁卢敏放牵头，形成了各部门"一把手"挂帅的数字化转型顶层设计，并提出"一片天、一张图、N 场仗"的数字化转型方针。目前，蒙牛着手实施"四个在线"①的信息技术战略，并启动业务中台、数据中台的"双中台"建设，上线运作智慧供应链试点，不断完善蒙牛数智化新基建，打造自身全链条数字化升级之路，推动我国乳业数字化转型升级。

9.3.3　蒙牛数字化转型路径

蒙牛提出，数字化转型要按照"一切业务数字化，一切数据业务化"两大原则开展。前者指的是要将业务的所有行为动作全部数字化和在线化；后者指的是集团的具体决策要从数据出发，以数字化方式重构原有商业生态。蒙牛致力于以数字化转型推动整个价值链的重构，包括供应端、生产端、物流端、销售端，为中国乳业振兴发挥示范引领作用。

---

① "四个在线"是指渠道在线、供应链在线、消费者在线和管理在线的数字化转型战略。

1. 供应端——智慧牧场

从奶源地开始，数字化转型就扮演了重要的角色。蒙牛与世界畜牧技术领先的丹麦 Arla 乳品公司合作，构建了完善的现代化、数智化的农场管理标准体系（表 9.1）。

表 9.1　智慧牧场繁育管理体系

管理体系	内容
养殖管理	每头奶牛都佩戴一个智能项圈，智能项圈的另一端连接着数字奶源智能牧场管理平台，智能项圈采集奶牛身体状况的信息，上传至管理平台并最终形成完整的信息数据库。 蒙牛构建"牛人说"智慧平台，牧场主能够与专家在线沟通养殖管理建议，方便及时共享行业信息，切实保障蒙牛奶源端的质量
精准饲喂	蒙牛利用 TMR[1] 系统，精准分析每头奶牛的进食量并为其量身定制"食谱"，以此来预测奶牛的健康状况，帮助奶牛达到最大产奶量
健康监测	每头奶牛都佩戴传感器、计步器，用来监测奶牛健康状况及发情状态，进而精准科学地实现人工授精

1）TMR：total mixed ration，全混合日粮监控（精准饲喂）

除了繁育管理外，蒙牛的日常运营管理也进行数字化转型。蒙牛与阿里云合作开发了"数字奶源智慧牧场"管理平台，实现了牧场端的繁育管理、健康管理、质量管理与乳企的财务管理、设备管理等日常管理运营互联互通，推动了乳企与牧场管理一体化。

2. 生产端——智能工厂

在生产过程中，蒙牛通过制造执行系统（manufacturing execution system，MES）来管理生产和运营的海量数据，包括运行数据与 ERP 数据，实现从下到上的全覆盖。蒙牛数字化智能工厂以消费者为导向，以生产订单为核心，采用物联网、大数据等技术进行整合与分析，将订单需求与原料供应、生产制造、仓储物流、市场分销有机整合，对供应链生产实际情况做到状态感知、实时分析、自动决策、精准执行，形成了一个供应链管理生态圈，从而达到安全、高效、高品质的生产效果。例如，在牛奶采集和仓库定容环节，通过射频识别（radio frequency identification，RFID）技术采集奶车信息，从入厂到出厂对奶车进行全程监控；在预处理环节，生产半成品的过程中，利用误差分析系统实时监控投料是否正确合理；在灌装环节，采用自动化灌装设备，系统会自动核对监测代码与实际喷雾代码是否一致，如有问题，系统会自动报警来预防错误灌装（图 9.2）。

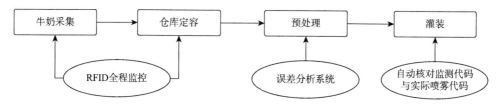

图 9.2　牛奶生产流程

3. 物流端——智慧物流

在仓储方面，蒙牛凭借 OCP（Oracle certified professional，Oracle 数据库认证专家）数据库，将仓库管理系统（warehouse management system，WMS）与物流运输管理系统（transportation management system，TMS）有效连通起来，从订单派出到产品仓储，全部过程实现了数字化、信息化、可溯化，积极推动了智慧物流的飞速发展。以低温销售场景为例，蒙牛通过冰柜仓储全生命周期管理工具"牛掌柜"，有效地识别生产、仓储与运营风险点，并进一步规范库房与运输过程中的温度监控，从而保证食品新鲜度。

在配送方面，蒙牛采用数字技术，组建了大数据分析团队，使得承运人、司机、汽车和货物管理一体化，对物流进行多维度的追踪与分析，可以及时获取整个物流过程中的温度、湿度和产品新鲜程度，精细化管理的物流既提高了运输效率又保证了产品的新鲜度；系统也能对接上游供应商、线下渠道及智网等合作主体，接收来自不同渠道、不同业务类型的消费者订单，真正实现了智慧物流。同时，蒙牛设计了低温物流信息推送及客户评价系统，消费者可以实时查看物流进度，查询商品是否已经发货、所处环境的温度等，随时提出问题和反馈意见。

4. 市场端——数字营销

数字化转型最终的落脚点还是消费者，蒙牛将"消费者第一"作为自身的价值观。通过发挥"双中台"的巨大作用，整合来自各渠道多源头的消费信息数据，并结合大数据模型和决策分析模型，为生产等业务提供预测和辅助，从而打造高效的管理水平和高品质的产品服务。

对于线下消费，蒙牛探索融入数字营销元素。数字营销不同于传统销售模式，消费者洞察是第一环节也是最为关键的环节，蒙牛通过腾讯优码和蒙牛小程序与消费者零距离接触，为积累消费者数据资产打下坚实的基础。腾讯优码能够实现蒙牛线下消费场景全面数字化、可视化，及时了解消费者的基本属性、地域分布和消费偏好等，打破了以往线下消费数据难以洞察的难题。

对于线上消费，蒙牛更能及时获取消费者数据，从而能够为客户量身定制产品及改善上市产品的品质。2020 年，蒙牛与京东签订战略合作协议，在用户运营、根据消费者需求定制产品等领域展开全方位的深度合作。未来蒙牛将基于京东数据工具内容的不断丰富和完善，实现对现有用户的行为追踪及触点分析，完成用户分层。蒙牛根据不同业务场景进行一系列消费者数据分析，从而能够精准地判断消费者需求，也为管理决策和业务参考部门提供了可靠依据。

此外，蒙牛在线上消费方面创建了一大特色功能，利用百度云技术将牧场和工厂搬到线上，消费者在移动终端就可以零距离参观牧场和工厂。这种方式可以邀请消费者进入云牧场，切身感受蒙牛整个生产过程，消费者也能够参与创建属于自己的牧场，"领养认领"属于自己的奶牛，量身定制各种产品。消费者可以在云牧场拍摄和分享，平台也可以供消费者提出问题和意见，管理者会接收并反馈、继续改进。这是一种全新的营销模式，做到了整个生产流程可溯化、透明化。

综上所述，蒙牛将传统商业模式进行数字化、智能化的改造升级，包括产品研发、奶源生产、物流、销售等各个环节，实现了内部管理业务横向互联及生产业务纵向集成，真正实现了透明化生产、数据化管理，成为一座现代化、数智化的乳业工厂，为我国乳业数字化转型开了一个好头。

9.3.4　蒙牛数字化转型效果分析

1. 财务效果

在营利能力上，近年来蒙牛的总资产收益率不断提高，由 2016 年的 -1.51% 提升至 2022 年的 4.91%，净资产收益率由 2016 年的 -3.50% 提升至 2022 年的 13.79%，毛利率水平由 2016 年的 32.79% 提升至 2022 年的 35.30%，净利率水平由 2016 年的 -1.51% 提升至 2022 年的 5.60%（表 9.2）。可见，数字化转型的降本增效功不可没。

表 9.2　2016~2022 年蒙牛的营利能力变化

营利能力	2022 年	2021 年	2020 年	2019 年	2018 年	2017 年	2016 年
资产收益率	4.91%	5.64%	4.44%	5.66%	4.88%	3.82%	-1.51%
净资产收益率	13.79%	14.40%	11.35%	15.11%	12.73%	9.43%	-3.50%
销售毛利率	35.30%	36.75%	37.65%	37.55%	37.38%	35.21%	32.79%
销售净利率	5.60%	5.63%	4.61%	5.44%	4.64%	3.38%	-1.51%

资料来源：东方财富 Choice 数据

同时，数字化转型唤醒了新零售业务，电商消费业务成为蒙牛业绩的重要增长极。蒙牛 2021 年和 2022 年的年报数据显示，2021 年底蒙牛全网会员总量 3 000 余万人，2022 年会员数量超过 4 200 万人，实现突破式增长。2022 年电商市场份额超过 25%，稳居常温液态牛奶电商市场份额第一，电商销售平台取得高增长。

2. 产品质量

数字化转型使产品质量得到保障，监管和溯源体系不断得到完善。2021 年，蒙牛通过通标标准技术服务有限公司（SGS 中国）的认证，产品品质达到欧盟标准，这是国内乳制品行业中首家达标的企业。蒙牛通过打造智慧工厂，从产奶到奶车进厂再到最后成品，均需经过多重智能自动化的检测和预警提示。因此，蒙牛多年来的生鲜乳抽检一直保持着合格率 100%的纪录，保证了产品的高品质。

3. 绿色效应

蒙牛一直践行可持续发展理念，2022 年的明晟[①]ESG 评级报告显示，蒙牛的 ESG 评级从 BBB 级跃升至 A 级，获中国食品行业领域最高评级。蒙牛在日常生产管理中，注重数字化转型的绿色效应。例如，采用数智化交易系统降低甲烷等温室气体的排放；建设环境在线监测平台，完善污水在线监测系统功能，推进生态环保信息化管理。

2022 年，凭借不断探索与实践全产业链"智慧质量"数字化管理模式，蒙牛荣获中国质量协会颁发的"2022 年全国质量标杆"称号，成为我国乳制业行业的唯一获奖企业。

9.4　总结和评价

我们来对比这两个案例。通用电气数字化转型之路从轰轰烈烈起步，迅速大规模扩张，意图建立为全体工业赋能的平台企业，再到随着 CEO 的不断更迭，数字化业务逐渐归于平淡，聚焦于自身业务，最终随着通用电气业务拆分被合并至能源板块，通用电气的数字化转型经历了波澜壮阔的一生。然而，外界通常认为，通用电气的数字化转型是失败的，因为通用电气的数字化转型并没有达到当初预期的设想，巨额的投入并没有得到适配的回报。从红极一时到如今被只能被归于能源公司，结果确实难以令人满意。相反，蒙牛的数字化转型被认为是比较成功的。这不仅是因为蒙牛在 2022 年凭借 15%品牌价值增速位居中国乳业第一，而且在 2016~2022 年的财务绩效中，无论是资产收益率还是利润率，都体现了稳步增长的趋势。同样是数字化转型，为什么通用电气失败了，而蒙牛成功了？我们认为，有以下几个方面的教训和经验值得重视。

---

① Morgan Stanley Capital International，摩根士丹利资本国际公司，简称明晟，英文简称 MSCI。

第一，数字化转型必须根据业务关系协同作战，避免"两张皮"。通用电气是一家非相关的横向多元化企业集团。对于工业互联网来说，各类工业行业、应用场景五花八门、十分复杂，通用电气想要推崇在 Predix 上接入的普适性方案为整个工业企业提供数字化服务，很难达到预期的"一招鲜吃遍天"的效果。因此，工业互联网的转型，应该紧扣自身的业务类型，在深耕业务场景的基础上，针对不同应用场景推出匹配的数字化软件和服务。与通用电气不同，蒙牛是一家紧密相关的纵向多元化企业集团。从奶源的收集、生产、加工、运输到销售，蒙牛的业务基本上是一条垂直曲线，前后紧密衔接。因此，蒙牛可以在全产业链、全业务链上进行数字化转型，实现"一切业务数字化，一切数据业务化"的无缝连接。

第二，企业数字化转型走的是一条长期道路，不应该过于关注短期收益。在数字化转型之初，我们就应该清醒地认识到数字化转型是一项艰巨且长期的工作。企业数字化转型并不仅仅是加入新技术，而是利用数字化的思想去改造一个企业，为企业带来长期的价值。这种变革对企业的业务模式、流程规范、企业文化、人才培养等多方面都会产生深刻的影响。这种深刻的影响也注定了数字化转型具有投入大、见效慢的特点。通用电气在数字化转型的前期进行了巨额的投入，为了实现短期收益，不得不更多地关注那些短期的、一次性的合作所带来的收入，而非考虑对企业长期数字化利弊的影响。蒙牛同样高度重视数字化转型，但并没有为此专门成立一家数字化企业并赋予其盈利目标，而是根据生产链条确定不同环节的数字化转型目标，将数字化转型与业务发展完美地融为一体，实现激励相容。

第三，数字化转型作为长期战略，要保持目标的连续性和战略的稳定性。通用电气在数字化进程中，由于成本压力和环境影响，出现了多次 CEO 的更替，而每次 CEO 和管理层的变动，都会使得企业数字化转型战略面临冲击。在前期，伊梅尔特极力推崇数字化转型并进行了大量投入；到了弗兰纳里时期，为了降低成本，一度传出要将通用电气数字变卖；再到卡尔普时期，则更加倾向聚焦具体业务，让通用电气数字为通用电气自身的具体业务尤其是能源业务赋能。三位不同的 CEO 对于企业数字化转型有着不同的理解和目标，这也导致了通用电气的数字化转型在不稳定的环境中很难达到想要的效果。蒙牛则设立了专门的首席信息官和 CDO，并且由总裁领导数字化转型，从制度上保障了企业数字化转型的可持续性和稳定性。因此，企业在进行数字化转型过程中，应保持自身战略目标的稳定性和连续性。

第四，数字化转型的思路存在争议。大型企业集团实行数字化转型，通常有两种思路：一是让集团的每个业务部门成立自己的数字化部门，以便更好地实现"无缝连接"；二是成立一个单独的数字部门统筹所有部门的数字业务。从实践来看，后者的风险更大，失败概率更高，因为它需要超级协调能力，需要集团负责人亲自负责。但因为不同业务部门的数字化进程、诉求和模式各不相同，所以要统筹所有业务部门的数字化业务十分困难。通用电气失败的原因还在于，通用电气试图让一个不成熟的数字业务部门成长为独立的公司，并且承接其他公司的业务，这与它为通用电气各个业务部门提供数字化支撑的目标是冲突的，即它不能既是一个服务中心，又是一个盈利中心。反观蒙牛，在每个业务链条上实现数字化，将数字化和业务单元有机融合，减少了不同业务单元之间的利益冲突。这是其"一切业务数字化，一切数据业务化"理念能够成功实施的制度环境。

第 10 章　主要结论与政策建议

10.1　主　要　结　论

近二十年来，以人工智能、大数据、区块链和云计算为代表的数字技术催生了一种新的经济形态，即数字经济。人类开始从工业经济时代迈入数字经济时代。在数字经济时代，所有企业面临的最大挑战是如何进行数字化转型，以便在数字经济时代生存下去并取得竞争优势。在此背景下，本书比较全面地研究了中国企业数字化转型的特征事实、驱动因素和影响。通过文献梳理、计量经济学分析和案例研究，本书得到如下主要结论。

（1）本文基于 2002~2020 年的中国上市公司样本，对上市公司数字化转型进行了全面扫描，归纳了若干特征事实。第一，分年度来看，中国上市公司数字化转型程度总体上是不断提高的，特别是 2012 年之后加速提高。第二，分地区来看，北京、广东、上海、福建和浙江等发达地区的上市公司数字化转型程度更高，而西藏、甘肃和内蒙古等中西部地区的上市公司数字化转型程度较低。第三，分产业来看，服务业的上市公司数字化转型程度高于制造业，后者又高于农业。第四，分所有制来看，非国有上市公司的数字化转型程度高于国有上市公司的数字化转型程度。

（2）对中小微企业的样本分析表明，创始人学历越高，企业数字化转型程度越高。此外，无论是无息贷款还是研发补贴，获得政府资金支持的中小微企业数字化转型程度更高。

（3）企业高管特征会影响企业数字化转型程度。第一，董事长和 CEO 的学术经历都与企业数字化转型程度正相关。第二，CEO 的信息技术背景与企业数字化转型程度正相关。第三，董事长和 CEO 的任期与企业数字化转型程度正相关。第四，CEO 的年龄与企业数字化转型程度负相关。

（4）企业数字化转型显著改善了企业市场绩效。具体来说，企业数字化转型程度越高，企业的托宾 Q 值越大。但不同的数字技术对企业市场绩效有异质性影响。此外，数字化转型显著提升了民营企业市场绩效，对国有企业市场绩效影响不明显。渠道分析表明，数字化转型通过改善企业生产经营效率和降低内部管理成本，提升了企业市场绩效。

（5）企业数字化转型有利于改善企业内部的收入分配。第一，企业数字化转型提高了企业的营业总收入和劳动收入份额，即数字化转型既能"做大蛋糕"，又有利于"分好蛋糕"。第二，不同数字技术对企业收入分配具有异质性影响。大数据、智能制造、信息化技术能够提高企业劳动收入份额，互联网商业模式则降低了企业劳动收入份额。第三，数字化转型改善收入分配的机制包括生产率效应、就业创造效应与替代效应，提高员工自主权。

（6）企业数字化转型有利于降低企业的经济政策不确定性感知。具体来说，企业数字化转型程度每提高 1 个标准差，企业的经济政策不确定性感知会降低 3.86%。企业数字化转型降低经济政策不确定性感知的两个主要渠道：一是企业数字化转型减少了企业面临的信息不对称，包括减少了企业与银行之间的信息不对称，以及减少了企业与投资者之间的信息不对称；二是企业数字化转型显著降低了管理者盈余预测偏差，提高了企业的信息处理能力。

（7）企业数字化转型能够改善企业 ESG 绩效。我们发现企业数字化转型显著提高了 ESG 得分。并且，数字化转型对 ESG 绩效的正效应对于没有政治关联的企业及处于高制度质量地区的企业来说更加突出。数字化转型从两个方面改善了 ESG 绩效：一是数字化转型降低了企业的代理成本；二是数字化转型增加了企业的媒体曝光度。不过，数字化转型没有显著地改善企业的环境绩效。

（8）我们剖析了两个企业数字化转型案例，一个是著名跨国公司通用电气，另一个是中国企业蒙牛。两个案例的对比和分析表明：第一，数字化转型必须根据业务关系协同作战，避免"两张皮"。第二，企业数字化转型走的是一条长期道路，不应该过于关注短期收益。第三，数字化转型作为长期战略，要保持目标的连续性和战略的稳定性。

10.2　政　策　建　议

为了更好地推进中国企业数字化转型，实现高质量发展，加快建设"数字中国"，基于本书对企业数字化转型的状况、动因和影响的研究，并结合学术界的相关文献，我们提出如下建议，供政府部门和企业参考。

第一，国家对中西部地区的企业数字化转型及地区数字基础设施建设提供倾斜性支持。根据我们的研究，企业数字化转型能够有效提高企业的市场价值，然而中西部地区的企业数字化转型程度落后于东部和沿海地区。考虑到中国在发展数字经济方面拥有后发优势，实现了"弯道超车"，那么应该支持经济欠发达的中西部地区加快发展数字经济，包括加快推进企业数字化转型，完善数字基础设施。对于中西部地区来说，短期内要调整产业结构、做大做强传统工业是不容易的，而发展数字经济则相对容易。这样才能进一步缩小地区之间的差异，真正实现共同富裕。

第二，政府要大力支持中小微企业数字化转型。我们针对中小微企业的样本分析表明，无论是无息贷款还是研发补贴，获得政府资金支持的中小微企业数字化转型程度相对更高。这说明，针对中小微企业规模小、资金少和底子薄的瓶颈，加大政府支持力度是非常有用的。考虑到中小微企业在扩大就业方面的巨大作用，这一点尤其重要。

第三，地方政府要根据企业的实际情况，助推企业数字化转型。我们基于企业数字化转型的动因研究表明，企业高管特征会影响数字化转型程度。从政府的角度讲，要推动企业数字化转型，尤其是国有企业的数字化转型，就要给国有企业领导班子配备有学术经历或信息技术背景的领导人，这样有利于推进数字化转型工作。从发展地方数字经济的角度讲，政府可以在吸引有学术经历或信息技术背景的人才方面提供更多优惠的创业政策或招才引智政策。从企业的角度讲，对民营企业来说，作为大股东的董事长虽然不能在短期内改变自己的信息技术背景或学术经历，但是可以通过聘任有学术经历或者信息技术背景的总经理或 CEO 来推动企业数字化转型。此外，企业高管的年轻化、任期的稳定化，无论对于国有企业还是对于民营企业，都有利于企业数字化转型。政府在安排国有企业干部或者民营企业领导在配备高管团队时，都应该将这两点纳入考量。

第四，企业数字化转型可以成为数字经济和实体经济深度融合的抓手。党的二十大报告指出，"加快发展数字经济，促进数字经济和实体经济深度融合"[①]。制造业是国家的根本，实体经济是中国的基本盘。如何推进实体经济的转型升级和实现经济高质量发展？我们的研究表明，企业数字化转型可以实现降本增效，从而提高企业效率和实现转型升级。因此，中央部委和地方政府可以把企业数字化转型作为一个抓手，这样能够有的放矢。

第五，发展数字经济是促进共同富裕的有效渠道。实现共同富裕的关键，是市场上的初次分配，而企业内的分配又是最重要的市场分配机制。因此，改善企业内部的劳动收入份额，对减少贫富差距具有关键性的意义。中国在发展数字经

---

① 习近平. 高举中国特色社会主义伟大旗帜　为全面建设社会主义现代化国家而团结奋斗——在中国共产党第二十次全国代表大会上的报告（2022 年 10 月 16 日）. http://cpc.people.com.cn/n1/2022/1026/c64094-32551700.html，2022-10-26.

济方面后来居上，完全可以利用这一制度优势和经济优势，在改善收入分配方面成为全球典范。过去，学术界和政策界一直有一种担心，发展资本技术密集型产业可能会加剧资本所有者和普通劳动者之间的收入差距。但本书的研究表明，资本技术密集型行业的企业数字化转型，能够显著扩大劳动收入份额，因为它做大了就业"蛋糕"。

第六，要努力保持宏观经济政策的稳定性、连贯性，同时鼓励企业通过数字化转型减少经济政策不确定性感知。企业有了稳定的预期，才能有稳定的投资、雇佣和研发，即稳预期才能稳增长。稳预期的关键在于减少经济政策不确定性。因此，涉及企业的宏观经济政策，应该尽可能保持稳定，避免大起大落，尽可能增加透明度。当外界的不确定性难以消除时，要鼓励制造业企业加大数字化转型力度，尤其是那些所在行业属于政策敏感较高的企业。制造业企业的数字化转型不仅有利于推进产业结构转型升级，还能减少企业面临的经济政策不确定性。为了推进数字化转型，地方政府可以重点支持那些所在行业容易受到国际或国内宏观经济形势和经济周期影响的企业，如房地产、消费和钢铁企业，加快企业数字化转型的步伐。

第七，鼓励企业通过数字化转型践行 ESG 理念。当前，数字化和绿色化是全世界的两大趋势，而且这两者是相通的。企业参与 ESG 活动不仅有利于提高企业价值，而且有助于保护利益相关者的利益和减少社会外部性（如腐败和环境污染）。然而，如何激励企业更多地参与 ESG 活动对于中国这样的新兴市场来说依然面临困难。因为新兴市场上的企业通常缺乏高的营利能力和国际竞争力，所以通常没有动力和能力提供公共物品。既然数字化转型既能提高企业的经济效率，又能提高企业的 ESG 绩效，那么政府鼓励企业进行数字化转型就是一种两全其美的政策。而且，新兴市场在利用数字技术方面具有后发优势，因此中国的经验有望推广到更多发展中国家。

10.3　未　来　议　题

虽然本书试图对中国企业数字化转型的状况、动因和影响进行比较全面的研究，然而由于功力不逮、数据限制和篇幅有限，还有很多有价值的问题未能在本书中深入研究。中国学者在企业数字化转型领域的研究已经产生了广泛的影响，下一步可以继续在以下议题上深化，在理论和实证两个方面继续提升企业数字化转型研究的国际影响力。

一是中小微企业的数字化转型。目前，绝大部分文献都是使用中国上市公司数据来分析企业数字化转型，这是数据可得性导致的局限。然而，中小微企业的数字化转型往往面临更大的困难，因为它们规模小、资金少、底子薄。为此，作为研究者，我们真心希望政府部门、行业协会和学术界通力合作，构建一个中小微企业数字化转型数据库，推动这方面的深入研究。

二是企业数字化转型的地区环境。目前，大部分文献都关注企业数字化转型的结果，对于推动企业数字化转型的环境因素缺乏足够关注。我们在研究中发现，不同地区的企业数字化转型差异很大，这些差异究竟是先天的还是后天的？是否跟当地的营商环境、数据基础设施有关？这些问题都值得探讨。

三是企业数字化转型的有效路径。尽管经济学论文对于哪些因素能够推进企业数字化转型有一些研究，但限于学科视野和方法，目前对转型路径的研究很少。路径意味着，企业数字化转型是一个过程，需要经过若干阶段，而不是单一因素。例如，先从销售系统开始数字化转型，然后倒逼生产系统，是否比"全面开花"的数字化转型更加成功？这方面，我们期待更多深入的案例研究。

四是政企合作共促数字化转型。企业数字化转型不仅是企业本身如何降本增效的事情，也是地方政府如何推动本地企业实现转型升级和高质量发展的抓手。从外部环境来看，地区的数字基础设施、产业政策都会影响企业数字化转型成效。因此，企业数字化转型依赖于政企通力合作，携手共进。目前的学术研究很少讨论政企互动机制，希望未来可以弥补。

参 考 文 献

安德森 C. 2012. 长尾理论[M]. 乔江涛，石晓燕译. 北京：中信出版社.

安筱鹏. 2021. 数字化转型的八个关键问题[J]. 中国经济评论，（7）：18-21.

白重恩，路江涌，陶志刚. 2006. 国有企业改制效果的实证研究[J]. 经济研究，（8）：4-13, 69.

白重恩，钱震杰，武康平. 2008. 中国工业部门要素分配份额决定因素研究[J]. 经济研究，（8）：16-28.

伯恩 J. 2014. 蓝血十杰[M]. 陈山，真如译. 海口：海南出版社.

蔡跃洲，牛新星. 2021. 中国数字经济增加值规模测算及结构分析[J]. 中国社会科学，（11）：4-30, 204.

车德欣，谢志锋，吴非. 2022. 卖空机制如何影响企业数字化转型——理论机制分析与实证检验[J]. 兰州学刊，（4）：47-63.

陈和，黄依婷，杨永聪，等. 2023. 政府税收激励对企业数字化转型的影响——来自固定资产加速折旧政策的经验证据[J]. 产业经济评论，（2）：55-68.

陈楠，蔡跃洲. 2022. 人工智能、承接能力与中国经济增长——新“索洛悖论”和基于 AI 专利的实证分析[J]. 经济学动态，（11）：39-57.

陈楠，蔡跃洲，马晔风. 2022. 制造业数字化转型动机、模式与成效——基于典型案例和问卷调查的实证分析[J]. 改革，（11）：37-53.

陈庆江，王彦萌. 2022. 基于高管联结的企业数字化转型战略扩散：实现机制与边界条件[J]. 财经研究，（12）：48-62.

陈庆江，王彦萌，万茂丰. 2021. 企业数字化转型的同群效应及其影响因素研究[J]. 管理学报，（5）：653-663.

陈中飞，江康奇，殷明美. 2022. 数字化转型能缓解企业“融资贵”吗[J]. 经济学动态，（8）：79-97.

董松柯，刘希章，李娜. 2023. 数字化转型是否降低企业研发操纵？[J]. 数量经济技术经济研究，（4）：28-51.

董直庆，姜昊，王林辉. 2023. “头部化”抑或“均等化”：人工智能技术会改变企业规模分布吗？[J]. 数量经济技术经济研究，（2）：113-135.

樊纲，王小鲁，朱恒鹏. 2011. 中国市场化指数——各地区市场化相对进程 2011 年报告[M]. 北京：经济科学出版社.

樊自甫，陶友鹏，龚亚. 2022. 政府补贴能促进制造企业数字化转型吗？——基于演化博弈的制

　　造企业数字化转型行为分析[J]. 技术经济，（11）：128-139.

方军雄. 2011. 劳动收入比重，真的一致下降吗？——来自中国上市公司的发现[J]. 管理世界，
　　（7）：31-41，188.

方明月，林佳妮，聂辉华. 2022. 数字化转型是否促进了企业内共同富裕？——来自中国 A 股
　　上市公司的证据[J]. 数量经济技术经济研究，（11）：50-70.

方明月，聂辉华，阮睿，等. 2023. 企业数字化转型与经济政策不确定性感知[J]. 金融研究，（2）：
　　21-39.

方明月，孙鲲鹏. 2019. 国企混合所有制能治疗僵尸企业吗？—— 一个混合所有制类啄序逻辑[J].
　　金融研究，（1）：91-110.

龚强，班铭媛，张一林. 2021. 区块链、企业数字化与供应链金融创新[J]. 管理世界，（2）：
　　22-34，3.

郭凯明. 2019. 人工智能发展、产业结构转型升级与劳动收入份额变动[J]. 管理世界，（7）：
　　60-77，202-203.

韩忠雪，张玲. 2022. 控制人异质性与企业数字化转型——基于创始控制人与战略投资控制人的
　　分析[J]. 技术经济，（10）：161-174.

何大安. 2022. 企业数字化转型的阶段性及条件配置——基于“大数据构成”的理论分析[J]. 学
　　术月刊，（4）：38-49.

何帆，刘红霞. 2019. 数字经济视角下实体企业数字化变革的业绩提升效应评估[J]. 改革，（4）：
　　137-148.

何小钢，梁权熙，王善骝. 2019. 信息技术、劳动力结构与企业生产率——破解“信息技术生产
　　率悖论”之谜[J]. 管理世界，（9）：65-80.

贺宗春. 2022-04-19. 打响“工业互联网”第一枪的 GE 缘何折戟而归？[EB/OL]. http://www.
　　csteelnews.com/xwzx/znzz/202204/t20220419_62083.html.

侯德帅，王琪，张婷婷，等. 2023. 企业数字化转型与客户资源重构[J]. 财经研究，（2）：110-124.

胡奕明，买买提依明·祖农. 2013. 关于税、资本收益与劳动所得的收入分配实证研究[J]. 经济
　　研究，（8）：29-41.

黄群慧，余泳泽，张松林. 2019. 互联网发展与制造业生产率提升：内在机制与中国经验[J]. 中
　　国工业经济，（8）：5-23.

姜付秀. 2023. 公司治理：文献研读与未来展望[M]. 北京：中国人民大学出版社.

姜付秀，黄继承. 2013. CEO 财务经历与资本结构决策[J]. 会计研究，（5）：27-34，95.

姜英兵，于雅萍. 2017. 谁是更直接的创新者？——核心员工股权激励与企业创新[J]. 经济管
　　理，（3）：109-127.

金陈飞，吴杨，池仁勇，等. 2020. 人工智能提升企业劳动收入份额了吗？[J]. 科学学研究，（1）：
　　54-62.

金环，魏佳丽，于立宏. 2021. 网络基础设施建设能否助力企业转型升级——来自“宽带中国”
　　战略的准自然实验[J]. 产业经济研究，（6）：73-86.

金星晔，左从江，方明月，等. 2023. 企业数字化转型的测度难题：基于大语言模型的新方法与
　　新发现[R]. 工作论文.

凯利 K. 2014. 新经济新规则[M]. 刘仲涛，康欣叶，侯煜，译. 北京：电子工业出版社.

孔高文，刘莎莎，孔东民.2020.机器人与就业——基于行业与地区异质性的探索性分析[J].中国工业经济，（8）：80-98.

赖黎，巩亚林，马永强.2016.管理者从军经历、融资偏好与经营业绩[J].管理世界，（8）：126-136.

赖黎，巩亚林，夏晓兰，等.2017.管理者从军经历与企业并购[J].世界经济，（12）：141-164.

赖晓冰，岳书敬.2022.智慧城市试点促进了企业数字化转型吗？——基于准自然实验的实证研究[J].外国经济与管理，（10）：117-133.

李海舰，田跃新，李文杰.2014.互联网思维与传统企业再造[J].中国工业经济，（10）：135-146.

李华民，崔皓，吴非.2022.金融集聚促进了企业数字化转型吗——基于企业年报文本大数据分析的经验证据[J].南方经济，（12）：60-81.

李军鹏.2021.共同富裕：概念辨析、百年探索与现代化目标[J].改革，（10）：12-21.

李磊，王小霞，包群.2021.机器人的就业效应：机制与中国经验[J].管理世界，（9）：104-119.

李明辉.2009.股权结构、公司治理对股权代理成本的影响——基于中国上市公司2001~2006年数据的研究[J].金融研究，（2）：149-168.

李实.2020.全球化中的财富分配不平等：事实、根源与启示[J].探索与争鸣，（8）：17-20.

李实，朱梦冰.2022.推进收入分配制度改革，促进共同富裕实现[J].管理世界，（1）：52-61，76.

李万利，潘文东，袁凯彬.2022.企业数字化转型与中国实体经济发展[J].数量经济技术经济研究，（9）：5-25.

李雪松，党琳，赵宸宇.2022.数字化转型、融入全球创新网络与创新绩效[J].中国工业经济，（10）：43-61.

李圆，徐达.2018-10-17.126年沉浮路，万字长文详述GE数字化转型的前世今生[EB/OL].https://www.jnexpert.com/article/detail?id=659.

李云鹤，蓝齐芳，吴文锋.2022.客户公司数字化转型的供应链扩散机制研究[J].中国工业经济，（12）：146-165.

林川.2023.多个大股东能促进企业数字化转型吗[J].中南财经政法大学学报，（2）：28-40.

林菁，仲继银.2022.数字化转型与企业风险承担行为研究[J].经济经纬，（6）：108-117.

林乐，谢德仁.2017.分析师荐股更新利用管理层语调吗？——基于业绩说明会的文本分析[J].管理世界，（11）：125-145，188.

林琳，吕文栋.2019.数字化转型对制造业企业管理变革的影响——基于酷特智能与海尔的案例研究[J].科学决策，（1）：85-98.

刘斌，黄坤，王雷.2018.谁更愿意去库存：国有还是非国有房地产企业？[J].经济研究，（6）：112-126.

刘飞.2020.数字化转型如何提升制造业生产率——基于数字化转型的三重影响机制[J].财经科学，（10）：93-107.

刘飞，田高良.2019.信息技术是否替代了就业——基于中国上市公司的证据[J].财经科学，（7）：95-107.

刘慧，白聪.2022.数字化转型促进中国企业节能减排了吗？[J].上海财经大学学报，（5）：19-32.

刘冀徽，田青，吴非.2022.董事长研发背景与企业数字化转型——来自中国上市企业年报文本大数据识别的经验证据[J].技术经济，（8）：60-69.

刘淑春，闫津臣，张思雪，等.2021.企业管理数字化变革能提升投入产出效率吗[J].管理世界，

（5）：170-190，13.

刘锡禄，陈志军，马鹏程. 2023. 信息技术背景 CEO 与企业数字化转型[J]. 中国软科学，（1）：
　　134-144.

刘洋，董久钰，魏江. 2020. 数字创新管理：理论框架与未来研究[J]. 管理世界，（7）：198-217，219.

刘政，姚雨秀，张国胜，等. 2020. 企业数字化、专用知识与组织授权[J]. 中国工业经济，（9）：
　　156-174.

鲁桐，党印. 2014. 公司治理与技术创新：分行业比较[J]. 经济研究，（6）：115-128.

马化腾，张晓峰，杜军. 2015. 互联网+国家战略行动路线图[M]. 北京：中信出版社.

马慧，陈胜蓝. 2022. 企业数字化转型、坏消息隐藏与股价崩盘风险[J]. 会计研究，（10）：31-44.

马连福，宋婧楠，王博. 2022a. 企业数字化转型与控制权相机配置[J]. 经济管理，（11）：46-66.

马连福，王博，宋婧楠. 2022b. 散户更偏爱数字化吗？——基于投资者情绪异质性的研究[J]. 经
　　济与管理研究，（9）：32-54.

麦迪森 A. 2003. 世界经济千年史[M]. 伍晓鹰，许宪春译. 北京：北京大学出版社.

毛聚，李杰，张博文. 2022. CEO 复合职能背景与企业数字化转型[J]. 现代财经，（9）：37-58.

毛宁，孙伟增，杨运杰，等. 2022. 交通基础设施建设与企业数字化转型——以中国高速铁路为
　　例的实证研究[J]. 数量经济技术经济研究，（10）：47-67.

尼葛洛庞帝 N. 1997. 数字化生存[M]. 胡泳，范海燕译. 海口：海南出版社.

聂辉华，阮睿，沈吉. 2020. 企业不确定性感知、投资决策和金融资产配置[J]. 世界经济，（6）：
　　77-98.

聂兴凯，王稳华，裴璇. 2022. 企业数字化转型会影响会计信息可比性吗[J]. 会计研究，（5）：
　　17-39.

彭俞超，王南萱，顾雷雷. 2022. 经济数字化转型中的金融市场风险——基于股价崩盘的视角[R].
　　工作论文.

戚聿东，肖旭. 2020. 数字经济时代的企业管理变革[J]. 管理世界，（6）：135-152，250.

齐绍洲，林屾，崔静波. 2018. 环境权益交易市场能否诱发绿色创新？——基于我国上市公司绿
　　色专利数据的证据[J]. 经济研究，（12）：129-143.

祁怀锦，曹修琴，刘艳霞. 2020. 数字经济对公司治理的影响——基于信息不对称和管理者非理
　　性行为视角[J]. 改革，（4）：50-64.

祁怀锦，魏禹嘉，刘艳霞. 2022. 企业数字化转型与商业信用供给[J]. 经济管理，（12）：158-184.

权小锋，醋卫华，尹洪英. 2019. 高管从军经历、管理风格与公司创新[J]. 南开管理评论，（6）：
　　140-151.

任晓怡，苏雪莎，常曦，等. 2022. 中国自由贸易试验区与企业数字化转型[J]. 中国软科学，（9）：
　　130-140.

阮睿，孙宇辰，唐悦，等. 2021. 资本市场开放能否提高企业信息披露质量？——基于"沪港通"
　　和年报文本挖掘的分析[J]. 金融研究，（2）：188-206.

单宇，许晖，周连喜，等. 2021. 数智赋能：危机情境下组织韧性如何形成？——基于林清轩转
　　危为机的探索性案例研究[J]. 管理世界，（3）：84-104，7.

申广军，刘超. 2018. 信息技术的分配效应——论"互联网+"对劳动收入份额的影响[J]. 经济
　　理论与经济管理，（1）：33-45.

沈国兵，袁征宇.2020.企业互联网化对中国企业创新及出口的影响[J].经济研究，（1）：33-48.

施新政，高文静，陆瑶，等.2019.资本市场配置效率与劳动收入份额——来自股权分置改革的证据[J].经济研究，（12）：21-37.

宋晶，陈劲.2022.企业家社会网络对企业数字化建设的影响研究——战略柔性的调节作用[J].科学学研究，（1）：103-112.

谭志东，赵洵，潘俊，等.2022.数字化转型的价值：基于企业现金持有的视角[J].财经研究，（3）：64-78.

汤萱，高星，赵天齐，等.2022.高管团队异质性与企业数字化转型[J].中国软科学，（10）：83-98.

唐浩丹，方森辉，蒋殿春.2022.数字化转型的市场绩效：数字并购能提升制造业企业市场势力吗？[J].数量经济技术经济研究，（12）：90-110.

唐松，李青，吴非.2022a.金融市场化改革与企业数字化转型——来自利率市场化的中国经验证据[J].北京工商大学学报（社会科学版），（1）：13-27.

唐松，苏雪莎，赵丹妮.2022b.金融科技与企业数字化转型——基于企业生命周期视角[J].财经科学，（2）：17-32.

陶锋，朱盼，邱楚芝，等.2023.数字技术创新对企业市场价值的影响研究[J].数量经济技术经济研究，（5）：68-91.

王大地，孙忠娟，王凯，等.2022.中国 ESG 发展报告 2021[M].北京：经济管理出版社.

王海，闫卓毓，郭冠宇，等.2023.数字基础设施政策与企业数字化转型："赋能"还是"负能"？[J].数量经济技术经济研究，（5）：5-23.

王林辉，胡晟明，董直庆.2020.人工智能技术会诱致劳动收入不平等吗——模型推演与分类评估[J].中国工业经济，（4）：97-115.

王攀娜，徐博韬.2019.CEO 金融背景与公司现金持有水平：输入抑或攫取[J].财会月刊，（16）：22-27.

王守海，徐晓彤，刘烨炜.2022.企业数字化转型会降低债务违约风险吗？[J].证券市场导报，（4）：45-56.

王双进，田原，党莉莉.2022.工业企业 ESG 责任履行、竞争战略与财务绩效[J].会计研究，（3）：77-92.

王巍，姜智鑫.2023.通向可持续发展之路：数字化转型与企业异地合作创新[J].财经研究，（1）：79-93.

王新光.2022.管理者短视行为阻碍了企业数字化转型吗——基于文本分析和机器学习的经验证据[J].现代经济探讨，（6）：103-113.

王雄元，黄玉菁.2017.外商直接投资与上市公司职工劳动收入份额：趁火打劫抑或锦上添花[J].中国工业经济，（4）：135-154.

王永进.2023.数字经济学[M].北京：高等教育出版社.

王永钦，董雯.2020.机器人的兴起如何影响中国劳动力市场？——来自制造业上市公司的证据[J].经济研究，（10）：159-175.

王宇伟，盛天翔，周耿.2018.宏观政策、金融资源配置与企业部门高杠杆率[J].金融研究，（1）：36-52.

王泽宇.2020.企业人工智能技术强度与内部劳动力结构转化研究[J].经济学动态，（11）：67-83.

韦庄禹. 2022. 数字经济发展对制造业企业资源配置效率的影响研究[J]. 数量经济技术经济研究，（3）：66-85.

吴非，常曦，任晓怡. 2021a. 政府驱动型创新：财政科技支出与企业数字化转型[J]. 财政研究，（1）：102-115.

吴非，胡慧芷，林慧妍，等. 2021b. 企业数字化转型与资本市场表现——来自股票流动性的经验证据[J]. 管理世界，（7）：130-144，10.

吴武清，田雅婧. 2022. 企业数字化转型可以降低费用粘性吗——基于费用调整能力视角[J]. 会计研究，（4）：89-112.

吴育辉，张腾，秦利宾，等. 2022. 高管信息技术背景与企业数字化转型[J]. 经济管理，（12）：138-157.

西贝尔 T. 2021. 认识数字化转型[M]. 毕崇毅译. 北京：机械工业出版社.

夏常源，毛谢恩，余海宗. 2022. 社保缴费与企业管理数字化[J]. 会计研究，（1）：96-113.

夏宁，董艳. 2014. 高管薪酬、员工薪酬与公司的成长性——基于中国中小上市公司的经验数据[J]. 会计研究，（9）：89-95，97.

冼依婷，何威风. 2022. 企业数字化转型影响业绩预告质量吗[J]. 山西财经大学学报，（9）：100-113.

肖静华，吴小龙，谢康，等. 2021. 信息技术驱动中国制造转型升级——美的智能制造跨越式战略变革纵向案例研究[J]. 管理世界，（3）：161-179，225，11.

肖土盛，孙瑞琦，袁淳，等. 2022. 企业数字化转型、人力资本结构调整与劳动收入份额[J]. 管理世界，（12）：220-237.

熊督闻，曾湘泉. 2022. 数字化转型对制造企业跨地区投资的影响研究[J]. 北京师范大学学报（社会科学版），（5）：114-125.

徐朝辉，王满四. 2022. 数字化转型对企业员工薪酬的影响研究[J]. 中国软科学，（9）：108-119.

徐风. 2022-10-28. 乳业数字化转型的蒙牛样本[EB/OL]. https://new.qq.com/rain/a/20221028A06DPZ00.htm.

徐子尧，张莉沙. 2022. 数字化转型与企业费用粘性——基于管理层自利视角的分析[J]. 金融经济学研究，（4）：129-142.

阳镇，陈劲，商慧辰. 2022. 何种经历推动数字化：高管学术经历与企业数字化转型[J]. 经济问题，（10）：1-11.

杨大鹏，王节祥. 2022. 平台赋能企业数字化转型的机制研究[J]. 当代财经，（9）：75-86.

杨德明，刘泳文. 2018. "互联网+"为什么加出了业绩[J]. 中国工业经济，（5）：80-98.

杨金玉，彭秋萍，葛震霆. 2022. 数字化转型的客户传染效应——供应商创新视角[J]. 中国工业经济，（8）：156-174.

杨青，吉赟，王亚男. 2019. 高铁能提升分析师盈余预测的准确度吗？——来自上市公司的证据[J]. 金融研究，（3）：168-188.

杨汝岱，姚洋. 2006. 有限赶超和大国经济发展[J]. 国际经济评论，（4）：16-19.

杨贤宏，宁致远，向海凌，等. 2021. 地方经济增长目标与企业数字化转型——基于上市企业年报文本识别的实证研究[J]. 中国软科学，（11）：172-184.

杨志强，王华. 2014. 公司内部薪酬差距、股权集中度与盈余管理行为——基于高管团队内和高管与员工之间薪酬的比较分析[J]. 会计研究，（6）：57-65，97.

耀友福. 2022. 企业数字化转型对大股东掏空行为的影响[J]. 当代财经，（11）：137-148.

耀友福，周兰. 2023. 企业数字化影响关键审计事项决策？ [J]. 审计研究，（1）：123-135.

伊梅尔特 J，华莱士 A. 2022. 如坐针毡：我与通用电气的风雨 16 年[M]. 闾佳译. 北京：机械工业出版社.

易靖韬，王悦昊. 2021. 数字化转型对企业出口的影响研究[J]. 中国软科学，（3）：94-104.

余玲铮，魏下海，孙中伟，等. 2021. 工业机器人、工作任务与非常规能力溢价——来自制造业"企业—工人"匹配调查的证据[J]. 管理世界，（1）：47-59，4.

郁建兴，任杰. 2021. 共同富裕的理论内涵与政策议程[J]. 政治学研究，（3）：13-25，159-160.

袁淳，荆新，廖冠民. 2010. 国有公司的信贷优惠：信贷干预还是隐性担保？——基于信用贷款的实证检验[J]. 会计研究，（8）：49-54，96.

袁淳，肖土盛，耿春晓，等. 2021. 数字化转型与企业分工：专业化还是纵向一体化[J]. 中国工业经济，（9）：137-155.

袁蓉丽，李瑞敬，孙健. 2021. 董事的信息技术背景能抑制盈余管理吗[J]. 南开管理评论，（3）：139-151.

曾皓. 2022a. 税收激励促进了企业数字化转型吗？——基于前瞻性有效税率的经验证据[J]. 现代财经，（10）：38-55.

曾皓. 2022b. 市场竞争机制促进了企业数字化转型吗？——基于市场准入负面清单制度的准自然实验[J]. 外国经济与管理，（12）：1-18.

曾建光，王立彦. 2015. Internet 治理与代理成本——基于 Google 大数据的证据[J]. 经济科学，（1）：112-125.

翟华云，李倩茹. 2022. 企业数字化转型提高了审计质量吗？——基于多时点双重差分模型的实证检验[J]. 审计与经济研究，（2）：69-80.

张翠子，蒋峦，凌宇鹏，等. 2023. CEO 权力对家族企业数字化转型的影响研究[J]. 管理学报，（3）：339-348.

张吉鹏，黄金，王军辉，等. 2020. 城市落户门槛与劳动力回流[J]. 经济研究，（7）：175-190.

张克中，何凡，黄永颖，等. 2021. 税收优惠、租金分享与公司内部收入不平等[J]. 经济研究，（6）：110-126.

张昆贤，陈晓蓉. 2021. 谁在推动数字化？——一项基于高阶理论和烙印理论视角的经验研究[J]. 经济与管理研究，（10）：68-87.

张力升，胡志刚. 2010. 中国钢铁大王是怎样炼成的[M]. 南京：凤凰出版社.

张明昂，施新政，纪珽. 2021. 人力资本积累与劳动收入份额：来自中国大学扩招的证据[J]. 世界经济，（2）：23-47.

张钦成，杨明增. 2022. 企业数字化转型与内部控制质量——基于"两化融合"贯标试点的准自然实验[J]. 审计研究，（6）：117-128.

张三峰，魏下海. 2019. 信息与通信技术是否降低了企业能源消耗——来自中国制造业企业调查数据的证据[J]. 中国工业经济，（2）：155-173.

张维迎. 1998. 控制权损失的不可补偿性与国有企业兼并中的产权障碍[J]. 经济研究，（7）:4-15.

张夏恒. 2020. 中小企业数字化转型障碍、驱动因素及路径依赖——基于对 377 家第三产业中小企业的调查[J]. 中国流通经济，（12）：72-82.

张欣，董竹. 2023. 数字化转型与企业技术创新——机制识别、保障条件分析与异质性检验[J]. 经济评论，（1）：3-18.

张叶青，陆瑶，李乐芸. 2021. 大数据应用对中国企业市场价值的影响——来自中国上市公司年报文本分析的证据[J]. 经济研究，（12）：42-59.

张永珅，李小波，邢铭强. 2021. 企业数字化转型与审计定价[J]. 审计研究，（3）：62-71.

张志元，马永凡. 2022. 危机还是契机：企业客户关系与数字化转型[J]. 经济管理，（11）：67-88.

赵宸宇. 2021. 数字化发展与服务化转型——来自制造业上市公司的经验证据[J]. 南开管理评论，（2）：149-163.

赵宸宇. 2022. 数字化转型对企业社会责任的影响研究[J]. 当代经济科学，（2）：109-116.

赵宸宇. 2023. 数字化转型对企业劳动力就业的影响研究[J]. 科学学研究，（2）：241-252.

赵宸宇，王文春，李雪松. 2021. 数字化转型如何影响企业全要素生产率[J]. 财贸经济，（7）：114-129.

赵骄阳. 2021. 大智移云背景下企业价值链管理模式研究——基于蒙牛的案例分析[D]. 内蒙古大学硕士学位论文.

赵涛，张智，梁上坤. 2020. 数字经济、创业活跃度与高质量发展——来自中国城市的经验证据[J]. 管理世界，（10）：65-76.

中国人民大学中小企业发展研究中心. 2020. 新冠肺炎疫情与我国中小企业数字化转型调查报告[R].

中国信息通信研究院. 2020. 中国数字经济发展白皮书[R].

中国信息通信研究院. 2021. 全球数字经济白皮书（2021）[R].

中国信息通信研究院. 2022. 中国数字经济发展报告（2022年）[R].

中田敦. 2018. 变革：制造业巨头GE的数字化转型之路[M]. 李会成，唐英楠译. 北京：机械工业出版社.

钟覃琳，陆正飞，袁淳. 2016. 反腐败、企业绩效及其渠道效应——基于中共十八大的反腐建设的研究[J]. 金融研究，（9）：161-176.

钟廷勇，马富祺. 2022. 企业数字化转型的碳减排效应：理论机制与实证检验[J]. 江海学刊，（4）：99-105.

周怀康，姜军辉，葛淳棉，等. 2021. 创业归来再出发：创业烙印如何影响工作绩效？[J]. 管理世界，（7）：145-161，11.

朱沆，叶文平，刘嘉琦. 2020. 从军经历与企业家个人慈善捐赠——烙印理论视角的实证研究[J]. 南开管理评论，（6）：179-189.

Acemoglu D，Autor D. 2011. Skills，tasks and technologies：implications for employment and earnings[J]. Handbook of Labor Economics，4：1043-1171.

Acemoglu D，Johnson S. 2005. Unbundling institutions[J]. Journal of Political Economy，113（5）：949-995.

Acemoglu D，Johnson S，Robinson J A. 2005. Institutions as the fundamental cause of long-run growth[J]. Handbook of Economic Growth，1：385-472.

Acemoglu D，Restrepo P. 2018. The race between man and machine：implications of technology for growth, factor shares and employment[J]. American Economic Review, 108 (6): 1488-1542.

Acemoglu D, Restrepo P. 2019. Automation and new tasks: how technology displaces and reinstates labor[J]. Journal of Economic Perspectives, 33 (2): 3-30.

Acemoglu D, Restrepo P. 2020. Robots and jobs: evidence from US labor markets[J]. Journal of Political Economy, 128 (6): 2188-2244.

Adachi D. 2021. Robots and wage polarization: the effects of robot capital by occupations[D]. PhD. Dissertation of the Yale University.

Adam I, Fazekas M. 2021. Are emerging technologies helping win the fight against corruption? A review of the state of evidence[J]. Information Economics and Policy, 57: 100950.

Adner R, Puranam P, Zhu F. 2019. What is different about digital strategy? From quantitative to qualitative change[J]. Strategy Science, 4 (4): 253-261.

Agrawal A, Gans J, Goldfarb A. 2018. Prediction Machines: The Simple Economics of Artificial Intelligence[M]. Boston: Harvard Business Review Press.

Aguiar L, Waldfogel J. 2018. Quality predictability and the welfare benefits from new products: evidence from the digitization of recorded music[J]. Journal of Political Economy, 126 (2): 492-524.

Akerlof G A, Kranton R E. 2000. Economics and identity[J]. Quarterly Journal of Economics, 115(3): 715-753.

Akerman A, Gaarder I, Mogstad M. 2015. The skill complementarity of broadband internet[J]. Quarterly Journal of Economics, 130 (4): 1781-1824.

Alberti-Alhtaybat L V, Al-Htaybat K, Hutaibat K. 2019. A knowledge management and sharing business model for dealing with disruption: the case of Aramex[J]. Journal of Business Research, 94: 400-407.

Albrizio S, Kozluk T, Zipperer V. 2017. Environmental policies and productivity growth: evidence across industries and firms[J]. Journal of Environmental Economics and Management, 81: 209-226.

Alchian A A, Demsetz H. 1972. Production, information costs, and economic organization[J]. American Economic Review, 62 (5): 777-795.

Allee K D, DeAngelis M D. 2015. The structure of voluntary disclosure narratives: evidence from tone dispersion[J]. Journal of Accounting Research, 53 (2): 241-274.

AlNuaimi B K, Kumar Singh S, Ren S, et al. 2022. Mastering digital transformation: the nexus between leadership, agility, and digital strategy[J]. Journal of Business Research, 145: 636-648.

Altig D, Baker S, Barrero J M, et al. 2020. Economic uncertainty before and during the COVID-19 pandemic[J]. Journal of Public Economics, 191: 104274.

Altonji J G, Elder T E, Taber C R. 2005. Selection on observed and unobserved variables: assessing the effectiveness of Catholic schools[J]. Journal of Political Economy, 113 (1): 151-184.

Ambec S, Cohen M A, Elgie S, et al. 2013. The Porter Hypothesis at 20: can environmental regulation enhance innovation and competitiveness?[J]. Review of Environmental Economics and Policy, 7 (1): 2-22.

Andrews D，Nicoletti G，Timiliotis C. 2018. Digital technology diffusion：a matter of capabilities, incentives or both?[R]. OECD Economics Department Working Papers，No.1476.

Aral S，Brynjolfsson E，Wu L. 2012. Three-way complementarities：performance pay，human resource analytics，and information technology[J]. Management Science，58（5）：913-931.

Aral S，Weill P. 2007. IT assets，organizational capabilities，and firm performance：how resource allocations and organizational differences explain performance variation[J]. Organization Science, 18（5）：763-780.

Arkhangelsky D，Athey S，Hirshberg D A，et al. 2021. Synthetic difference-in-differences[J]. American Economic Review，111（12）：4088-4118.

Arntz M，Gregory T，Zierahn U. 2016. The risk of automation for jobs in OECD countries：a comparative analysis[R]. OECD Social，Employment and Migration Working Papers，No.189.

Athey S. 2017. Beyond prediction：using big data for policy problems[J]. Science，355（6324）：483-485.

Atiase R K，Bamber L S. 1994. Trading volume reactions to annual accounting earnings announcements：the incremental role of predisclosure information asymmetry[J]. Journal of Accounting and Economics，17（3）：309-329.

Autor D H，Levy F，Murnane R J. 2003. The skill content of recent technological change：an empirical exploration[J]. Quarterly Journal of Economics，118（4）：1279-1333.

Avramov D，Cheng S，Lioui A，et al. 2022. Sustainable investing with ESG rating uncertainty[J]. Journal of Financial Economics，145（2）：642-664.

Bachmann R，Carstensen K，Lautenbacher S，et al. 2021. Uncertainty and change：survey evidence of firms' subjective beliefs[R]. NBER Working Paper，No. 29430.

Baik B，Farber D B，Lee S. 2011. CEO ability and management earnings forecasts[J]. Contemporary Accounting Research，28（5）：1645-1668.

Baker S R，Bloom N，Davis S J. 2016. Measuring economic policy uncertainty[J]. Quarterly Journal of Economics，131（4）：1593-1636.

Bamber L S，Jiang J，Wang I Y. 2010. What's my style? The influence of top managers on voluntary corporate financial disclosure[J]. Accounting Review，85（4）：1131-1162.

Bartik T J. 1991. Boon or boondoggle：the debate over state and local economic development policies[C]//Bartik T J. Who Benefits from State and Local Economic Development Policies? Kalamazoo，MI：W.E. Upjohn Institute for Employment Research：1-16.

Begenau J，Farboodi M，Veldkamp L. 2018. Big data in finance and the growth of large firms[J]. Journal of Monetary Economics，97：71-87.

Benmelech E，Frydman C. 2015. Military CEOs[J]. Journal of Financial Economics，117（1）：43-59.

Berle A A，Means G C. 1932. The Modern Corporation and Private Property[M]. New York：Transaction Publishers，Harcourt，Brace and World，Inc.

Berman E，Bui L T M. 2001. Environmental regulation and productivity：evidence from oil refineries[J]. Review of Economics and Statistics，83（3）：498-510.

Bertrand M. 2011. New perspectives on gender[J]. Handbook of Labor Economics，4：1543-1590.

Bertrand M, Schoar A. 2003. Managing with style: the effect of managers on firm policies[J]. Quarterly Journal of Economics, 118 (4): 1169-1208.

Bharadwaj A S, Bharadwaj S G, Konsynski B R. 1999. Information technology effects on firm performance as measured by Tobin's q[J]. Management Science, 45 (7): 1008-1024.

Bloom N. 2014. Fluctuations in uncertainty[J]. Journal of Economic Perspectives, 28 (2): 153-176.

Bloom N, Bond S, van Reenen J. 2007. Uncertainty and investment dynamics[J]. Review of Economic Studies, 74 (2): 391-415.

Bloom N, Floetotto M, Jaimovich N, et al. 2018. Really uncertain business cycles[J]. Econometrica, 86 (3): 1031-1065.

Bloom N, Garicano L, Sadun R, et al. 2014. The distinct effects of information technology and communication technology on firm organization[J]. Management Science, 60 (12): 2859-2885.

Borghesi R, Houston J F, Naranjo A. 2014. Corporate socially responsible investments: CEO altruism, reputation, and shareholder interests[J]. Journal of Corporate Finance, 26: 164-181.

Branstetter L G, Drev M, Kwon N. 2019. Get with the program: software-driven innovation in traditional manufacturing[J]. Management Science, 65 (2): 541-558.

Bresciani S, Ferraris A, Del Giudice M. 2018. The management of organizational ambidexterity through alliances in a new context of analysis: Internet of things (IoT) smart city projects[J]. Technological Forecasting and Social Change, 136: 331-338.

Bresnahan T F, Brynjolfsson E, Hitt L M. 2002. Information technology, workplace organization, and the demand for skilled labor: firm-level evidence[J]. Quarterly Journal of Economics, 117(1): 339-376.

Brynjolfsson E. 1994. Information assets, technology and organization[J]. Management Science, 40 (12): 1645-1662.

Brynjolfsson E, McAfee A. 2014. The Second Machine Age: Work, Progress, and Prosperity in a Time of Brilliant Technologies[M]. New York: W. W. Norton & Company.

Brynjolfsson E, McElheran K. 2016. The rapid adoption of data-driven decision-making[J]. American Economic Review, 106 (5): 133-139.

Brynjolfsson E, Mitchell T. 2017. What can machine learning do? Workforce implications[J]. Science, 358 (6370): 1530-1534.

Brynjolfsson E, Rock D, Syverson C. 2019. Artificial intelligence and the modern productivity paradox: a clash of expectations and statistics[C]//Agrawal A, Gans J, Goldfarb A. The Economics of Artificial Intelligence: An Agenda. Chicago: University of Chicago Press: 23-57.

Brynjolfsson E, Rock D, Syverson C. 2021. The productivity J-curve: how intangibles complement general purpose technologies[J]. American Economic Journal: Macroeconomics, 13 (1): 333-372.

Buchanan B, Cao C X, Chen C. 2018. Corporate social responsibility, firm value, and influential institutional ownership[J]. Journal of Corporate Finance, 52: 73-95.

Bughin J, Catlin T, Hirt M, et al. 2015. Why digital strategies fail[J]. McKinsey Quarterly, 1: 61-75.

Cabral L, Hortacsu A. 2010. The dynamics of seller reputation: evidence from eBay[J]. The Journal of

Industrial Economics, 58 (1): 54-78.

Cai X, Lu Y, Wu M, et al. 2016a. Does environmental regulation drive away inbound foreign direct investment? Evidence from a quasi-natural experiment in China[J]. Journal of Development Economics, 123: 73-85.

Cai Y, Pan C H, Statman M. 2016b. Why do countries matter so much in corporate social performance?[J]. Journal of Corporate Finance, 41: 591-609.

Canarella G, Miller S M. 2018. The determinants of growth in the U.S. information and communication technology (ICT) industry: a firm-level analysis[J]. Economic Modelling, 70: 259-271.

Cao S, Jiang W, Yang B Z, et al. 2023. How to talk when a machine is listening: corporate disclosure in the age of AI[R]. NBER Working Papers, No.27950.

Caselli F, Manning A. 2017. Robot arithmetic: can new technology harm all workers or the average worker?[R]. CEP Discussion Paper, No.1497.

Chakraborty S, Charanya T, de Laubier R, et al. 2020. The evolving state of digital transformation[R]. https://web-assets.bcg.com/1f/a3/c14cefc747b695e28155f732a556/bcg-the-evolving-state-of-digital-transformation-slideshow-sept-2020.pdf.

Chen W, Srinivasan S. 2023. Going digital: implications for firm value and performance[J]. Review of Accounting Studies, Forthcoming.

Chen Y C, Hung M, Wang Y. 2018. The effect of mandatory CSR disclosure on firm profitability and social externalities: evidence from China[J]. Journal of Accounting and Economics, 65 (1): 169-190.

Chen Y M. 2020. Improving market performance in the digital economy[J]. China Economic Review, 62: 101482.

Cheng H, Jia R, Li D, et al. 2019. The rise of robots in China[J]. Journal of Economic Perspectives, 33 (2): 71-88.

Chun H, Kim J W, Morck R, et al. 2008. Creative destruction and firm-specific performance heterogeneity[J]. Journal of Financial Economics, 89 (1): 109-135.

Coase R H. 1937. The nature of the firm[J]. Economica, 4 (16), 386-405.

Coibion O, Gorodnichenko Y, Kumar S. 2018. How do firms form their expectations? New survey evidence[J]. American Economic Review, 108 (9): 2671-2713.

Coles J L, Daniel N D, Naveen L. 2006. Managerial incentives and risk-taking[J]. Journal of Financial Economics, 79 (2): 431-468.

Correia M M. 2014. Political connections and SEC enforcement[J]. Journal of Accounting and Economics, 57 (2/3): 241-262.

Cronqvist H, Yu F. 2017. Shaped by their daughters: executives, female socialization, and corporate social responsibility[J]. Journal of Financial Economics, 126 (3): 543-562.

Culasso F, Gavurova B, Crocco E, et al. 2023. Empirical identification of the chief digital officer role: a latent Dirichlet allocation approach[J]. Journal of Business Research, 154: 113301.

Custódio C, Metzger D. 2014. Financial expert CEOs: CEO's work experience and firm's financial policies[J]. Journal of Financial Economics, 114 (1): 125-154.

Davison R M, Wong L H M, Peng J. 2023. The art of digital transformation as crafted by a chief digital officer[J]. International Journal of Information Management, 69: 102617.

DeHaan E. 2021. Using and interpreting fixed effects models[R]. SSRN Working Paper.

Dellarocas C. 2003. The digitization of word of mouth: promise and challenges of online feedback mechanisms[J]. Management Science, 49 (10): 1407-1424.

Deng X, Kang J, Low B S. 2013. Corporate social responsibility and stakeholder value maximization: evidence from mergers[J]. Journal of Financial Economics, 110 (1): 87-109.

DeStefano T, de Backer K, Moussiegt L. 2017. Determinants of digital technology use by companies[R]. OECD Science, Technology and Innovation Policy Papers, No.40.

DeStefano T, Kneller R, Timmis J. 2018. Broadband infrastructure, ICT use and firm performance: evidence for UK firms[J]. Journal of Economic Behavior & Organization, 155: 110-139.

DeStefano T, Kneller R, Timmis J. 2020. Cloud computing and firm growth[R]. CESifo Working Papers, No.8306.

Dyck A, Volchkova N, Zingales L. 2008. The corporate governance role of the media: evidence from Russia[J]. Journal of Finance, 63 (3): 1093-1135.

Edmans A. 2020. How great companies deliver both purpose and profit[M]. Cambridge: Cambridge University Press.

El Ghoul S, Guedhami O, Wang H, et al. 2016. Family control and corporate social responsibility[J]. Journal of Banking & Finance, 73: 131-146.

El Sawy O A, Kraemmergaard P, Amsinck H, et al. 2016. How LEGO built the foundations and enterprise capabilities for digital leadership[J]. MIS Quarterly Executive, 15 (2): 1-2.

Ellsberg D. 1961. Risk, ambiguity, and the savage axioms[J]. Quarterly Journal of Economics, 75 (4): 643-669.

Eloundou T, Manning S, Mishkin P, et al. 2023. Gpts are gpts: an early look at the labor market impact potential of large language models[R]. https://arxiv.org/pdf/2303.10130.pdf.

Faccio M, Marchica M T, Mura R. 2016. CEO gender, corporate risk-taking, and the efficiency of capital allocation[J]. Journal of Corporate Finance, 39: 193-209.

Faccio M, Masulis R W, McConnell J J. 2006. Political connections and corporate bailouts[J]. Journal of Finance, 61 (6): 2597-2635.

Fan Q, Kuper P, Choi Y H, et al. 2021. Does ICT development curb firms' perceived corruption pressure? The contingent impact of institutional qualities and competitive conditions[J]. Journal of Business Research, 135: 496-507.

Fang M Y, Nie H H, Shen X Y. 2023. Can enterprise digitization improve ESG performance?[J]. Economic Modelling, 118: 106101.

Ferrell A, Liang H, Renneboog L. 2016. Socially responsible firms[J]. Journal of Financial Economics, 122 (3): 585-606.

Firk S, Hanelt A, Oehmichen J, et al. 2019. Digital in the C-suite: antecedences and performance effects of chief digital officer appointments[J]. Academy of Management Annual Meeting

Proceedings，（1）：14710.

Fisman R，Wang Y. 2015. The mortality cost of political connections[J]. Review of Economic Studies，82（4）：1346-1382.

Furr N，Shipilov A. 2019. Digital doesn't have to be disruptive：the best results can come from adaptation rather than reinvention[J]. Harvard Business Review，97（4）：94-104.

Gal P，Nicoletti G，Renault T，et al. 2019. Digitalisation and productivity：in search of the holy grail firm-level empirical evidence from EU countries[R]. OECD Economics Department Working Papers，No.1533.

Galindo-Martín M Á，Castaño-Martínez M S，Méndez-Picazo M T. 2019. Digital transformation，digital dividends and entrepreneurship：a quantitative analysis[J]. Journal of Business Research，101：522-527.

Garicano L. 2000. Hierarchies and the organization of knowledge in production[J]. Journal of Political Economy，108（5）：874-904.

Gillan S L，Koch A，Starks L T. 2021. Firms and social responsibility：a review of ESG and CSR research in corporate finance[J]. Journal of Corporate Finance，66：101889.

Giuli A D，Kostovetsky L. 2014. Are red or blue companies more likely to go green? Politics and corporate social responsibility[J]. Journal of Financial Economics，111（1）：158-180.

Goldfarb A，Tucker C. 2019. Digital economics[J]. Journal of Economic Literature，57（1）：3-43.

Goldsmith-Pinkham P，Sorkin I，Swift H. 2020. Bartik instruments：what，when，why，and how[J]. American Economic Review，110（8）：2586-2624.

Govindarajan V，Immelt J R. 2019. The only way manufacturers can survive[J]. MIT Sloan Management Review，2019，60（3）：24-33.

Graetz G，Michaels G. 2018. Robots at work[J]. Review of Economics and Statistics，100（5）：753-768.

Graham J R，Harvey C R，Puri M. 2013. Managerial attitudes and corporate actions[J]. Journal of Financial Economics，109（1）：103-121.

Guellec D. 2021. Digital innovation and the distribution of income[C]//Corrado C，Haskel J，Miranda J，et al. Measuring and Accounting for Innovation in the Twenty-First Century. Chicago：University of Chicago Press：323-370.

Gul F A，Srinidhi B，Ng A C. 2011. Does board gender diversity improve the informativeness of stock prices?[J]. Journal of Accounting and Economics，51（3）：314-338.

Gulen H，Ion M. 2016. Policy uncertainty and corporate investment[J]. Review of Financial Studies，29（3）：523-564.

Guo X C，Li M M，Wang Y L，et al. 2023. Does digital transformation improve the firm's performance? From the perspective of digitalization paradox and managerial myopia[J]. Journal of Business Research，163：113868.

Gurbaxani V，Whang S. 1991. The impact of information systems on organizations and markets[J]. Communications of the ACM，34（1）：59-73.

Ha L T. 2022. Are digital business and digital public services a driver for better energy security?

Evidence from a European sample[J]. Environmental Science and Pollution Research, 29: 27232-27256.

Ha L T, Huong T T L, Thanh T T. 2022. Is digitalization a driver to enhance environmental performance? An empirical investigation of European countries[J]. Sustainable Production and Consumption, 32: 230-247.

Hambrick D C, Mason P A. 1984. Upper echelons: the organization as a reflection of its top managers[J]. Academy of Management Review, 9 (2): 193-206.

Hassan T A, Hollander S, van Lent L, et al. 2019. Firm-level political risk: measurement and effects[J]. Quarterly Journal of Economics, 134 (4): 2135-2202.

Hayek F A. 1945. The use of knowledge in society[J]. American Economic Review, 35(4): 519-530.

Hegde S P, Mishra D R. 2019. Married CEOs and corporate social responsibility[J]. Journal of Corporate Finance, 58: 226-246.

Hicks J. 1963. The Theory of Wages[M]. London: Macmillan.

Hjort J, Poulsen J. 2019. The arrival of fast internet and employment in Africa[J]. American Economic Review, 109 (3): 1032-1079.

Husted L, Rogers J, Sun B. 2020. Monetary policy uncertainty[J]. Journal of Monetary Economics, 115: 20-36.

Jaffe A B, Palmer K. 1997. Environmental regulation and innovation: a panel data study[J]. Review of Economics and Statistics, 79 (4): 610-619.

Jensen M C, Meckling W H. 1976. Theory of the firm: managerial behavior, agency costs and ownership structure[J]. Journal of Financial Economics, 3 (4): 305-360.

Jiang W. 2017. Have instrumental variables brought us closer to the truth[J]. Review of Corporate Finance Studies, 6 (2): 127-140.

John K, Litov L, Yeung B. 2008. Corporate governance and corporate risk-taking[J]. The Journal of Finance, 63 (4): 1679-1728.

Johnson V. 2007. What is organizational imprinting? Cultural entrepreneurship in the founding of the Paris Opera[J]. American Journal of Sociology, 113 (1): 97-127.

Kanabkaew T, Mekbungwan P, Raksakietisak S, et al. 2019. Detection of $PM_{2.5}$ plume movement from IoT ground level monitoring data[J]. Environmental Pollution, 252: 543-552.

Karabarbounis L, Neiman B. 2014. The global decline of the labor share[J]. Quarterly Journal of Economics, 129 (1): 61-103.

Keynes J M. 1936. General Theory of Employment, Interest and Money[M]. Hampshire: Palgrave Macmillan.

Kitzmueller M, Shimshack J. 2012. Economic perspectives on corporate social responsibility[J]. Journal of Economic Literature, 50 (1): 51-84.

Knight F. 1921. Risk, Uncertainty and Profit[M]. New York: A. M. Kelley.

Kong D, Shu Y, Wang Y. 2021. Corruption and corporate social responsibility: evidence from a quasi-natural experiment in China[J]. Journal of Asian Economics, 75: 101317.

Korinek A, Stiglitz J E. 2019. Artificial intelligence and its implications for income distribution and unemployment[C]//Agrawal A, Gans J, Goldfarb A. The Economics of Artificial Intelligence: An Agenda. Chicago: University of Chicago Press: 349-390.

Kouwenberg R, Phunnarungsi V. 2013. Corporate governance, violations and market reactions[J]. Pacific-Basin Finance Journal, 21（1）: 881-898.

Kunisch S, Menz M, Langan R. 2022. Chief digital officers: an exploratory analysis of their emergence, nature, and determinants[J]. Long Range Planning, 55（2）: 101999.

Kurov A, Stan R. 2018. Monetary policy uncertainty and the market reaction to macroeconomic news[J]. Journal of Banking & Finance, 86: 127-142.

Laffont J J, Martimort D. 1998. Collusion and delegation[J]. Rand Journal of Economics, 29（2）: 280-305.

Lankisch C, Prettner K, Prskawetz A. 2017. Robots and the skill premium: an automation-based explanation of wage inequality[R]. Hohenheim Discussion Papers in Business, Economics and Social Sciences, No.29.

Li H, Meng L, Wang Q, et al. 2008. Political connections, financing and firm performance: evidence from Chinese private firms[J]. Journal of Development Economics, 87（2）: 283-299.

Liang H, Renneboog L. 2017. On the foundations of corporate social responsibility[J]. Journal of Finance, 72（2）: 853-910.

Lin J Y, Tan G. 1999. Policy burdens, accountability, and the soft budget constraint[J]. American Economic Review, 89（2）: 426-431.

Liu R, Koehler A R, Gailhofer P, et al. 2019. Impacts of the digital transformation on the environment and sustainability[R]. Working Paper.

Liu S. 2015. Investor sentiment and stock market liquidity[J]. Journal of Behavioral Finance, 16（1）: 51-67.

Luca M. 2016. Reviews, reputation, and revenue: the case of Yelp. com[R]. SSRN Working Paper.

Machina M J, Siniscalchi M. 2014. Ambiguity and ambiguity aversion[C]//Machina M J, Viscusi W K. Handbook of the Economics of Risk and Uncertainty. Amsterdam: Elsevier: 729-807.

Malmendier U, Tate G, Yan J. 2011. Overconfidence and early-life experiences: the effect of managerial traits on corporate financial policies[J]. Journal of Finance, 66（5）: 1687-1733.

Marquis C. 2003. The pressure of the past: network imprinting in intercorporate communities[J]. Administrative Science Quarterly, 48（4）: 655-689.

Marquis C, Huang Z. 2010. Acquisitions as exaptation: the legacy of founding institutions in the U.S. commercial banking industry[J]. Academy of Management Journal, 53（6）: 1441-1473.

Marquis C, Tilcsik A. 2013. Imprinting: toward a multilevel theory[J]. Academy of Management Annals, 7（1）: 195-245.

Martínez-Zarzoso I, Bengochea-Morancho A, Morales-Lage R. 2019. Does environmental policy stringency foster innovation and productivity in OECD countries?[J]. Energy Policy, 134: 110982.

Matarazzo M, Penco L, Profumo G, et al. 2021. Digital transformation and customer value creation in Made in Italy SMEs: a dynamic capabilities perspective[J]. Journal of Business Research,

123：642-656.

McElheran K，Forman C. 2019. Firm organization in the digital age：IT use and vertical transactions in U.S. Manufacturing[R]. SSRN Working Paper.

McElheran K S. 2014. Delegation in multi-establishment firms：adaptation vs. coordination in I.T. purchasing authority[J]. Journal of Economics & Management Strategy，23（2）：225-258.

Melville N，Gurbaxani V，Kraemer K. 2007. The productivity impact of information technology across competitive regimes：the role of industry concentration and dynamism[J]. Decision Support Systems，43（1）：229-242.

Metzler D R，Bankamp S，Muntermann J，et al. 2021. The role of CDOs in signalling digital transformation endeavours：an analysis of firms' external communication tools[C]. Forty-Second International Conference on Information Systems，Austin.

Moazed A. 2018. Why GE digital failed[R]. https://www.inc.com/alex-moazed/why-ge-digital-didnt-make-it-big.html.

Mokyr J，Vickers C，Ziebarth N L. 2015. The history of technological anxiety and the future of economic growth：is this time different?[J]. Journal of Economic Perspectives，29（3）：31-50.

Muninger M I，Hammedi W，Mahr D. 2019. The value of social media for innovation：a capability perspective[J]. Journal of Business Research，95：116-127.

Nagar V，Schoenfeld J，Wellman L. 2019. The effect of economic policy uncertainty on investor information asymmetry and management disclosures[J]. Journal of Accounting and Economics，67（1）：36-57.

Nambisan S，Wright M，Feldman M. 2019. The digital transformation of innovation and entrepreneurship：progress，challenges and key themes[J]. Research Policy，48（8）：103773.

Nickell S J. 1996. Competition and corporate performance[J]. Journal of Political Economy，104（4）：724-746.

North D C. 1990. Institutions，Institutional Change and Economic Performance[M]. Cambridge：Cambridge University Press.

OECD. 2011. Divided we stand：why inequality keeps rising[R]. https://www.oecd.org/els/soc/dividedwestandwhyinequalitykeepsrising.htm.

Olley S，Pakes A. 1996. The dynamics of productivity in the telecommunications equipment industry[J]. Econometrica，64（6）：1263-1297.

Oster E. 2019. Unobservable selection and coefficient stability：theory and evidence[J]. Journal of Business & Economic Statistics，37（2）：187-204.

Pastor L，Veronesi P. 2012. Uncertainty about government policy and stock prices[J]. Journal of Finance，67（4）：1219-1264.

Piketty T. 2013. Capital in the Twenty-First Century[M]. Cambridge：Belknap Press.

Porter M E. 1991. America's green strategy[J]. Scientific American，264（4）：168-264.

Ramaswamy K. 2018. Technological change，automation and employment：a short review of theory and evidence[R]. Indira Gandhi Institute of Development Research，Mumbai Working Paper，No.002.

Ratajczak-Mrozek M, Marszałek P. 2022. Digitalization and Firm Performance: Examining the Strategic Impact[M]. Cham: Palgrave Macmillan.

Saez E. 2018. Striking it richer: the evolution of top incomes in the United States[C]//Grusky D, Hill J. Inequality in the 21st Century: A Reader. New York: Routledge: 33-37.

Schopohl L, Urquhart A, Zhang H. 2021. Female CFOs, leverage and the moderating role of board diversity and CEO power[J]. Journal of Corporate Finance, 71: 101858.

Schultz F, Castell 6 I, Morsing M. 2013. The construction of corporate social responsibility in network societies: a communication view[J]. Journal of Business Ethics, 115: 681-692.

Schumpeter J A. 1942. Capitalism, Socialism and Democracy[M]. New York: Harper & Brothers.

Setor T K, Senyo P K, Addo A. 2021. Do digital payment transactions reduce corruption? Evidence from developing countries[J]. Telematics and Informatics, 60: 101577.

Sheen J, Wang B. 2017. Estimating macroeconomic uncertainty from surveys: a mixed frequency approach[R]. SSRN Working Paper.

Siebel T M. 2019. Digital Transformation: Survive and Thrive in an Era of Mass Extinction[M]. New York: RosettaBooks.

Simon H A. 1955. A behavioral model of rational choice[J]. Quarterly Journal of Economics, 69 (1): 99-118.

Singh A, Hess T. 2017. How chief digital officers promote the digital transformation of their companies[J]. MIS Quarterly Executive, 16 (1): 202-220.

Singh A, Klarner P, Hess T. 2020. How do chief digital officers pursue digital transformation activities? The role of organization design parameters[J]. Long Range Planning, 53(3): 101890.

Solow R. 1987. We'd better watch out[J]. http://digamo.free.fr/solow87.pdf.

Srivastava S C, Teo T S H, Devaraj S. 2016. You can't bribe a computer: dealing with the societal challenge of corruption through ICT[J]. Mis Quarterly, 40 (2): 511-526.

Stein L C D, Stone E. 2013. The effect of uncertainty on investment, hiring, and R&D: causal evidence from equity options[R]. SSRN Working Paper.

Stiglitz J E, Weiss A. 1981. Credit rationing in markets with imperfect information[J]. American Economic Review, 71 (3): 393-410.

Syverson C. 2011. What determines productivity?[J]. Journal of Economic Literature, 49 (2): 326-365.

Tanaka M, Bloom N, David J M, et al. 2020. Firm performance and macro forecast accuracy[J]. Journal of Monetary Economics, 114: 26-41.

Trueman B. 1986. Why do managers voluntarily release earnings forecasts?[J]. Journal of Accounting and Economics, 8 (1): 53-71.

Tumbas S, Berente N, Vom Brocke J. 2017. Three types of chief digital officers and the reasons organizations adopt the role[J]. MIS Quarterly Executive, 16 (2): 121-134.

Tumbas S, Berente N, Vom Brocke J. 2018. Digital innovation and institutional entrepreneurship: chief digital officer perspectives of their emerging role[J]. Journal of Information Technology, 33: 188-202.

Verhoef P C, Broekhuizen T, Bart Y, et al. 2021. Digital transformation: a multidisciplinary reflection and research agenda[J]. Journal of Business Research, 122: 889-901.

Vial G. 2019. Understanding digital transformation: a review and a research agenda[J]. Journal of Strategic Information Systems, 28 (2): 118-144.

Wang S D, Yang D Y. 2021. Policy experimentation in China: the political economy of policy learning[R]. NBER Working Paper.

Wang Y, Sun X H, Guo X. 2019. Environmental regulation and green productivity growth: empirical evidence on the Porter Hypothesis from OECD industrial sectors[J]. Energy Policy, 132: 611-619.

Williamson O E. 1985. The Economic Institutions of Capitalism: Firms, Markets, Relational Contracting[M]. New York: Free Press.

Wu L, Lou B, Hitt L. 2019. Data analytics supports decentralized innovation[J]. Management Science, 65 (10): 4863-4877.

Xiao G, Shen S. 2022. To pollute or not to pollute: political connections and corporate environmental performance[J]. Journal of Corporate Finance, 74: 102214.

Yim S. 2013. The acquisitiveness of youth: CEO age and acquisition behavior[J]. Journal of Financial Economics, 108 (1): 250-273.

Yoo Y, Jr Boland R J, Lyytinen K, et al. 2012. Organizing for innovation in the digitized world[J]. Organization Science, 23 (5): 1398-1408.

Zupancic T, Herneoja A, Schoonjans Y, et al. 2018. A research framework of digital leadership[C]// Kepczynska-Walczak A, Bialkowski S. Computing for a Better Tomorrow. Proceedings of the 36th eCAADe Conference, Lodz, 1: 641-646.

后　　记

这是一部酝酿了四年的著作。

2020 年新冠疫情肆虐全球，数字化以一种始料未及的姿态闯入我的生活，在线办公和云教学成为彼时的常态。因为一个偶然的机缘，我接触到企业数字化转型这个概念，面对中国知网上零星的、只言片语式的学术论文，我对这个概念既陌生又好奇。随着企业界对数字化转型实践的高度关注，我开始认识到这是一片有着广阔潜力的"学术蓝海"。经济学是一门研究"稀缺"的学科，在高手云集的学术界，最稀缺的或许不是资源，而是想法。自 2012 年博士毕业到 2020 年，这八年的时间我在企业理论的研究领域里兀兀穷年、皓首穷经，但是仍然无法突破自身的"学术红海"。在疫情的空档期，我进行了一些针对中小微企业数字化转型的调研，也参加了与数字经济相关的各种学术会议。我越发意识到，这是一个相当重要的概念。遗憾的是，无论是学术界还是企业界，人们对企业数字化转型的本质并未形成共识。或许，只有借助"错位"的视角，穿越"看得到"的表象去探寻"想不到"的内涵，才能拨云见日，真正找到"转型"的本质。

虽然本书构思良久，但是真正开始写作，不过一年之余。在这一年的时间里，我的人生经历了一些波折和起伏。作为一名女性经济研究者，也深切体会了在科研和家庭之间权衡的艰辛，因此内心深处时常涌起一种莫可名状的自我怀疑。在自我怀疑的缝隙里，一些细细密密洒落的光亮折射出一路走来对人生价值的渴求和对世界的追问，正是这些吉光片羽式的情感共鸣不断激励和鞭策我完成这部著作。

本书试图提炼出最近几年我对企业数字化转型的思考，在数字经济时代，企业进行数字化转型已经是一项不可避免的远航，但最优航线却扑朔迷离。具体来说，在不确定性和数字化的大背景下，企业数字化转型的大数据画像是怎样的？企业进行数字化转型的核心驱动因素有哪些？企业数字化转型会给经济和社会带来怎样的影响？对这三个问题的探索勾勒出本书的全貌。我尝试以通俗的语言展现经济学理论在阐释数字化转型实践时所呈现的巨大魅力，尽力弥合理论和现实之间的鸿沟，更迫不及待地希望与诸君分享这种因理论充盈而带来的愉悦感。

　　本书的撰写得到了很多人的帮助，一些重要章节凝聚了我和合作者的心血，他们包括林佳妮、聂辉华、阮睿、沈昕毅、王一兆。我们合作的部分论文陆续发表在《数量经济技术经济研究》《金融研究》、*Economic Modelling* 等学术期刊上。我的硕士研究生孟雪薇、赵凤扬和博士研究生薛凯芸为本书提供了细致的助研工作。中国人民大学的硕士研究生徐张、杨迪也对本书的资料搜集和整理提供了帮助。科学出版社经济管理分社的马跃社长为本书的出版做了大量工作，出版社的徐倩编辑为本书提供了宝贵的编辑意见。此外，还有一些在学界和业界工作的前辈和朋友为本书的出版提供了诸多支持。在此对他们的付出表示诚挚的谢意。特别感谢的是，我的先生和家人一直以各种方式关心和支持我的学术工作，他们是我的坚强后盾。

　　尽管本书出版有望为学术同行和企业管理人员提供一部在短期内了解企业数字化转型研究脉络和前沿问题的著作，但由于功力不逮、数据限制和对学术文献掌握得不足，在一些问题的理解上可能存在偏颇和不当之处。然而，在追求学术理想的漫漫征途中，本书是我交出的一份虽不完美但很真挚的答卷，我相信，只要坚持不懈、持之以恒，总会到达理想的彼岸。或许在我的下一部著作里能以更优雅的方式与诸君相遇吧。

方明月

2023 年 5 月于北京